CASIODORO DE REINA
PATRIARCA DEL PROTESTANTISMO HISPANO

Casiodoro de Reina

Patriarca del Protestantismo Hispano

Raymond S. Rosales

Concordia Seminary Publications
Monograph Series

Casiodoro de Reina
Patriarca del Protestantismo Hispano
por Raymond S. Rosales
editado por Rubén Domínguez

Publicaciones del Seminario Concordia
Serie de Monografías – Número 5

Concordia Seminary Publications
Monograph Series – Number 5

ISBN 0-911770-74-7
Copyright© 2002 Concordia Seminary
801 DeMun Avenue, St. Louis, Missouri 63105

Printed by Sheridan Books, Chelsea, Michigan

A mis amados colegas de ministerio

en el mundo hispano

La Palabra del Dios nueſtro permanece para ſiempre. I ſa. 40

En la portada de la *Biblia del Oso*

El Significado de la Viñeta en la Portada de la *Biblia del Oso*

En la cubierta original de la *Biblia del Oso* aparece la viñeta, o emblema, de un oso queriendo extraer miel de un hoyo en el tronco de un árbol. Un mazo grande, colgado de una rama del mismo árbol, le impide llegar a la miel. Alrededor del árbol vuelan varias abejas. En el suelo cerca del árbol yace un libro abierto y en una de sus páginas aparecen las letras del tetragrámaton (YHWH). Entre las páginas hay cuatro abejas. Abajo de la ilustración viene el texto en hebreo y español de Isaías 40:[8] "La palabra de Dios permanece para siempre", un texto bíblico favorito de la mayoría de los reformadores de la iglesia en el siglo XVI. El traductor de la *Biblia del Oso* intencionalmente no incluyó el nombre del impresor ni el suyo. En el prefacio de la *Biblia del Oso,* no obstante, aparecen las iniciales "C.R.". Casiodoro de Reina y otros evangélicos españoles usaron esta ilustración y la falta de los nombres del impresor y traductor en su afán por eludir a la *Inquisición* e introducir la *Biblia del Oso* en España.

La *Biblia del Oso* posiblemente fue impresa en el taller de imprenta de Tomás Guarín de Basilea, Suiza. Sin embargo, la viñeta de un oso y las abejas perteneció a otro impresor independiente de nombre Samuel Biener (Apiarius), originario de Basilea a donde había regresado para 1569 después de haber laborado en la ciudad de Berna por veintisiete años. El oso, que en alemán es Bär, representa a la ciudad de Berna mientras que las abejas se refieren al apellido Biener, que se aproxima a la palabra "abejas" en alemán.

Las abejas entre las páginas del libro abierto además pueden simbolizar a los evangélicos cristianos que han probado esta palabra salvífica de Dios, la cual es "aún más dulce que la miel y la que destila del panal" (Salmo 19:10). El mazo puede representar a todo lo que obstruye el estudio diligente y la propagación del texto bíblico. Asimismo, estorba la entrada a las abejas que transportan la más dulce miel del evangelio, la cual solamente proviene del libro, la santa Palabra de Dios. El oso es el tentador, el diablo, que no acude al libro de vida al tratar de tomar indiferentemente para sí solo toda la dulzura de la miel. Las abejas volando descuidadamente alrededor del árbol pueden representar a las personas quienes, fuera de las Santas Escrituras, son tentadas y engañadas por doctrinas falsas y todo tipo de apostasía.

La Biblia es la Palabra de Dios para toda la humanidad de todas las épocas. Ella revela al verdadero Dios, señalando a Jesús, el Cristo, quien por su muerte, resurrección y ascensión, vino a dar, con el Espíritu Santo, perdón de pecados, vida eterna, y salvación, manifestando así la misericordia divina.

CONTENIDO

ILUSTRACIONES, MAPAS Y GRABADOS

PRÓLOGO

Cuando en 1998 acompañé en un viaje de investigación por varios países europeos al Dr. Raymond S. Rosales, logré convencerlo que publicara el presente libro en castellano. Aunque hizo referencia al deterioro de su habilidad para escribirlo después de algunos años de estar jubilado y no hacer gran uso de su castellano en forma escrita, me aseguró que lo haría. En los últimos meses de su vida, el Dr. Rosales se dedicó a escribir este libro que ahora ponemos a la disposición del pueblo hispanoparlante. Lo terminó unas pocas semanas antes de su fallecimiento, y cuando las fuerzas le amainaban me solicitó que lo editara. Desde que recibí el manuscrito original me percaté que el Dr. Rosales me había dejado instrucciones detalladas de lo que deseaba para el libro. He tratado de seguir sus instrucciones hasta donde he podido. Las divisiones de las secciones, por ejemplo, en los capítulos las he dejado intactas.

La tarea de edición, asimismo, me ha tomado más tiempo de lo que originalmente pensé. Ha valido la pena, sin embargo, esperar para robustecer la presentación y adquirir los permisos de reimpresión de los apéndices. Hasta donde sabemos es el primer intento de poner en un solo libro algunos escritos en lengua castellana del reformador español Casiodoro de Reina.

Aunque este libro trata sobre los acontecimientos importantes conocidos de Casiodoro de Reina, sin embargo hay que tomar en cuenta que el elemento que une a la mayoría de los temas es la empresa enorme que se gestó con tal de poner la Biblia a disposición del pueblo hispano. Otros pueblos han tenido empresas semejantes indudablemente, pero muy pocos hispanoparlantes están conscientes de las vicisitudes que se suscitaron, especialmente muchas de ellas en la carne propia de Casiodoro de Reina, para tener finalmente la Palabra de Dios en la lengua española.

Casiodoro de Reina se ubica entre los reformadores del siglo XVI que estaban convencidos de los beneficios aportados por el mensaje de la Biblia al pueblo a través de los que leen, escuchan, estudian, y proclaman la Palabra de Dios. Los reformadores se alinearon con la iglesia antigua al saber que dichos beneficios no solo son temporales, sino también eternos. Algunos de ellos no dudaron en emprender tareas colosales, como el mismo Martín Lutero, para poner a la disposición de sus pueblos la Biblia en sus propias lenguas. Tal fue el caso también de Casiodoro de Reina, quien al hacerlo se constituyó en un verdadero patriarca del pueblo evangélico hispano.

Mención especial merece hacerse aquí que este es el primer libro en castellano que se publica bajo los auspicios del Seminario Concordia de St. Louis, Missouri, una institución teológica que desde su inicio alrededor de la mitad del siglo XIX se ha caracterizado por su determinación en valorar y difundir el mensaje de la Biblia.

Rubén Domínguez, editor

PREFACIO

Visualice en la mente, estimado lector, a una persona que llega a conocer a Jesucristo de acuerdo con las Sagradas Escrituras en el mismo amanecer del protestantismo español, y en realidad, de todo el protestantismo hispano. Procure también imaginar seguir al Señor Jesús en un ambiente de amenazas, prohibiciones, confiscaciones, torturas y hogueras, reales por cierto, ejecutadas por el *Santo Oficio de la Inquisición*. Sueñe además en poseer los dones de aportar inmensamente a la evangelización del pueblo hispano a través de la traducción de la Biblia, tanto de su propia generación como de las generaciones venideras. Piense luego en dirigir al pueblo de Dios toda la vida, en dejar un importante legado literario y personal. ¿Quién tuvo tantos valores, tanta valentía, tal llamado? La persona cuya época, vida y escritos nos proponemos delinear en este libro encarnó tal heroísmo de fe. Su nombre fue Casiodoro de Reina.

Ha llegado el tiempo en que salga un libro sobre la vida, las labores y la teología del primer gran traductor de toda la Biblia en lengua castellana, y quien también se convirtió en un reformador de la iglesia española del siglo XVI, aunque su movimiento de Reforma no tuvo el éxito de otros movimientos similares en Europa. Ha existido un vacío literario en español sobre Reina. Felizmente nos han llegado documentos escritos por el mismo Reina en su lengua materna, entre los que se destaca ante todo la famosa traducción de las Sagradas Escrituras, traducción que comúnmente es conocida, aunque no del todo correctamente, como la Biblia de Reina-Valera. Esta producción literaria, la cual se conoce como la *Biblia del Oso*, aún es posible conseguirla en su edición original, por supuesto en facsímil. Existen, además, otros escritos de la pluma de Reina. Puesto que no es fácil obtener las obras de Reina en castellano, he decidido incluirlas, por lo menos en parte, en apéndices para que estén al alcance del lector de este libro. Aparte de los documentos de Reina, se hallan en castellano algunos ensayos y artículos en diversas publicaciones sobre el gran reformador español. Pero, ¿dónde se encuentra un libro escrito totalmente en castellano sobre la vida y las labores de Reina que contenga la información obtenida en las últimas décadas, y que sirva de inspiración y guía de los ministros y feligreses de la iglesia evangélica hispana?

Además de la falta de literatura sobre Reina, existe otra razón más fundamental para esforzarse en escribir un libro sobre el papel prominente que Reina desempeñó en la formación de la iglesia protestante hispana. Es asombroso que la traducción de la Biblia realizada por Reina haya perdurado a lo largo de más de cuatrocientos años y que se haya convertido en la versión más popular entre el pueblo evangélico de América Latina, España, África y la población protestante hispana en los Estados Unidos. También es indudable que Casiodoro de Reina fue uno de los fundadores de la iglesia evangélica hispana. Reina encarnó algunos de los valores fundamentales de dicha iglesia. En vista de esto, en este libro se propone que Casiodoro de Reina representa indudablemente a un patriarca espiritual de la iglesia evangélica hispana en todo el mundo. La iglesia luterana puede sentir una relación especial con Reina, ya que hacia el final de su vida abandonó el calvinismo. Fue la iglesia luterana la que lo recibió brindándole de nuevo la oportunidad de recibir un llamamiento al pastorado. Sin embargo, Casiodoro de Reina también perteneció–y aún pertenece–a toda la iglesia evangélica.

Al tratar sobre la vida y el significado de Reina, he creído importante delinear el marco histórico en que Reina se desenvolvió en los varios países en los que vivió como refugiado influyendo en la vida de la naciente iglesia evangélica europea. Reina actuó en una situación religiosa muy especial en España y la Europa del siglo XVI. Aquella época fue desde luego muy diferente a la actual.

Para conocer a Casiodoro de Reina, me he esforzado en examinar los escritos originales de Reina. Además de traducir la Biblia al castellano, Reina incluyó en la traducción bíblica los valiosos *Praefatio* en latín y la *Amonestación* en castellano. Asimismo Reina fue el autor de una declaración de fe intitulada *Confessión de Fe christiana* o, según una versión latina de la misma, *Confessio Hispanica*. También escribió dos comentarios bíblicos, *Evangelium Ioannis* (*Evangelio de Juan*) así como una *Expositio primae partis capitis quarti Matthaei* (*Exposición de la primera parte del capítulo cuatro de San Mateo*).

Aparte de estas fuentes primarias, me he valido además de algunas de las principales fuentes secundarias. Entre éstas están las siguientes: *Casiodoro de Reina: Spanish Reformer of the Sixteenth Century*, la obra más completa sobre Reina hasta hoy escrita por A. Gordon Kinder, metodista inglés, fallecido lamentablemente durante la elaboración del presente libro; *Historia de los heterodoxos españoles* (1880), por Marcelino Menéndez Pelayo, catedrático católicorromano español; *Bibliotheca Wiffeniana–Spanish Reformers of two centuries from 1520* (1874-1904) por Eduard Boehmer, teólogo luterano alemán; *El "Reginaldo Montano": primer libro polémico contra la Inquisición española* (1991), publicado en España por Nicolás Castrillo Benito; *La Reforma en España en el siglo XVI* (1942) por Tomás McCrie, presbiteriano escocés. Aparte de estas fuentes, existen varios libros y ensayos en diferentes idiomas que me han enriquecido en la información sobre Casiodoro y su época.

En cuanto a mi persona, el Señor me ha concedido el privilegio de laborar toda mi vida profesional en el ministerio hispano en varios países latinoamericanos. Para realizar este libro hice dos viajes a Europa tratando de seguirle los pasos a Casiodoro de Reina a través del tiempo.

Extiendo mi agradecimiento más sincero a los colegas que han tenido la gentileza de leer el manuscrito en preparación de este libro. Entre ellos se encuentran el Dr. Roberto Hoeferkamp, colega y profesor (jubilado) del Seminario Luterano Augsburgo de la ciudad de México; el Sr. Gabino Fernández Campos, quien es extensamente conocido dentro de las iglesias evangélicas de la península ibérica, y sin duda es un destacado historiador del Protestantismo español; el Dr. Juan Berndt, profesor (jubilado) del Seminario Concordia; el Prof. Rubén Domínguez, quien también escribió el prólogo de este libro. El Prof. Domínguez, mi yerno, profesor del Instituto Hispano de Teología del Seminario Concordia, también me acompañó en un viaje de investigación a España, Alemania y Suiza. Asimismo agradezco al Seminario Concordia de St. Louis, Missouri por haber aceptado publicar el presente libro con la finalidad de ponerlo al alcance de los ministerios hispanos en los Estados Unidos y el extranjero.

Indudablemente la tarea de investigar a Casiodoro de Reina representa desafíos especiales. Por ejemplo, requiere del dominio de varios idiomas. Los materiales están dispersos por varios países europeos. Algunos de estos materiales aún se encuentran inéditos. Se carece de información sobre los años de formación en Sevilla y en otros lugares. Además existen lagunas en la vida privada y familiar de Reina, sobre todo en los años de la infancia y la juventud. A pesar de esto, existen datos suficientes para conocer la vida y las labores sobresalientes de Reina en un sentido general pero satisfactorio. Con la ayuda de Dios, he tratado de transmitir la información aquí contenida en una forma sencilla, sin que por ello se haya hecho a un lado la investigación académica.

En realidad los datos sobre Reina fascinan y revelan un profundo sentido por la iglesia, incluida la contemporánea. Se abriga la esperanza de que cada obrero de la iglesia evangélica hispana, al igual que muchos feligreses, se emocionen y se sientan orgullosos del nexo muy fraternal que poseen con aquel héroe de la fe, con aquel campeador muy nuestro, cual padre espiritual: Casiodoro de Reina.

¡Soli Deo gloria!

Raymond S. Rosales
Abril 25, 2000 – Día de San Marcos, evangelista

AGRADECIMIENTOS

Se reconoce y agradece a las siguientes personas e instituciones que hicieron posible la realización del libro:

Al comité de publicaciones del Seminario Concordia de St. Louis, Missouri en los Estados Unidos, especialmente a los profesores Robert Rosin y Andrew Bartelt.

Al *Instituto Hispano de Teología* del Seminario Concordia, especialmente al director Rev. Douglas Groll y a la Sra. Nancy Shackel.

A la Iglesia Luterana Calvario de la ciudad de Golden Valley, Minnesota por el apoyo financiero para la realización del libro.

A los lectores del manuscrito, los profesores Roberto T. Hoeferkamp, Gabino Fernández Campos y Juan Berndt.

A la Editorial Concordia de St. Louis, Missouri por la asesoría técnica prestada por la Sra. Gloria Avery y Héctor Hoppe.

A la Editorial Aurora de Argentina, a la casa publicadora de la Universidad de Exeter en el Reino Unido, y al Rev. Carlos López Lozano, obispo de la Iglesia Española Reformada Episcopal, por haber concedido los correspondientes permisos para reproducir los apéndices de este libro.

Al Sr. Ken Weesa de Elmwood Park, Illinois por su trabajo artístico.

A la Sociedad Bíblica por el permiso para reproducir la portada de la *Biblia del Oso*. A la alcadía de Santiponce por el uso de las fotos del Monasterio de San Isidoro del Campo.

Al Sr. Michael Spice de la Universidad Concordia en River Forest, Illinois por el diseño del libro.

Si se omiten los nombres de otras personas o instituciones que estuvieron vinculadas a la realización y publicación de este libro es por un acto involuntario.

Casiodoro de Reina

Ca. 1520-1594

CRONOLOGÍA DE LA VIDA DE CASIODORO DE REINA

La presente cronología sigue de cerca la obra de A. Gordon Kinder, *Casiodoro de Reina: Spanish Reformer of the Sixteenth Century*. Londres, Tamesis Books Limited, 1975. Esta obra se cita en este libro bajo el nombre de Kindred, más la página de referencia.

hacia 1520	Nace en Montemolín, España.
año desconocido (a.d.)	Realiza estudios de latín, hebreo, griego y teología en la Universidad de Sevilla. Es ordenado sacerdote católicorromano.
a.d.	Ingresa en la orden monástica de San Jerónimo y reside en el Monasterio de San Isidoro del Campo (Santiponce) cerca de Sevilla.
a.d.	Se identifica con la Reforma evangélica de la iglesia al igual que otros en Sevilla y lee escritos de Martín Lutero y otros reformadores. Se destaca como dirigente del grupo de monjes y de otras personas simpatizantes de la Reforma en Sevilla y sus alrededores.
1557	(fines del verano) Huye de Sevilla con el prior del monasterio, otros monjes y sus padres para escapar de la *Inquisición*, no sin antes haber hecho planes para reunirse en Ginebra, Suiza, pasado un año.
	Llega a Ginebra. Se reúne con los monjes sevillanos refugiados recién llegados y se incorpora a la congregación calvinista italiana.
	Empieza la traducción de la Biblia.
	Abiertamente critica el envío a la hoguera de Miguel Servet determinado por el consejo de la ciudad que contó con la aprobación de Juan Calvino. Recomienda un escrito de Sebastián Chateillon a favor de la tolerancia religiosa.

1558	Debido a que la reina Isabel I asciende al trono inglés, se traslada junto con otros españoles, sus padres y su hermana a Londres, Inglaterra, pasando por Francfort del Meno, Alemania, donde se relaciona brevemente con la congregación calvinista de refugiados franceses.
1559	En Londres, se relaciona con otros españoles refugiados que habían llegado previamente.
	Se une a la *iglesia* calvinista francesa *de extranjeros*. Ejerce el ministerio pastoral de una congregación de refugiados españoles.
	Para demostrar a las autoridades eclesiásticas inglesas que su congregación española es autónoma, escribe *Confessio Hispanica* (latín), o *Confessión de Fe christiana* (castellano).
1560	Solicita a las autoridades eclesiásticas inglesas que su congregación sea reconocida como *iglesia de extranjeros*.
	Recibe el reconocimiento y obtiene el almacén *St. Mary's Axe* para sus servicios de culto. Recibe un estipendio real de £60.
	Unos españoles al servicio de la *Inquisición* intentan espiarlo haciéndose pasar por miembros de la congregación de refugiados españoles en Londres.
	Los calvinistas de Ginebra lo acusan de *servetismo* y notifican a sus correligionarios en Londres de la acusación. Además los calvinistas franceses y holandeses en Londres lo culpan de haber logrado que los españoles evangélicos dejaran de asistir a sus congregaciones para integrarse a la congregación de españoles refugiados pastoreada por Reina.
	Solicita autorización para leer la *Confessio Hispanica* ante el consistorio francés de Londres.

1561	(21 enero) Da lectura a la *Confessio Hispanica* ante una asamblea de eclesiásticos franceses, holandeses e italianos. Los franceses y holandeses son renuentes para aceptarla. Sigue como pastor independiente de la iglesia de refugiados españoles.

Reina contrae nupcias con Ana, una viuda de los Países Bajos.

(a fines del año) Participa en el *Coloquio de Poissy* en Francia.

1562	(26 abril) Es identificado como "heresiarca". En un *auto de fe* en Sevilla, es quemado en efigie.

1563	Felipe II, rey de España y los Países Bajos, es notificado que Reina dirige una congregación de españoles en Londres y que trabaja en la traducción de la Biblia al español. Manda a sus agentes a intentar obligarlo a salir de Inglaterra y así facilitar su captura.

(31 agosto) Es acusado por los calvinistas extranjeros en Londres de sodomía y de otros cargos. Niega vehementemente las acusaciones durante el juicio ante el consistorio francés. Apela las acusaciones doctrinales con su *Confessio Hispanica*. Opina que el asunto de la sodomía debería de ser tratado ante la debida autoridad eclesiástica. El obispo Edmundo Grindal se hace cargo del caso.

Pierde su manuscrito de la traducción de la Biblia.

(septiembre) Huye a Amberes, en los Países Bajos, cuando piensa que corre peligro su vida. Para engañar a los agentes inquisitoriales, su esposa Ana sale de Londres después que él. Se hospeda en Amberes en la casa de Marcos Pérez, un banquero evangélico.

1564	(enero) Felipe II pone precio a su cabeza. Huye a Francfort del Meno, Alemania con su esposa cuando unos agentes españoles intentan capturarlo en la casa de Marcos Pérez.

En Francfort se une a la congregación calvinista francesa donde Pérez de Pineda había sido ministro. El consistorio eclesiástico de calvinistas, dirigido por Teodoro de Beza, no permite su participación en la Eucaristía.

(a mediados del año) Viaja a Orleáns y Bergerac en Francia donde trata con Antonio del Corro y Juan Pérez de Pineda la traducción y publicación de la Biblia. Los tres trabajan por un tiempo juntos en Montargis cuando la princesa Renata les concede refugio a Corro y Pérez de Pineda en su castillo a causa del *Edicto de Amboise*.

1565   Vuelve a Francfort a reunirse con su esposa. Se dedica a la venta de seda y libros.

(a principios del año) Recibe una invitación de la congregación calvinista de inmigrantes franceses en Estrasburgo (sur de los estados alemanes) para considerar ser su pastor.

(marzo) Viaja a Estrasburgo, pasando por Heidelberg donde se reúne con algunos teólogos calvinistas quienes deliberan sobre el cargo de la sodomía y denuncian que sus declaraciones sobre la Eucaristía se aproximan a la doctrina luterana.

(24 marzo) En Estrasburgo, responde a las acusaciones y denuncias contra su persona, y por escrito niega el cargo de sodomía y declara su adherencia a los *Credos Ecuménicos* y la doctrina ortodoxa de la Trinidad.

Avisa a unos académicos de Estrasburgo de la terminación de la traducción de la Biblia y que solamente le falta la revisión. Espera imprimirla dentro de un año.

(abril) Vuelve a Francfort.

Empieza aproximadamente siete años de correspondencia con Teodoro de Beza tratando las denuncias en su contra y buscando reconocimiento de la iglesia calvinista.

(a fines del año) Por medio de correspondencia al consejo municipal de Estrasburgo, consigue permisos de residencia para que él y su esposa puedan trabajar en esa ciudad.

[La venta de sedas y libros, y el proyecto bíblico, requiere hacer viajes seguidos entre Estrasburgo, Francfort y Basilea (Suiza).] Conoce algunos dirigentes luteranos del sur de Alemania.

1566   Se traslada con su esposa a Estrasburgo. Finaliza la revisión del Antiguo Testamento.

(a fines del año) En Basilea se hospeda en la casa de Marcos Pérez. Nace su primer hijo, Marcus.

Empieza a negociar la impresión de la Biblia con Juan Herbst (Oporinus) de Basilea.

1567   Pide permiso al consejo municipal de Estrasburgo para imprimir un libro sobre la *Inquisición* española, permiso que le es negado.

Se publica *Sanctae Inquisitionis hispanicae artes aliquot* (*Algunas artes de la Santa Inquisición Española*) en la ciudad de Heidelberg, Alemania. El nombre del autor, Reginaldus Gonsalvius Montanus (Reinaldo González Montes), posiblemente es un seudónimo de Casiodoro de Reina y un anagrama representando doble autoría.

En Estrasburgo, escribe a los impresores españoles, ayudantes de Pérez de Pineda en París, pidiéndoles una copia de la segunda revisión del Nuevo Testamento.

(septiembre) Se traslada temporalmente a Basilea para dirigir la última etapa del proyecto de la impresión de la Biblia. Espera la autorización del consejo municipal para la impresión de la Biblia.

1568   (7 enero) Recibe autorización oficial de Basilea para imprimir la Biblia excluyendo sus notas doctrinales y gramaticales. Unos destacados dirigentes luteranos logran persuadir al consejo municipal a permitir la inclusión de sus notas gramaticales.

(febrero) La imprenta empieza la composición tipográfica de la Biblia de Reina.

(junio) Viajando a Basilea, cae seriamente enfermo. Le atiende Marcos Pérez mientras se recupera.

Ignora que las autoridades francesas confiscan y destruyen todos los impresos de la segunda revisión del Nuevo Testamento de Pérez de Pineda.

Fallece el impresor Oporinus. Reina trata de recuperar el dinero del adelanto para la impresión de la Biblia. Consigue otro impresor, Tomás Guarín.

1569   Se cansa de esperar la segunda revisión del Nuevo Testamento de Pérez de Pineda y realiza su propia revisión de su traducción usando el Nuevo Testamento traducido originalmente por Francisco de Enzinas.

(24 junio) La *Biblia del Oso* sale de la imprenta sin identificar al impresor ni al traductor. El único indicio de su labor de traducción consiste en las iniciales "C.R."

1570   (a mediados del año) Vuelve con su familia a Francfort.

Solicita la ciudadanía al consejo municipal de Francfort.

1571   (12 julio) Es admitido al cuerpo ministerial calvinista por la comisión eclesiástica contra los deseos de Beza.

(16 agosto) Le es concedida la ciudadanía en Francfort el mismo día del bautismo de su segundo hijo, Agustín.

Además de reanudar su actividad comercial de seda y libros, traduce libros al español y los prepara para la impresión y el envío a España.

1573   Nace su hija, Margarita.

Publica en Francfort dos comentarios sobre los evangelios de Juan y Mateo, *Evangelium Ioannis* y *Expositio primae partis capitis quarti Matthaei*.

1574   Escribe una biografía de Martín Bucero. Labora en una edición de la *Bibliotheca Sancta* de Sixto de Siena.

1575   Nace su hijo Servas.

1577   Publica en Francfort *Confessio Hispanica*, documento que originalmente escribió en Londres hacia 1560-1561, y agrega el *Apéndice*.

Nace su hijo Juan.

1578   Vive en la casona *Hans Braunfels*. Se congrega en la congregación calvinista francesa en Francfort.

Los luteranos de habla francesa de Amberes solicitan a Reina para ser pastor de la congregación multilingüe de la Iglesia Evangélica de la Confesión de Augsburgo en dicha ciudad.

Viaja a Londres para comparecer ante el tribunal eclesiástico encabezado por Edmundo Grindal.

1579	(19 marzo) Firma un documento en el cual acepta la *Confessio Helvetica* y declara la *Confessio in articulo de Coena*. Es oficialmente exonerado de las acusaciones de *servetismo* y sodomía en Londres por el arzobispo Grindal. Regresa a Francfort.

(diciembre) En Amberes es instalado en la Iglesia Evangélica de la Confesión de Augsburgo. En esta ceremonia, jura lealtad a la *Confesión de Augsburgo* y a los reglamentos de la iglesia luterana.

Provee a la congregación de Amberes de un manual en francés de la liturgia luterana.

1580 (abril) En Amberes continua la oposición calvinista contra su persona. Se defiende declarando adhesión a la *Concordia de Wittenberg*, una declaración firmada por Bucero en 1536.

(mayo) Traduce y participa en la redacción de un catecismo multilingüe para uso en las iglesias de la Confesión de Augsburgo en los Países Bajos.

(agosto) Aboga por tener más pastores, especialmente pastores holandeses, para la creciente membresía en las iglesias. Solicita el uso del monasterio carmelita para el ministerio de la congregación luterana francesa.

1581 (julio) Es recomendado por David Chytraeus para ser superintendente de las iglesias de la Confesión de Augsburgo en Amberes.

1585 Debido a que las tropas españolas bajo el mando del duque de Parma toman la ciudad de Amberes, se traslada a Francfort con un grupo de miembros de la congregación de Amberes. Solicita al consejo municipal el permiso requerido para celebrar oficios de culto.

(abril) Planea con su congregación el establecimiento de una institución de caridad para ayudar a los refugiados que procedían de los Países Bajos.

1586   Con el respaldo del grupo de luteranos refugiados de Amberes, vuelve a someter el permiso al consejo municipal de Francfort para celebrar oficios de culto con su congregación, lo cual es negado. Es pastor de los refugiados luteranos sin reconocimiento oficial del consejo de la ciudad.

1592   (10 enero) El consejo municipal de Francfort finalmente otorga el permiso a la congregación de refugiados luteranos para celebrar servicios de culto, y nombra a Serray como su pastor.

1593   (8 mayo) Se subscribe a las confesiones luteranas del *Libro de Concordia*, la *Concordia de Wittenberg*, y un acuerdo escrito por Martín Bucero.

(20 julio) Es reconocido oficialmente por el consejo municipal de Francfort como pastor asistente de la congregación luterana de refugiados franceses y holandeses.

Obtiene para su congregación el uso de la Iglesia de las Damas Blancas, o de las monjas cistercienses.

1594   (15 marzo) Fallece en Francfort.

1602   Cipriano de Valera publica la revisión de la traducción de la *Biblia del Oso* realizada por Reina.

1612   Fallece su esposa, Ana.

2001   La *Biblia Reina-Valera* es la más difundida entre los hispanoparlantes evangélicos. Además de la revisión de Valera, otras importantes revisiones se hicieron en 1862, 1909, 1960, 1977, y 1995.

EL TIEMPO

1

ÉPOCA DE GLORIA

Indiscutiblemente España tuvo su época de gloria. En las letras y las artes, muchos eruditos e historiadores, con toda razón, consideran una gran parte del siglo XVI y otra del siglo XVII como el *Siglo de Oro* de España. La gloria española no se limitó exclusivamente a la cultura. Se extendió también a otras áreas.

El glorioso brillo español se inició en 1469 cuando Isabel I (1451-1504), soberana del reino de Castilla, se casó con Fernando II (1452-1516), heredero del reino de Aragón. Isabel contaba con dieciocho años de edad, mientras Fernando tenía diecisiete años. De este modo se echaron los cimientos de la unidad territorial y nacional de España. Hacia la segunda parte del siglo XV, Castilla y Aragón eran los dos reinos más poderosos de la península ibérica. Para el año 1492 sólo restaba la reconquista del reino musulmán en el sur de la península para alcanzar la ansiada unidad territorial. Los soberanos, antes de iniciar la lucha final, hicieron una peregrinación a Santiago de Compostela para visitar el relicario del santo patrón de la lucha contra los moros. Aquel mismo año, contando con la presencia de los reyes Fernando e Isabel, quienes se hicieron acompañar por sus hijos en los campos de batalla, los ejércitos españoles entraron victoriosos en la ciudad de Granada. Las fuerzas musulmanas comandadas por Abdalá Abdillah, o Boabdil como los españoles lo llamaban, se desmoralizaron por su ineficacia militar frente a las tropas enemigas.

La victoria sobre los moros culminó una larga lucha que se había prolongado durante ocho siglos. A partir del año 711, los moros del África del Norte habían iniciado la ocupación de la península ibérica, sin lograr entrar al país vasco ni a una porción de Asturias. Para el año 718, los cristianos españoles iniciaron el contraataque desde Covadonga, donde obtuvieron su primera victoria sobre los invasores.

Bajo la inspiración de su santo patrón, el apóstol Santiago, se había iniciado la prolongada Reconquista. El guerrero que representó a los cristianos fue Don Rodrigo Díaz del Vivar, conocido por los árabes como *El Cid* (señor), y por los españoles como *El Campeador*. En 1094 las fuerzas a su mando reconquistaron Valencia, la cual se había convertido en un importante centro musulmán. A medida que los españoles recobraban territorio iban apareciendo reinos independientes—Aragón, Asturias, Castilla, Galicia, León y Navarra.

En realidad, Fernando e Isabel después de su matrimonio siguieron gobernando en forma separada sus respectivos reinos, pero también empezaron a forjar la unidad nacional. Impulsaron, por ejemplo, la transición del sistema feudal en los reinos españoles de *terratenientes* y *cabildos* hacia el sistema de *corregidores* y *visitadores* reales. Los soberanos además establecieron varios *consejos* con autoridad gubernamental a través de sus reinos, y posteriormente en las colonias. Los *consejos* de las Indias, Hacienda y Guerra son unos ejemplos. Isabel y Fernando, sin embargo, mantuvieron celosamente para sí la entidad feudal llamada *hermandad,* la cual utilizaron para efectuar labores policíacas en sus territorios. De esta manera Isabel y Fernando prepararon el terreno para la subida al trono de su nieto, Carlos I. Este monarca reinaría sobre un territorio unido al que llamaría—España.

La larga lucha de la Reconquista echó raíces nacionales muy profundas en la tradición y alma de España. Esas mismas raíces han formado desde luego parte integral de la fe católicorromana. Cuando Fernando e Isabel entraron en la otrora Granada de los moros, no sólo lograron la unidad territorial sino tomaron un paso importante hacia la unidad religiosa bajo la fe católicorromana. Con respecto a la presencia judía en España, en el próximo capítulo veremos cómo los reyes la enfrentaron. En 1496 el papa Alejandro VI otorgó a Fernando e Isabel el honroso título de los Reyes Católicos.

Mientras que en el resto de Europa para esa época predominaba extensamente el sistema feudal, los españoles bajo Isabel y Fernando se encontraron a la vanguardia del cambio de gobierno al sentar las bases de la nación como institución política. Condujeron a su pueblo de la Edad Media hacia la Edad Moderna.

Nadie puede olvidar las hazañas de Cristóbal Colón (ca.1451-1506), cuyos logros fueron auspiciados por los reyes españoles. Colón, los exploradores y conquistadores españoles mostraron a todos su extraordinario valor al hacer atrevidos viajes y fabulosos descubrimientos en el Nuevo Mundo. Colón, a partir de 1492, escribió otro capítulo indeleble en la historia gloriosa de España.

Se reconoce, no obstante, la existencia de algunos aspectos no tan gloriosos de la presencia española en el continente americano. En 1992, durante la celebración del quingentésimo aniversario de la llegada de Colón al continente americano, los defensores de los derechos humanos y representantes de muchos de los indígenas americanos no encontraron ningún motivo para celebrar. Los españoles despojaron a los indígenas de sus tierras para después proceder a destruir sus civilizaciones. Los colonizadores, señalaron los críticos, impusieron un injusto sistema laboral comenzando con la *encomienda*. Según esta, los indígenas que vivían en tierras concesionadas a conquistadores, tuvieron que trabajar forzosamente para los nuevos dueños y además pagarles impuestos a cambio de una supuesta "protección" e instrucción religiosa. Con frecuencia el resultado del sistema fue un indescriptible sufrimiento y una virtual esclavitud de los indígenas.

Cuando mermó el número de naturales, los españoles, para satisfacer la necesidad de mano de obra, trajeron esclavos desde la costa occidental de África. Durante la época colonial, los críticos continuaron señalando el tráfico nefario, que alcanzó la fabulosa cifra de tres millones y medio de seres humanos. Como resultado de aquel triste capítulo actualmente un alto porcentaje de la población del Caribe es descendiente de los esclavos importados.

No toda la historia de España en el Nuevo Mundo ha sido gloriosa. Con todo, hubo algunos aspectos dignos y memorables. Por ejemplo, el viaje exploratorio de Colón ciertamente demandó un gran talento además de valor. Aunque los portugueses, bajo la inspiración y dirección de Enrique el Navegante, habían explorado la costa occidental de África, ninguno se había arriesgado hasta ese entonces a penetrar en el océano Atlántico. A pesar de que algunos pensadores renacentistas creían que la tierra era redonda, nadie se había atrevido a llegar a la China y el Japón viajando en dirección oeste. Como se sabe, Colón inicialmente no obtuvo apoyo financiero de Portugal, a donde había acudido por el notorio liderazgo en la exploración marítima mundial que tenía este país peninsular por aquel entonces. Para dar realización a su sueño se dirigió a España, donde finalmente encontró el indispensable respaldo financiero por parte de los monarcas Fernando e

Isabel. Poco después persuadió a los capitanes de marina Martín y Vicente Pinzón y a otros marineros de Extremadura para que le acompañaran en la expedición. Colón recibió además un aliento especial de parte de los padres franciscanos de la Rábida. Lo que Colón logró después fue una gran proeza del espíritu humano.

Cuando los españoles tocaron tierra habían arribado a un vasto continente donde se encontraron con una parte importante de la familia humana desconocida hasta entonces. Según estimaciones hechas por varios eruditos, la población llegaba aproximadamente a los sesenta millones. Los grandes grupos étnicos americanos se habían agrupado en tres civilizaciones desarrolladas, y además considerablemente extensas: los aztecas, los incas y los mayas. Existían desde luego otros grupos más pequeños como los guaraníes a quienes los españoles también encontraron con una buena organización social. Las civilizaciones más grandes habían edificado ciudades tales como Tenochtitlán (México), Cuzco y Cajamarca (Perú), las que contaron con palacios, templos, monumentos y pirámides que rivalizaban en tamaño con los edificios legendarios de Egipto. Las tres civilizaciones mencionadas habían desarrollado calendarios, sistemas de numeración y también otras formas de arte y expresión cultural. Los aztecas y los mayas, por ejemplo, poseían sistemas rudimentarios de escritura. Los incas asimismo habían creado una extensa agricultura en las escarpadas orillas de los Andes, signo inequívoco de una ingeniería desarrollada. Los incas también forjaron una vasta red de caminos a través de lo que hoy son los países de Bolivia, Ecuador y Perú. Remanentes de las terrazas y los caminos perduran hasta el presente.

Durante los primeros años del descubrimiento de América, los españoles no se percataban que habían dado con todo un continente, con una extensión geográfica cuarenta veces más grande que Iberia. También poco después descubrieron una vasta masa de agua, el océano Pacífico y sus extensos archipiélagos como el de las Islas Filipinas.

Un intercambio muy activo entre Europa y el Nuevo Mundo se desarrolló con el tiempo. Los españoles transportaron la avanzada cultura europea: un sistema de gobierno basado en el derecho romano, una religión que se expresó también con una arquitectura refinada en edificios de iglesias y catedrales, un arte muy desarrollado, nuevos alimentos, la rueda y por supuesto el idioma, entre otras cosas. Los frailes y sacerdotes, por su parte, inculcaron entre los nativos, quienes tenían innumerables dioses, la enseñanza sobre el único Dios verdadero. Con el paso del tiempo sonó el grito de la independencia a partir de 1810 cuando los criollos, los españoles nacidos en América, montaron una lucha armada que al final obligó al gobierno español– y portugués–a retirarse del continente. A pesar de ello, los nuevos americanos retuvieron la cultura europea al lado de sus propias culturas indígenas. La convivencia de la cultura indígena con la española y con aquella que fue traída del África por los esclavos dio origen a la cultura latinoamericana.

El Nuevo Mundo, por otro lado, aportó mucho a España y por extensión a toda Europa. La plata de Zacatecas (México) y de Potosí (Bolivia) convirtió al reino español en el más rico de Europa y tuvo un fuerte impacto en toda la economía del continente europeo. Una vez que la plata–y el oro– llegó a España, un alto porcentaje de la misma pasó a otras partes de Europa por concepto de intereses de los préstamos y la importación. España desafortunadamente no utilizó con las mayores ventajas posibles las riquezas del Nuevo Mundo. Con las riquezas provenientes de las tierras conquistadas, España pudo haber hecho mucho para mejorar la agricultura e introducir otro tipo de medios de producción que beneficiaran al ciudadano común. Del Nuevo Mundo se importó azúcar maíz, el chocolate y la papa o patata, así como el tabaco. Los descubrimientos de Colón y sus hombres dieron rienda suelta a la imaginación de toda Europa.

Hay que considerar dentro del marco de la familia de naciones las implicaciones que tuvieron para España sus descubrimientos en el Nuevo Mundo. ¡España se transformó en todo un imperio que abarcaba un área más extensa que el antiguo Imperio Romano! Fue un tiempo embriagante y de ensueño para los españoles. Por supuesto, el dominio español no se extendió por toda Latinoamérica. A partir de 1500, los portugueses hicieron exploraciones en la costa atlántica del Nuevo Mundo. Cuando surgió una disputa territorial entre los dos países, el papa Alejandro VI trazó una línea divisoria entre los dos polos a 360 leguas al oeste de las Islas Azores. Según el dictamen papal, Brasil le tocó a los portugueses, mientras que a los españoles les correspondió colonizar el resto del continente y las Islas Filipinas.

La gloria de España en el Siglo XVI también incluyó el papel de dirigente en el Santo Imperio Romano, compuesto principalmente por la federación de entidades y principados alemanes e italianos. Como el nombre sugiere, esta federación tuvo un nexo estrecho con la Iglesia Católica Romana, cuya mejor expresión tomaba lugar durante la coronación de los emperadores por el papa. El rey Carlomagno de Francia había establecido en el Siglo IX ese precedente. Durante el resto de la Edad Media, el imperio llegó a incluir una vasta y poderosa unión de estados autónomos en toda Europa. Hacia 1519 los españoles habían realizado los maravillosos descubrimientos en el Nuevo Mundo, cosa que probablemente influyó también en los electores imperiales para que escogieran al rey de España, Carlos I (1500-1558) como el nuevo emperador. De esta manera Carlos I de España se convirtió en Carlos V dentro del Santo Imperio Romano. ¡Carlos V fue un gobernante muy poderoso en dos hemisferios!

Carlos V citó al monje Martín Lutero a la dieta de Worms en 1521 para intentar silenciarlo por sus audaces proyectos difundidos por escrito buscando reformar a la Iglesia Occidental. Después de la valiente defensa de Lutero ante el poderosísimo emperador y toda la asamblea imperial, Carlos V proscribió su presencia en el imperio y además condenó la impresión y difusión de sus libros. Ante tal medida algunos príncipes alemanes que simpatizaron con Lutero fraguaron una manera para protegerlo. Años más tarde, en 1530, nuevamente el emperador presidió una dieta imperial en Augsburgo, Alemania, donde el proscrito Lutero estuvo ausente. Pero para entonces ya contaba con un buen número de gobernantes partidarios de su Reforma. Carlos abrigaba aún el anhelo de frenar y destruir el movimiento reformador, pero como tuvo necesidad de los ejércitos alemanes para defender la ciudad de Viena frente al avance invasor de los turcos le fue imposible lograr la consumación de su ardiente deseo. Durante la dieta, los luteranos con valentía y determinación dieron lectura a la *Confesión de Augsburgo*, el documento que con el tiempo llegó a ser la declaración de fe de los luteranos y base de confesiones de otros grupos evangélicos. Al ver la determinación y el respetable número de simpatizantes luteranos, el emperador se vio en la necesidad de posponer sus planes contra el movimiento reformador.

Los herederos del movimiento encabezado por Lutero han llegado a conocer muy bien a Carlos V. Esto se explica principalmente por el hecho de que sufrieron en carne propia una de las consecuencias fundamentales de su política imperial, a saber, el establecimiento de la unidad religiosa bajo el Catolicismo Romano en todo el imperio al considerar inaceptable cualquier desviación como fue calificada la Reforma luterana. Por la misma razón, al lado de otra motivación política, Carlos V se opuso tajantemente a los turcos ostentadores de la fe musulmana. Aunque resultó infructuoso su esfuerzo para silenciar a Lutero, en su momento oportuno montó una campaña militar contra los luteranos en el conflicto llamado la *Guerra de Esmalcalda* (1546-1547). Carlos V finalmente pudo derrotar a los entonces divididos luteranos, pero cinco años más tarde los ejércitos alemanes del movimiento reformador bajo el mando de Mauricio de Sajonia vencieron al orgulloso ejército imperial obligando al emperador a aceptar una inimaginable–para él–política de tolerancia religiosa.

Carlos fue nieto de los Reyes Católicos Fernando e Isabel. La hija de estos, Juana la Loca, también sucesora al trono, se había casado con Felipe el Hermoso de Austria. Su hijo Carlos cuando nació en los Países Bajos estuvo en línea para heredar España, Alemania y Begoña. Más tarde Carlos tuvo un vínculo cercano con Portugal por razón de su matrimonio con la princesa Isabel. También Carlos fue heredero de la intensa religiosidad católicorromana de su abuela Isabel, la astucia de su abuelo Fernando y el temperamento triste de su madre Juana, la misma que a raíz de la muerte de su marido, se volvió loca. De niño Carlos no habló español, pero después se vio en la imperiosa necesidad de aprenderlo al heredar el trono español y adoptar más tarde en la vida a España como su patria preferida en la cual murió.

Fungiendo ya como emperador en 1521, Carlos creyó conveniente sofocar un movimiento democrático en Villalar, España. Luego de cuatro encarnizadas guerras intentó someter a Francisco I, su rival francés para ocupar el trono imperial vacante. Como gobernante del Santo Imperio Romano, Carlos quiso transformarlo en una monarquía absoluta. Fueron los protestantes flamencos y alemanes quienes tuvieron un papel destacado para impedírselo. Además Carlos combatió para mantener el dominio de territorios italianos. En una ocasión tuvo la audacia de tomar preso al papa Clemente VII porque éste no había ocultado su simpatía y apoyo por el rey de Francia, Francisco I. Carlos defendió decididamente la soberanía de España frente a las pretensiones desmedidas del papado. Participó activamente en cuarenta operaciones militares. Durante una campaña militar que se efectuó en África del Norte tuvo el mérito de liberar a veinte mil esclavos cristianos que estaban presos en cárceles de piratas beréberes. Sin embargo, la victoria más memorable de su gobierno imperial se realizó cuando obligó a los turcos bajo el mando de Solimán II a emprender la retirada de Viena, la considerada puerta a Europa (1532). El poeta español Fernando de Acuña escribió una línea ahora bien conocida describiendo a Carlos: *Un monarca, un imperio, una espada.*[1]

A la edad de 54 años, ya agotado, Carlos entregó las riendas del reino, y con el fin de prepararse para su muerte, se retiró al monasterio de Yuste en el suroeste de España. En su conciencia no hubo duda de que había luchado tenazmente a favor del imperio y la iglesia. Poco antes de su muerte, Carlos se lamentó de no haber aprovechado la oportunidad que tuvo en Worms para apresar a Lutero y haberlo enviado a la hoguera.[2] Pero ya era tarde. Cuando Carlos expiró, "la herejía del luteranismo" había ejercido una considerable influencia por gran parte del imperio, aún en ciudades españolas como Valladolid y Sevilla. El mismo clérigo que le atendió en el lecho de muerte, Bartolomé de Carranza, arzobispo de Toledo, más tarde sería acusado de abrigar doctrinas luteranas. A consecuencia de esta acusación, el arzobispo Carranza fue enviado a la cárcel inquisitorial. Años más tarde murió en Roma sin haber podido alcanzar su libertad.

Quienes están interesados en temas culturales poseen referencias del *Siglo de Oro* español, cuando florecieron las letras y artes. El *Siglo de Oro* coincidió y formó parte del Renacimiento humanista que se presentó en muchas partes de Europa. Este movimiento cultural comenzó a interesarse en lo general, por un lado, pero también en lo personal, por el otro lado. ¿Quién no se acuerda del gigante de la literatura española de aquella época, Miguel de Cervantes Saavedra (1547-1616)? ¿Quién desconoce que

---

[1] Citado por Francisco Ugarte, *España y su Civilización* Segunda Ed. (Nueva York: The Odyssey Press, Inc. 1965), 35.

[2] Véase A. H. Newman, "Charles V," en *The New Schaff-Herzog Encyclopedia of Religious Knowledge*, vol. III (Grand Rapids, Michigan: Baker Book House, 1958), 17. Todas las traducciones son mías si no se nombra a otro traductor.

Cervantes fue autor de una obra maestra de la literatura universal, *Don Quijote de la Mancha*? Los españoles con debido orgullo han levantado en la *Plaza de España* en Madrid un gran monumento a Cervantes, quien aparece sentado en lo que parece ser un trono y de donde sale cabalgando el ingenioso pero también muy humano hidalgo de la Mancha con su fiel escudero, Sancho Panza. Este libro monumental ha sido traducido a todos los idiomas principales del mundo.

La obra de Cervantes, con la cual de paso creó la novela moderna, es el recuento irreal de un hidalgo pobre del campo español quien después de haber leído muchos libros sobre caballería se imagina ser un caballero errante. Su imaginación le impulsa a hacer tres viajes alrededor del seco campo de la Mancha con el fin de ejecutar actos de justicia. Antes de salir en busca de aventuras, el personaje principal, Don Quijote, se acuerda de una muchacha labradora de la zona a quien nombra tiernamente Dulcinea, pues según los libros cada caballero andante requiere de una dama. También necesita del espaldarazo. Así Don Quijote consigue que un ventero humilde le celebre la ceremonia de armarlo como caballero. Nuestro hidalgo encuentra en las cercanías a un mozo de labranza, Sancho Panza, a quien persuade a acompañarle con la promesa de cederle una parte de las tierras que conquistaría. Así, Don Quijote de la Mancha con una lanza en alto y montado en un caballo flaco llamado Rocinante, seguido por Sancho Panza con el escudo de su noble señor y montado sobre un asno, salen al mundo injusto.

Nuestro hidalgo imagina la injusticia manifestándose en todas partes; pero el hacer justicia no es fácil. Se enfrasca en situaciones comprometedoras y conflictivas a la vez que humorísticas. Por ejemplo, Don Quijote se encuentra con un grupo de presos encadenados y determina súbitamente intervenir a favor de ellos para lograr su libertad. El móvil que encuentra nuestro caballero para tal acción es que Dios ha querido, según su pensar, que todos los hombres sean libres. Después, sin embargo, de haber sido librados, los ingratos hombres apedrean a Don Quijote. Las muchas conversaciones entre Don Quijote y su escudero por los caminos manchegos tocan profundos temas, entre ellos la relación entre lo ideal y lo real.

Al fin un amigo del hidalgo le quiere ayudar a salir de su locura y le vence en un duelo. Después de obtener la victoria el amigo, según las leyes de caballería, tiene el derecho de obligar al vencido a volver a su aldea y casa. En su lecho de muerte, Don Quijote se arrepiente de haber leído los escritos de caballería y poco después muere, como si el dar las espaldas a lo ideal significara la muerte. Sancho Panza, quien no muere, da muestras de aceptar algunas de las nobles aspiraciones de su amado señor.

Las autoridades de aquel tiempo se dieron cuenta que Cervantes escribió no sólo para brindar entretenimiento sino también para transmitir un mensaje. Don Quijote y Sancho representan, según muchos, el idealismo y el realismo. Otros opinan que el autor comentó sobre la personalidad española, aún otros creen que la obra refleja el conflicto interior del mismo Cervantes. Un famoso escritor mexicano, Carlos Fuentes, sugiere que el libro fue una protesta contra la postura rígida de la Iglesia Católica Romana frente a las ideas humanistas del holandés Desiderio Erasmo.[3]

Después de Cervantes, el dramaturgo Lope de Vega (1562-1635) tiene preeminencia entre los literatos de España. ¡Increíblemente Lope de Vega escribió mil quinientos dramas en verso y otras veinte obras no relacionadas al drama! Sus dramas, sin embargo, se encuentran muy relacionados a la vida y pensamiento del pueblo español. La gente hoy como ayer le ha admirado ciegamente. Lope de Vega rompió con las reglas clásicas para hacer comedias, patrocinando una libertad artística que sigue perdurando. Bajo la influencia de Lope de Vega y su obra, el número de compañías teatrales no demoró en incrementarse de solamente dos hasta llegar a cuarenta. Es muy conocido que Lope de Vega tenía muchos amoríos ilícitos y también muchos hijos ilegítimos. Más tarde en la vida, Lope de Vega se convirtió en un sacerdote.

La pintura también brilló en el *Siglo de Oro* español. El Greco (1541-1614) y Diego Velázquez de Silva (1599-1660) son los pintores más aclamados. El verdadero nombre del primero fue Domenikos Theotokopoulos, nacido en la isla de Creta. Más tarde se estableció en Toledo, centro del catolicismo español, especializándose en la expresión de la religión de España. Por ejemplo, varias veces pintó al Crucificado. En su notable *El entierro del Conde de Orgaz*, el sepelio mismo se ve en la parte inferior de la pintura, y en la superior se contempla en viva dimensión espiritual el cielo con el alma del conde ante el Redentor y los seres celestiales alrededor. Diego Velázquez, por su parte, se especializó en pintar a las

---

[3]Carlos Fuentes, *The buried mirror: reflections on Spain and the New World* (Nueva York: Houghton Miffin Company, 1992), 176.

personas tal como fueron. Por ejemplo, varias veces en Roma representó al papa Inocencio X siempre con su temperamento frío y austero. Velázquez, en Madrid, produjo el llamativo *Cristo crucificado*. Sobre esta pintura, Miguel de Unamuno, el gran filósofo español del siglo XX, escribió un poema que la analiza y encuentra a un Cristo luchador y triunfante en contraste con la interpretación tradicional del país. El *Siglo de Oro* español finalizó propiamente con la muerte de Pedro Calderón de la Barca (1600-1681). Sus 200 obras teatrales se concentran en el tema del honor personal que constituye la característica fundamental de la psicología española. Su obra más conocida dentro y fuera de España es *La vida es sueño*. Como muchas otras personas prominentes dentro de la cultura de los siglos XVI y XVII, Calderón se convirtió en un sacerdote.

⊓

En el campo de la religión hubo asimismo unos sucesos notables en la España del siglo XVI. Llama la atención la promoción de una reforma de la iglesia en la disciplina y educación iniciada por el cardenal Francisco Jiménez de Cisneros (1436-1517) con el apoyo y aún la iniciativa de la reina Isabel. Cisneros se preocupó principalmente de la preparación de sacerdotes y futuros maestros de la iglesia. Buscando cristalizar esa meta fundó la famosa Universidad de Alcalá de Henares. Este hecho también estuvo vinculado al Renacimiento en España. Cisneros, además, dirigió la publicación de una de las primeras Biblias políglotas en su universidad entre los años 1514 y 1517. La *Biblia Políglota Complutense* incluye textos en hebreo, griego, latín y caldeo. Es importante indicar que la *Biblia Complutense* carece de una versión castellana. La más probable explicación es que la Iglesia Católica Romana en aquella época había aprobado únicamente la *Vulgata* en latín e impidió versiones al vernáculo. Los tradicionalistas criticaron a la *Políglota* por haber incluido el texto hebreo masorético. A consecuencia de esto algunos de los redactores tuvieron posteriormente problemas con la *Inquisición*.

Cisneros se incorporó a la orden franciscana, de la cual llegaría a ser provincial de Castilla. Por un tiempo sirvió como confesor de la reina Isabel. También más tarde llegó a ser arzobispo de Toledo, y después primado de España. Cisneros asimismo tuvo a su cargo la conversión forzada de los moriscos o musulmanes conversos de Granada después de que la ciudad se rindió a Fernando e Isabel. Poco antes, Cisneros había desempeñado el cargo de Inquisidor General de Castilla y León. Este hombre talentoso fue regente de España por algún tiempo.

Un movimiento conocido como el *misticismo* constituyó otra faceta de la gloria religiosa de España. El *misticismo* español enfatizó la posibilidad de una comunión con Dios por medio de algunas virtudes de la vida interior. El movimiento se concentró especialmente en la orden de los Carmelitas.

El *misticismo* en España en el siglo XVI desempeñó un papel destacado. Por una parte, algunos de los místicos más prominentes también eran muy conocidos en el *Siglo de Oro* español. Algunos de ellos sobresalieron en la prosa y la poesía. El *misticismo* tomó fama y acogida en España al punto que los españoles hoy tienen orgullo de sus místicos. Los historiadores eclesiásticos en todo el mundo generalmente están en cierta manera familiarizados con el *misticismo* español.

El *misticismo* cristiano ocupa un lugar innegable dentro de la tradición bíblica. Por ejemplo, los libros bíblicos de Ezequiel y Apocalipsis están llenos de descripciones cargadas de misticismo por parte de personas consagradas. Las Sagradas Escrituras se refieren a la doctrina y persona del Espíritu Santo, quien es realmente el que crea a la iglesia para después morar activamente en los cristianos. La gracia, nos informa la teología, restaura la comunión con Dios. Las visiones y otras manifestaciones elevadas de los místicos se pueden comprender dada la singularidad absoluta de Dios.

Entre los representantes del *misticismo* de España, el nombre de Santa Teresa de Jesús (1515-1582) viene primero a la mente. Santa Teresa creció en un hogar aristocrático de Ávila. Durante su adolescencia, mostró un interés por la vida social. Pero la vanidad y los intereses seculares no le impidieron abandonar su hogar secretamente para ingresar en el convento de la Orden del Carmen de la ciudad. Hacía muchos años que Teresa luchaba con unos conflictos interiores y enfermedades físicas. Ya en el convento no demoró mucho en demostrar su inconformidad con sus reglamentos. Finalmente Teresa comprendió que su llamado era establecer una orden monástica femenina cuya disciplina fuera más estricta. Así en 1562 fundó el Convento de San José en Ávila donde aplicó un reglamento carmelita más primitivo. El éxito de Teresa continuó llegando a establecer hasta treinta y dos conventos carmelitas solamente en España. En el curso de sus labores, superó la oposición a la que tuvo que enfrentarse tenazmente, incluso contra la misma *Inquisición* española.

Santa Teresa escribió varios libros. En *El libro de las fundaciones* narra la historia de sus labores estableciendo los conventos. En su libro *El castillo interior* describe a fondo la búsqueda de la unión con Dios mediante la contemplación y oración. Estos libros reflejan los dos aspectos prominentes de Teresa, a saber, las arduas labores para lograr la reforma de la iglesia y la total determinación de conocer a Dios.

San Juan de la Cruz (1542-1591) fue un hombre de procedencia rural. Él también se unió al movimiento para reformar la iglesia. Debido a su labor reformadora fue denunciado por sus enemigos, por lo que fue apresado. Poco tiempo después logró fugarse de la cárcel de Toledo. Mientras Teresa escribía prosa, Juan se especializaba en poesía.

Fray Luis de León (1527-1591), otro poeta místico, era profesor de la Universidad de Salamanca. Él fue capaz de unir el *misticismo* cristiano con el pensamiento renacentista.

El siguiente poema anónimo del movimiento místico español encierra mucho del espíritu de aquellos extraordinarios individuos:

A Cristo Crucificado

No me mueve, mi Dios, para quererte
el cielo que me tienes prometido,
ni me mueve el infierno tan temido
para dejar por eso de ofenderte.

Tú me mueves, Señor; muéveme el verte
clavado en una cruz y escarnecido;
muéveme ver tu cuerpo tan herido;
muévenme tus afrentas y tu muerte.

Muéveme, en fin, tu amor, y en tal manera,
que aunque no hubiera cielo, yo te amara,
Y aunque no hubiera infierno te temiera.

No me tienes que dar porque te quiera;
pues aunque lo que espero no esperara,
lo mismo que te quiero te quisiera.
—Anónimo

España indudablemente tuvo su tiempo de gloria alrededor del siglo XVI. El movimiento reformador protestante en el mismo *Siglo de Oro* español experimentó su inicio. No logró, sin embargo, prosperar en la sociedad española. A pesar de ello, aquel intento religioso que fue rechazado también se revestiría de gloria.

2

TAMBIÉN DE DESASTRE

Durante la época de Casiodoro de Reina, España indudablemente vivió sus momentos de gloria. Pero también hay que reparar en los desastres que se le presentaron y en los acontecimientos que le trajeron deshonra. La gloria y los desastres en el caso de España estuvieron tomados de la mano, pero tuvieron notables diferencias.

Dentro de los desastres hay que apuntar, porque viene casi instantáneamente a la mente, la desastrosa derrota de la flota española en el año 1588. El rey Felipe II (1527-1598), hijo de Carlos I, se convirtió en monarca cuando su padre abdicó el trono a su favor en 1556. Ya en el trono, siguió implacablemente el mismo objetivo religioso de sus padres y abuelos, a saber, la promoción de la unidad religiosa bajo la Iglesia Católica Romana tanto en España como en otros territorios bajo su dominio. El mismo Felipe dijo: "Prefiero no reinar a reinar sobre herejes".[4] En pos de este objetivo primordial, no tuvo reparos en ir a la guerra en tierras ajenas para realizarlo.

Felipe se enfrentó sin ningún temor, entre otros, contra los ingleses. En su juventud se disgustó con Enrique VIII, más tarde su suegro, porque le pareció que el monarca inglés había favorecido a los protestantes. Los piratas británicos Francisco Drake y Juan Hawkins le causaron grandes problemas bloqueando y asaltando los puertos españoles en las colonias americanas y en ocasiones capturaron navíos españoles en alta mar.

Felipe trabajó celosamente para lograr sus propósitos en materia de religión. Primero se casó en 1554 con María I Tudor, la hija de Enrique VIII que se mantuvo en la fe católicorromana, para asegurar que el reino inglés permaneciera firme bajo la Iglesia Católica Romana. Seguramente tuvo la esperanza de tener un heredero directo, católicorromano por supuesto, al

---

[4]Ugarte, 35.

trono inglés, pero María jamás pudo dar a Felipe el heredero deseado.

Felipe también se dedicó por muchos años a construir la flota naval más poderosa de aquella época, la cual pretendía utilizar en su plan de conquistar por la vía de las armas a Inglaterra. Por fin cuando la nueva reina inglesa, Isabel I, ordenó la muerte de María Estuardo de Escocia y Francia, simpatizante también de Felipe, éste encontró una razón para ponerse en acción. La flota naval consistió de veinte galeones, otros ciento diez navíos y treinta mil hombres. También hubo ciento ochenta sacerdotes y otros religiosos para celebrar misas diariamente. Se le bautizó con el nombre de la *Armada Invencible.* Pero todo resultó en vano. Las tempestades, la velocidad superior de los navíos ingleses bajo Drake y Hawkins, como también la incompetencia del almirante substituto de los españoles sellaron el desastre en el Estrecho (Paso) de Caláis. Únicamente la mitad de la armada logró regresar a Lisboa, posesión española en aquél entonces. Solamente la cuarta parte de los marineros retornaron.

Hubo también en aquel entonces un desastre de índole moral y religioso, a saber, la decidida intolerancia de la iglesia española hacia otras religiones dentro del territorio español. Los musulmanes o moros, los judíos y el naciente movimiento de la Reforma protestante tuvieron que sufrirla y, aunque en vano, intentaron sobrevivir. Nos concentraremos aquí en la intolerancia religiosa principalmente contra los judíos, la cual alcanzó su máxima intensidad en la segunda parte del siglo XV. Más adelante tocaremos el caso del primer movimiento de Reforma que siguió a la persecución de los judíos, cuando por cierto Casiodoro de Reina tomó parte importante en el drama. Respecto a la intolerancia ejercida contra los moros, ésta llegó a su culminación en el siglo XVII cuando España expulsó a 400 mil moriscos de su territorio nacional. Este último acontecimiento sin duda formó parte del triste cuadro total. España y su iglesia entre los siglos XV y XVII optaron por combatir las creencias y prácticas no católicorromanas utilizando cualquier medio, inclusive la coerción. Por supuesto, esto nos trae al tema de la *Inquisición* en España.

¿Por qué abordar el tema de la *Inquisición* en España? ¿Por qué no olvidar el pasado, sobre todo cuando éste no es placentero? ¿No nos encontramos en la edad ecuménica cuando procuramos mutuamente sobrellevar nuestras diferencias?

Al respecto de esto, el lector debiera saber que la Iglesia Católica Romana, que autorizó la *Inquisición* en primer lugar, en la actualidad ha creído pertinente volver a examinar este tema. En 1998 el papa Juan Pablo II emitió una bula declarando al año 2000 como un Año de Gran Jubileo destinado para ejercer la misericordia y la penitencia para rescatar indulgencias. El papa pidió que los católicorromanos buscaran el perdón no sólo de pecados personales sino de errores históricos de la iglesia. Así durante 1998 la iglesia, después de siete siglos, inició un estudio sobre la *Inquisición* con el fin de averiguar si ella cometió errores y en caso necesario realizar penitencia. La Iglesia Católica Romana decidió abrir los archivos de la *Inquisición* en Roma los cuales estuvieron por mucho tiempo sellados. En 1997, un año antes, la iglesia había llevado a efecto una investigación similar con el fin de descubrir si la iglesia hubiera fomentado el antisemitismo durante la era nazi. Como resultado del estudio, la Iglesia Católica Romana publicó una disculpa por escrito. Tal vez la iglesia considerará en el futuro emitir un documento parecido teniendo como base los resultados de la mencionada investigación sobre la *Inquisición*.

Así una institución eclesiástica de la Edad Media, la *Inquisición*, ha llegado a ser un tema de actualidad. Tal vez nuestro repaso histórico de la misma en España, además de asentar el contexto temporal de la vida y obra de Casiodoro de Reina, prepare al lector para dicho acontecimiento en la Iglesia Católica Romana. Posiblemente el desastroso historial de la *Inquisición* en España tenga después de todo un fin más feliz.

En realidad la *Inquisición* fue implantada en varios países además de España. Pero hubo diferencias en administrarla de tal manera que existieron simultáneamente una *Inquisición papal* y una *Inquisición española*. Además tanto en España como en otros lugares la *Inquisición* abarcó un período más allá de los siglos XV y XVI. Vista desde la perspectiva de la historia global, la *Inquisición española* tuvo un carácter único, carácter que se observa mejor en dichos siglos.

Con respecto a los datos, es verdad que los historiadores no están de acuerdo acerca de la *Inquisición*. Algunos historiadores españoles, por ejemplo, han intentado justificarla. Pero la carencia de toda la documentación primaria sobre la *Inquisición* ha complicado la investigación. En los archivos españoles con documentación inquisitorial, por ejemplo, suelen faltar los procesos. Y aunque los muchos legajos y libros disponibles pueden ser consultados por los investigadores, en el Vaticano están todos los manuscritos. Sólo ha sido abierta una minúscula parte de lo guardado en los Archivos Pontificios, especialmente aquella relacionada al tribunal de la *Inquisición* de Roma y las actividades de la Congregación del Índice. Por esta razón los historiadores tendrán mucho interés en la investigación de los documentos ahora disponibles en Roma. Aún así, después de todo, aquel penoso y cruel capítulo de la historia de la iglesia y de la civilización occidental indiscutiblemente fue una realidad. Hoy sólo es posible saber del mismo en términos generales.

El nombre completo de aquella espantosa institución fue el *Santo Oficio de la Inquisición*. El calificativo *santo* refleja la importancia que la Iglesia Católica Romana le otorgó a principios del siglo XIII cuando el papa Inocencio III, en el IV Concilio Lateranense, formalmente estableció la *Inquisición papal*. Como el nombre también señala, ella tuvo que ver con todas las sospechas de los delitos contra la fe, así como sanciones de los mismos. Pronto la *Inquisición papal* funcionó dentro de tierras cristianas, primero bajo la supervisión de los obispos y posteriormente de las órdenes monásticas. De esta forma la *Inquisición* se convirtió en un oficio o ministerio dentro de la iglesia. En el año 1252, el papa Inocencio IV emitió la bula *ad exstirpanda* con la cual se autorizó el uso de la tortura para extraer confesiones de herejía. El papa León·X, en su famosa bula de excomunión contra Lutero hizo referencia al error del reformador alemán cuando afirmó: "quemar a los herejes es contra la voluntad del Espíritu."[5] Aunque parezca increíble, la iglesia aceptó el uso de medios coercitivos como la hoguera para castigar

---

[5]Citado por Philip Schaff, *History of the Christian Church*, Vol. VII. (Grand Rapids, Michigan: Wm. B. Eerdmans Publishing Company, 1953), 239. Los volúmenes de esta obra aparecieron a lo largo de varios años.

la herejía.

En el caso de España, se debe regresar al año clave de 1391. Antes de aquel tiempo los españoles habían tolerado a los numerosos judíos en la península, principalmente debido a su preocupación por liberar Iberia de los moros. Pero, una vez que tuvieron más libertad en regiones reconquistadas, los españoles mostraron una discriminación creciente contra los judíos. Los gobernantes, por su parte, los habían apreciado por su valioso aporte a la medicina, la erudición, el comercio y el servicio cívico. Por todo este aporte procuraron protegerlos. En cambio, la poderosa iglesia y el pueblo, por razones religiosas, se volvieron contra los judíos. La situación se tornó crítica en 1391 cuando en Sevilla estalló una persecución abierta. Los intransigentes llevaron a cabo una campaña violenta que incluyó incendios de sinagogas y la matanza de judíos.

La violencia no paró en Sevilla sino que se extendió al resto del reino de Castilla y luego a Aragón, los reinos más grandes de la península. En Castilla, donde residían la mayoría de los judíos, miles de ellos perecieron, otros lograron huir, primero a las zonas rurales y luego a otros países. Algunos buscaron refugio en los conventos y monasterios donde, disfrazados de monjes y monjas, pudieron practicar la fe judaica en secreto. Otros judíos se suicidaron. Muchas mujeres y gran número de personas humildes valientemente decidieron afrontar la persecución y la muerte. Pero no sólo los judíos sufrieron. También lo hicieron las ciudades españolas donde los judíos habían tenido un papel sobresaliente en la vida cívica, económica y cultural.

Como resultado del pogromo de 1391 apareció un movimiento masivo de *conversos*, es decir, judíos aparentemente convertidos al cristianismo, y quienes también fueron llamados *nuevos cristianos*. Pero la iglesia, en lugar de interpretar el suceso como victoria, se dio a la tarea de poner al descubierto el ropaje cristiano entre los todavía creyentes judíos.

Puesto que los *conversos* fueron bautizados, la iglesia los consideró sujetos a su disciplina. Por eso, al principio, los obispos procuraron instruirlos. Sin embargo, pronto emergió una postura severa. Al inicio del siglo XV, la *Inquisición papal* bajo la supervisión de los obispos y monjes adoptó reglamentos anti-judaicos tales como la restricción de viajes a la frontera donde los judíos pudieran darse a la fuga y también peticiones al gobierno civil para colaborar en la excomunión de herejes. Hacia mediados del siglo obligaron a los judíos a llevar vestidos ciertas señales distintivas y discriminatorias. Los españoles también les prohibieron servir en cargos públicos. Algunos sacerdotes fanáticos enardecieron los ánimos de la gente contra los judíos y los *conversos*.

Luego Fernando del reino de Aragón e Isabel del reino de Castilla, los Reyes Católicos, entraron en la escena. Mediante su matrimonio en el año 1469, como ya hemos visto, iniciaron el proceso de la unidad nacional y territorial en lo que hoy es España. También aspiraron a establecer la unidad religiosa en sus dominios. Por eso los monarcas se dedicaron de lleno a terminar la guerra contra los musulmanes. Luego se preocuparon de los judíos. En cuanto a los judíos *conversos*, aceptaron el consejo de su confesor Tomás de Torquemada. Fue éste quien instó a los Reyes Católicos a solicitar al papa una *Inquisición* especial para los españoles.

Como resultado de la solicitud de Isabel y Fernando, monarcas independientes pero que trabajaron en forma unida, el papa Sixto IV en 1478 autorizó el establecimiento de un tribunal inquisitorial en Castilla. Éste sería nuevo y distinto de la *Inquisición papal* porque los monarcas supervisarían a los encargados, quienes a su vez funcionarían independientemente de los obispos.

Respecto a los judíos *conversos*, los monarcas tomaron varias medidas. Primero obligaron a los judíos y a los moros a residir separadamente de la población general. Llamaron *juderías* a los barrios de los judíos. Aún hoy se pueden ver en Sevilla y otros lugares.

En segundo lugar, en 1480 los monarcas organizaron la *Inquisición española* autorizada por el papa. Encargaron a los frailes dominicos los asuntos de la *Inquisición* en sus dominios. Los dominicos comenzaron sus funestas labores en Sevilla. Pronto establecieron el tribunal permanente en un castillo construido por los almohades en Triana, ubicado al lado occidental, allende el río Guadalquivir.

Hasta no hace mucho tiempo se podían contemplar las ruinas del castillo y fortaleza. Solo un pasaje ha sobrevivido a las construcciones modernas de la ciudad de Sevilla donde hay una placa que reza, *"Callejón de la Inquisición."* Pero el renombrado historiador Philip Schaff cita una anterior inscripción exhibida en 1524:

> En el año 1481, bajo el pontificado de Sixto IV y el reinado de Fernando e
> Isabel, comenzó aquí la Inquisición. Hasta 1524, más de 20 mil herejes
> declararon su temible crimen en este sitio y casi mil fueron quemados.[6]

En esta cita el verbo "declararon" significa haber admitido creencias o prácticas de la religión judaica aunque antes habían declarado haberse convertido al catolicismo. Como resultado castigaron a los judíos con penas menores que la muerte. La palabra "quemados" aplicada a los "casi" mil, quiere decir haber sido enviados a la hoguera. En el mismo año de 1481 tuvo lugar en Sevilla el primer *auto de fe*. Este acto consistía en una dramatización pública, por las calles, en la plaza principal y fuera de las murallas que rodeaban la ciudad, en la que se leían y ejecutaban las sentencias de los inquisidores contra quienes ellos consideraban herejes. Estos crueles y exagerados sucesos señalaron el inicio de la *Inquisición española* en la víspera del siglo XVI.

Desde Sevilla la *Inquisición española* extendió sus actividades al resto del reino de Castilla, y de allí pasó al reino de Aragón en el norte. Ella misma montó quince tribunales permanentes en la península, y con frecuencia otros tribunales transitorios.

En 1483 el tribunal permanente en Sevilla emitió un *edicto de expulsión* no sólo de *conversos* sino de todos los judíos en la provincia. Fernando e Isabel siguieron de cerca este suceso el cual, por cierto, utilizarían en su oportunidad. En el mismo año Fernando elevó la función inquisitorial al quinto consejo de estado bajo el nuevo nombre del *Consejo Supremo y General de la Inquisición*. Éste tuvo la facultad de proceder también contra el clero, exceptuando a los obispos. No obstante existieron casos en que algunos obispos también cayeron en las manos de la *Inquisición*. Únicamente el Estado fue la institución que tuvo más autoridad. Seguidamente se creó el oficio del Gran Inquisidor, el cual fue otorgado al confesor dominico de los monarcas, Tomás de Torquemada. Fue Torquemada quien codificó el reglamento para la operación de la *Inquisición* en la península. Los severos procedimientos y el fanatismo de Torquemada lo convirtieron en un espectro

---

[6]Schaff, Vol. VI, 553.

de tenebrosidad proverbial en la historia eclesiástica. Este celo desviado fue otra característica distintiva de la *Inquisición española*.

Aunque algunas voces se oyeron en contra de la *Inquisición*, especialmente procedentes de Aragón, ninguna fuerza fue capaz de detenerla. Hoy en día existe un monumento edificado en señal de protesta silenciosa en el mismo sitio donde la *Inquisición* empezó sus actividades. En la ribera del río Guadalquivir, con el castillo de Triana a la vista al otro lado del río, una abstracta figura da la espalda a la fortaleza y extiende los brazos en gesto de buena voluntad y aceptación a todos. A la escultura han dado el título del Monumento a la Tolerancia.

La *Inquisición*, aquella temida entidad eclesiástica, se había puesto en acción, primero, contra los *conversos*, luego contra la totalidad de los judíos, los moriscos lapsos y también los que practicaban la hechicería. Posteriormente dirigió sus esfuerzos contra el naciente movimiento protestante en España. Los españoles poco después a la vez implantaron la *Inquisición* en el Nuevo Mundo, la cual trató mil quinientas causas antes que fuera suprimida en el siglo XIX. Este observador con asombro ha entrado en el anterior tribunal inquisitorial en Lima, Perú. Otras dos ciudades, la Ciudad de México y Cartagena, Colombia, fueron sedes desde donde operó la *Inquisición* en tierras americanas.

Con respecto a su modo de operación, la *Inquisición* funcionó con agentes llamados *familiares*. Éstos operaron por todas partes en la península ibérica, y con el tiempo fuera de ella. Los *familiares* buscaban evidencias sobre creencias y prácticas que estuvieran en desacuerdo con la iglesia. Estos agentes fueron quienes trataron de hallar literatura religiosa prohibida en España. Cuidadosamente escucharon las conversaciones de la gente con el fin de descubrir cualquier expresión anti-católicorromana. Los sábados desde un punto alto desde el cual se podía ver toda Sevilla, observaron atentamente tratando de descubrir una chimenea sin humo que posiblemente les indicara que los moradores eran judíos quienes estarían guardando el sábado. La *Inquisición* también animó a los fieles a delatar las infracciones de la gente, aún aquellas cometidas por los miembros de su propia casa.

Los tribunales tuvieron dos jueces o examinadores, un fiscal, un asesor para los acusados, notarios, un guardia y un oficial ejecutivo a cargo de cumplir las sentencias. Cada tribunal poseía un edificio con un salón de justicia, un aposento para los inquisidores, un archivo, una cámara de tortura y una cárcel.

El procedimiento legal empezaba con un *edicto de gracia* proclamado en la población respectiva mediante el cual se esperaba que los penitenciados dentro de treinta a cuarenta días pudieran voluntariamente confesar alguna herejía. Para difundir la proclamación más ampliamente, los inquisidores se presentaban en las sinagogas a exigir confesiones y denuncias. Una acusación o un rumor era suficiente para que el acusado fuera detenido. El tribunal procedía asumiendo una culpabilidad hasta que se presentara una prueba de inocencia. Los penitenciados esperaban en la cárcel mientras la investigación se llevaba a efecto, la cual podía prolongarse por mucho tiempo teniendo no pocas veces el resultado de que los acusados murieran en la prisión. Los juicios se desarrollaban bajo el mayor secreto. Por ejemplo, los penitenciados no podían recibir visitantes ni leer publicaciones sobre su caso. Tampoco les era permitido saber la identidad de sus acusadores. En el tribunal inquisitorial en Lima, este observador vio el salón de justicia y el sitio donde los acusadores fueron separados por una pared con celosía, de manera que los acusadores pudieron ser oídos mas no vistos por quienes se encontraban en el salón.

Como se indicó arriba, el tribunal podía recurrir a la tortura para arrancar una confesión. La tortura, administrada y legislada por el *Santo Oficio* generalmente consistía en el uso del potro, el garrucho y el agua. La tortura empezaba cuando los penitenciados eran desnudados y luego amarrados y suspendidos sobre un potro, con un garrucho de fierro forrado de clavos alrededor de sus cuellos. Los torturadores los sujetaban para estirarlos hasta el punto de romperles los huesos. También era aplicada la estrangulación lenta y deliberada y en ocasiones los ahogaban parcialmente con agua. Luego los penitenciados serían mandados a sus celdas para su recuperación. Después de unos treinta días los volvían a torturar. Generalmente los penitenciados eran detenidos entre dos a tres años antes de ser mandados a la hoguera.

El tribunal también tenía la facultad de imponer una variedad de penas, desde palizas hasta penitencias públicas hechas por los acusados donde se les obligaba a vestirse con una ropa penitencial llamada *sambenito*. A los sacerdotes penitenciados se les quitaba parte por parte los hábitos sacerdotales. En el salón de justicia de Lima había una manera gráfica de comunicar el veredicto: una figura de la cabeza de Cristo colocada en la pared detrás de los inquisidores, la cual uno de ellos movía ocultamente de un lado a otro o de arriba hacia abajo. Multas, prisiones y destierros fueron penas muy conocidas. Todo estaba calculado para infundir vergüenza, miedo y arrepentimiento.

El anuncio público del delito y la pena también se proclamaban mediante el horroroso *auto de fe*. La *Inquisición* había planeado realizar cada *auto de fe* públicamente con el propósito de sembrar miedo en la gente por la herejía. Se llevaba a cabo el *auto* en los lugares más céntricos, como por ejemplo, la plaza mayor. En los costados levantaron gradas para los principales personajes y para los numerosos espectadores. Los ciudadanos prominentes y en ocasiones aún los monarcas se hicieron presentes, ocupando un costado con toldo para protegerse contra el sol. El público usó un segundo lado, mientras los acusados con los familiares inquisitoriales llenaron un tercer costado. Hacia el centro de la plaza convertida en tribunal, los oficiales inquisitoriales junto a los oficiales civiles ocuparon una sección especial. También hacia el centro se encontraron un púlpito para escuchar un sermón y un altar portátil para la celebración de la misa. Se esperaba que durante la ceremonia todos los asistentes, inclusive los monarcas, hicieran voto de lealtad al *Santo Oficio de la Inquisición* y aprobaran sus actividades. Además se anunciaba al público presente que recibiría cada uno una indulgencia parcial en el purgatorio. Luego se conducía a los acusados uno por uno a una jaula ubicada por lo general en el centro del tribunal. Acto seguido los oficiales leían el delito y la sentencia. ¡La ceremonia era montada en tal forma que semejaba la víspera del juicio final! También hubo sitio para efigies de personas condenadas pero que lograron huir de la *Inquisición*. El espantoso *auto de fe* concluía con la entrega de los culpables de mayores ofensas al poder civil. En seguida se conducía a los convictos afuera de la ciudad para quemarlos en una hoguera previamente preparada. En el caso de personas arrepentidas de herejía grave, antes de entregarlos a las llamas se les administraba la muerte por estrangulación con un aro de hierro. A quienes no se arrepentían, si osaban hablar herejías, se les silenciaba con la mordaza. Las efigies representando a las personas, junto con los cuerpos o huesos exhumados de aquellos acusados de herejía después de su muerte, recibían el mismo trato y eran quemados juntos.

Como si todo esto no bastara, la *Inquisición* también confiscaba las propiedades y pertenencias de los culpables. Esta violación de los derechos humanos alcanzó proporciones tan exageradas que fueron superadas únicamente por la hoguera. Originalmente las ganancias de la venta de las propiedades de los herejes sostuvieron la operación inquisitorial, pero pronto llegaron a parar también en los cofres del gobierno y aún en manos de particulares. Era por demás tentador valerse de la *Inquisición* para echar mano de la abundancia material de los judíos.

La *Inquisición* además se dedicó en España a la censura de toda aquella literatura que no era católicorromana. En el año 1490, Torquemada quemó Biblias en hebreo. Después a principios del siglo XVI la *Inquisición* se concentró en la literatura de la Reforma protestante. La *Inquisición* comenzó a publicar un índice de libros heréticos a mediados del siglo XVI. Mandó vigilar las bibliotecas con el propósito de inspeccionar los libros. Castigó a los libreros hallados culpables, aún con la misma muerte.

Todo sucedió con ligeras modificaciones de un lugar a otro debido a un solo crimen: creer o practicar una fe diferente a aquella sostenida por la mayoría de la población. Se provocó que los *conversos* profesaran el catolicismo pero interiormente mantuvieran la fe judaica. La Iglesia Católica Romana española del siglo XVI no admitió otra expresión religiosa.

Así Fernando e Isabel intentaron garantizar la unidad religiosa mediante la marginación de los judíos. Por fin en 1492 los monarcas, siguiendo lo que el tribunal inquisitorial en Sevilla hizo diez años antes, tomaron la drástica medida de expulsar a todos los judíos no convertidos de los reinos de Castilla y Aragón. Les dieron únicamente tres meses para salir de la península. Les fue prohibido llevar consigo oro, plata y joyas. Fueron obligados también a vender sus propiedades, con frecuencia a precios bajos. Este *edicto de expulsión* se produjo a raíz de la victoria total sobre los moros con la toma de la ciudad de Granada, el último bastión de los musulmanes en la península. Es decir, en la víspera del nacimiento de la nación española, los monarcas Isabel y Fernando tomaron el paso definitivo para librarse de la herejía. Igualmente vieron el anuncio de la expulsión como un modo de forzar a los judíos a convertirse porque en tal caso ellos tendrían el derecho de permanecer en la península. Los monarcas se dieron cuenta de la importante aportación que los judíos habían hecho a la vida española. Debido a esto realizaron un gran esfuerzo, encabezado por Jiménez de Cisneros, para lograr su conversión. Sin embargo, entre 150 mil y 170 mil judíos optaron por salir del país. La mayoría fue a Portugal, al norte de África, Italia, Turquía y los Países Bajos.

⌐¬

Aquellos que defienden la *Inquisición* señalan que las autoridades civiles y no la iglesia fueron quienes ejecutaron las sentencias. A decir verdad, tienen razón. Pero los tribunales eclesiásticos y no las autoridades civiles juzgaron y dictaron dichas sentencias. Además los poderes civiles, en el caso de tener reparos, carecieron de la fuerza moral para resistir a la poderosa iglesia. Es difícil para una persona de nuestra época imaginarse el poder de la iglesia en aquel entonces. Un número considerable de misioneros evangélicos en poblaciones latinoamericanas antes del Segundo Concilio Vaticano se percataron sin mucha demora que los obispos y sacerdotes mandaron o ejercieron el verdadero poder detrás de las autoridades civiles.

También dichos defensores hacen recordar que no sólo en España sino en otros países, inclusive en territorios evangélicos, se defendió la fe utilizando medidas coercitivas. Esto también es verdad. En la Europa de aquel entonces predominó la norma de la iglesia territorial, y los estados respectivos tomaron medidas para imponerse sobre todo vestigio de oposición. En un capítulo posterior se verá un caso infame en la Suiza de los protestantes. Igualmente existió la persecución de los anabaptistas en varios países. Pero Lutero, como ya hemos visto, no estuvo de acuerdo en quemar a los herejes, aunque lamentablemente al final de su vida, y acusando signos de deterioro de su salud física e impaciencia por no ver frutos de la predicación del evangelio entre los judíos, permitió y escribió a favor de la expulsión y destierro de ellos de los territorios luteranos, y la quema de sus hogares y pertenencias, más no de sus personas. Esto es algo que indudablemente siempre se le criticará a Lutero.

Los defensores de la *Inquisición* también apelan a la práctica de la iglesia primitiva en disciplinar a los miembros y ejercer la excomunión. Por supuesto, el evangelio enseña a abrazar la verdad y defenderla. Sin embargo, según el mismo evangelio, se ha de defender y combatir con medios espirituales. Entendida correctamente la excomunión es una disciplina espiritual. Al respecto de esto, el Señor Jesucristo y Pablo vez tras vez instruyen a los cristianos a practicar la disciplina, inclusive en aquellos casos donde exista enseñanza de falsa doctrina. Pero también el Señor Jesús advierte contra ejecutar una disciplina con medidas violentas, como cuando el discípulo quiso defender al Señor con la fuerza y Jesús le corrigió diciendo, *"Vuelve tu espada a su lugar; porque todos los que tomen espada, a espada perecerán"* (Mateo 26:52).

Para resumir, la *Inquisición española* iniciada en 1480 y en vigencia hasta 1834 fijó su mirada en los moriscos y en los judíos *conversos*. Durante el siglo XVI se concentró también en los llamados luteranos. Realizó su siniestro trabajo no sólo en España sino también en Sicilia, los Países Bajos y el Nuevo Mundo. A partir de 1570, tres tribunales funcionaron en América Latina: Cartagena, ciudad de México (41 quemados) y Lima (30 quemados). En el Nuevo Mundo la *Inquisición* se preocupó no sólo de la herejía sino de la bigamia y la infidelidad.

El investigador encuentra que las estadísticas de personas afectadas por la *Inquisición* varían considerablemente. En parte esto se debe a que los documentos originales o no existen o no están disponibles. Se toma en cuenta también que las relaciones existentes incluyen a las personas quemadas en efigie y los cuerpos exhumados. Es imposible determinar las estadísticas con exactitud.

En España, la *Inquisición* funcionó en docenas de centros urbanos. En el sur operó activamente alrededor de la ciudad de Sevilla, donde además de *conversos* vivían muchos moriscos. Las estadísticas indican los números de expulsiones del país: entre 150 mil a 170 mil judíos, y trece mil judíos conversos fueron descubiertos y juzgados desde 1480 hasta 1492. Además 400 mil moriscos fueron expulsados en el siglo XVII.

Schaff llegó a esta conclusión general para poner cifras al período en que existió la *Inquisición*: "En todo caso, los números incluyen miles de víctimas quemadas, y decenas de millares sujetos a otras penas."[7]

La infame *Inquisición*, puesta en acción por Fernando e Isabel, continuó bajo los reyes españoles del siglo XVI, Carlos I (V) y Felipe II. Carlos se valió de ella principalmente para perseguir a los conversos y moriscos que permanecieron en territorio español. Bajo Felipe II la *Inquisición* agregó también a los llamados luteranos, personas quienes remotamente coincidieron, siguieron o simpatizaron con las enseñanzas de la Reforma protestante provenientes del centro de Europa. El próximo capítulo resumirá la acción de la *Inquisición* contra el temprano movimiento protestante en España cuando Casiodoro de Reina estuvo presente.

---

[7]Ibid

**Auto de Fe en la Plaza Real
Madrid, Siglo XVII**

LA TRAMA

3

MEDIANTE FUEGO Y SANGRE

Sevilla

En la región al noroeste de la ciudad de Sevilla siempre han existido personas con tendencias al individualismo y al temperamento fuerte. Esto posiblemente se debe en parte al medio ambiente que habitan, el cual con frecuencia es inclemente. Es una región de llanos áridos y largos veranos de sol abrasador. Además es necesario considerar el legendario aislamiento de los sevillanos andaluces del resto de la vida española. Fue hasta la segunda parte del siglo XX cuando Sevilla se convirtió en un centro turístico importante. Hoy el turismo es una fuente de ingresos de primer orden y se puede observar fácilmente su diferencia geográfica con el resto de España. En la parte sur de España, escondida en la Sierra Morena, se encuentra una aldea campesina llamada Montemolín. De tan pequeño lugar procede el héroe de este libro. Tan silencioso fue su advenimiento al mundo que prácticamente es imposible saber con exactitud la fecha de su nacimiento. Solamente podemos estimar que tuvo lugar hacia 1520. Tales son los designios de la Providencia que de lo pequeño sabe crear lo grande para que resalte su gracia como fue en el caso de Casiodoro de Reina.

⌐⌐

En 1517, el monje alemán de la orden de los agustinos Martín Lutero había clavado lo que posteriormente se ha llamado las *Noventa y Cinco Tesis* en la puerta de la iglesia del castillo de Wittenberg en Alemania. En sus tesis, proponía debatir ciertas doctrinas y medidas eclesiásticas. Aquel acto llegaría a señalar en los maravillosos planes de Dios el inicio de la llamada Reforma protestante del siglo XVI. El reformador Lutero, defendiendo sus inquietudes reformadoras de la iglesia, propagó el santo evangelio a través de sus escritos. Para 1519 los escritos en latín de Lutero habían comenzado a llegar a otros países, entre ellos a España. En 1520, el supuesto año del nacimiento de Reina, un traductor cuyo nombre después de muchos años continúa en el anonimato, publicó en castellano la primera edición del poderoso *Comentario sobre la epístola de Pablo a los Gálatas* de Lutero.

Con anterioridad a la llegada a España de los escritos de los reformadores alemanes hubo intentos de realizar una reforma eclesiástica. Los estudiantes de teología de la nueva Universidad de Alcalá, fundada por el cardenal Jiménez de Cisneros, habían recibido una formación que tuvo un marcado énfasis en el texto bíblico. También con anterioridad a 1520 un considerable número de clérigos y estudiantes de teología españoles tuvieron acceso a las Sagradas Escrituras en los idiomas originales a través de la *Biblia Políglota Complutense*. Esta Biblia de seis volúmenes fue una magnífica obra dirigida por el mismo Cardenal Jiménez de Cisneros. Lamentablemente la mayoría de los españoles no tuvo acceso al texto bíblico en la lengua castellana.

En España también existió un movimiento reformador dentro de la iglesia compuesto principalmente de terciarios de las órdenes monásticas. Los seguidores de este movimiento se han conocido como los *alumbrados* o *dejados*. Estos encabezaron un movimiento que deseaba expresar un amor casi apasionado por Dios. También dirigieron sus críticas a lo que ellos consideraban un mero formalismo religioso de parte de muchos de sus contemporáneos. Además los *alumbrados* se empeñaron en el estudio de las Escrituras y dieron un valor especial a las visiones. Debido a lo que los *alumbrados* encarnaban, para el año 1525 la *Inquisición* enfocó su atención en sus seguidores.

Los escritos de Desiderio Erasmo (ca.1466-1536) fueron considerados relevantes debido a que se leyeron ampliamente a lo largo de toda Europa. En España fueron divulgados a partir de 1516. Este renombrado erudito católicorromano ha sido considerado por muchos como el máximo representante del *humanismo* en Europa. Erasmo analizó críticamente y con gran sarcasmo los débiles principios morales del clero. Al mismo tiempo abogó por un estudio más profundo de la literatura clásica y de las Escrituras. En este último campo, Erasmo publicó una famosa edición del Nuevo Testamento griego. En 1525 también sostuvo un famoso debate literario con Lutero teniendo como tema central el *libre albedrío*. Numerosos eclesiásticos e intelectuales españoles llegaron a aceptar sus ideas, especialmente aquellas que contenían cierto tono reformador. Pero cuando aparecieron los *alumbrados* y los partidarios de la Reforma luterana en España, las autoridades eclesiásticas ibéricas también pusieron bajo sospecha al *humanismo* de corte erasmiano. Con el célebre caso de Diego de Uceda en los años 1528-1529, la *Inquisición* comenzó a suprimir en España las ideas erasmianas.

Existió ciertamente en España a principios del siglo XVI un movimiento que abrazó con agrado las ideas de una reforma eclesiástica proveniente de Alemania. Los seguidores de este movimiento dejaron sentir su presencia durante el reinado del rey Carlos I. Este monarca, quien a partir de 1519 también reinó bajo el nombre de Carlos V sobre el Sacro Imperio Romano, mantuvo ya como emperador una extensa red de relaciones diplomáticas a lo largo de Europa, las cuales permitieron a Carlos y a los miembros de su corte mantenerse al tanto de los eventos, la literatura y los personajes relacionados con la Reforma de la iglesia encabezada por Lutero en Alemania. Pero también como resultado de la información que penetró en la península ibérica, algunos españoles recibieron una influencia favorable de los acontecimientos reformadores en el centro de Europa. Para 1521 los jerarcas de la iglesia y la corte española comenzaron a preocuparse por la incursión de los libros que contenían ideas luteranas. La iglesia no demoró en difundir la prohibición de la literatura luterana. Años más tarde, a partir de 1546, la *Inquisición* publicó el *Índice* cuyo contenido era una lista de los libros que estaban prohibidos leer y difundir en el reino español por ser considerados heréticos.

Lamentablemente poco se sabe de la juventud de Reina. Dentro de la escasa información sobre él, se conoce que creció durante el tiempo de la aparición de la literatura reformadora. El joven Casiodoro fue a la ciudad más grande cercana a la aldea de Montemolín. Se matriculó en la Universidad de Sevilla donde realizó estudios de latín, hebreo, griego y teología, y al debido tiempo se graduó. Estos estudios universitarios le servirían para el resto de su vida en el exilio. En cuanto a la vocación para su vida, Reina escogió el sacerdocio, por lo que recibió de parte de las autoridades eclesiásticas la ordenación.

⊏⊐

Las personas cultas de Sevilla, especialmente aquellas preocupadas por el bienestar de la iglesia, abrazaron gustosamente las ideas motivadoras para iniciar una reforma de la Iglesia. Es casi seguro afirmar que al principio no percibieron las diferencias existentes entre las enseñanzas de Lutero con aquellas del movimiento erasmista. Al paso del tiempo ciertos individuos como los hermanos Francisco y Jaime de Enzinas (Dryander), quienes pertenecieron a una familia noble de España, se declararon o fueron reconocidos como partidarios tanto de Erasmo como de Lutero. Durante sus estudios en la Universidad de Lovaina, los hermanos Enzinas conocieron y abrazaron el mensaje bíblico, especialmente el evangelio salvador de Jesucristo. En 1541, a fin de establecer una comunicación más directa con los reformadores alemanes, Francisco se mudó a Wittenberg, Alemania, en cuya universidad se matriculó. Él y otros jóvenes españoles tomaron cursos bajo Felipe Melanchton. Además Francisco aceptó la invitación de residir en la casa de Melanchton. Poco tiempo después, Francisco, un joven talentoso, inició la traducción del Nuevo Testamento al español. Para 1543, Francisco gestionó la impresión de su traducción en los Países Bajos. Una vez terminada la impresión, se la dedicó a Carlos I (V). Además tuvo la audacia de presentársela personalmente. Pero los opositores a la Biblia en el vernáculo se alarmaron y le encarcelaron por dos años. Afortunadamente Francisco pudo escapar de la cárcel, tal vez con la ayuda de ciertas personas de influencia, quienes eran amigos suyos o de su pudiente familia. Tiempo después Francisco fue catedrático de griego en la Universidad de Cambridge en Inglaterra. Su muerte acaeció en Augsburgo, Alemania. Por otro lado, su hermano Jaime permaneció también en la fe evangélica. Debido a ello le tomaron preso en Roma. Jaime de Enzinas murió en la hoguera. A pesar de los abundantes peligros existentes en aquellos años, hubo personas que tuvieron una fe heroica en Jesucristo, en quien creyeron al conocerle en las Escrituras como su Salvador.

El movimiento reformador tuvo un impacto en no pocas personas cultas y de influencia. Algunas de estas personas terminaron abrazando la fe evangélica en España. Simultáneamente aparecieron varias comunidades de fe, principalmente alrededor de Valladolid en el norte y en Sevilla hacia el sur. Estos cristianos se congregaron en casas privadas, como en la de Pedro Cazalla en Valladolid. Cazalla había sido un párroco antes de oír y abrazar el evangelio en Italia. Se levantaron entre aquellas comunidades unos dirigentes voluntarios. Además tanto en los alrededores de Sevilla como de Valladolid existieron núcleos de humanistas evangélicos dentro de las órdenes religiosas como fue el caso entre las monjas cistercienses de Santa Clara en Valladolid. Se contaron alrededor de mil creyentes en Valladolid y Sevilla. Más tarde, a causa de la persecución, los protestantes españoles fueron obligados a ir al exilio. Aquellos españoles evangélicos que se vieron en la necesidad de salir de España alcanzaron a establecer congregaciones en una docena de ciudades europeas.

Durante el medio siglo del movimiento protestante inicial en España, éste produjo una considerable cantidad de literatura reformista. Por ejemplo, Constantino Ponce de la Fuente, el más famoso predicador catedrático de Sevilla en aquel entonces, llegó a ser un creyente protestante. Su obra *Summa de doctrina christiana* llegó a tener cinco ediciones.

Existió, en efecto, una comunidad de hombres y mujeres que abrazaron las ideas reformadoras en España durante el siglo XVI. El destacado historiador católicorromano español, Marcelino Menéndez Pelayo, admite lo anterior al escribir sobre lo que él denomina "la gran conspiración luterana de Castilla la Vieja y Andalucía."[8]

Con la nefasta experiencia ganada en la aplicación de la cruel solución

---

[8]Marcelino Menéndez Pelayo, *Historia de los heterodoxos españoles*, vol. II, Cuarta ed. (Madrid: Biblioteca de Autores Cristianos, 1987), 57.

al problema de los *conversos* judíos en España, los ministros de la *Inquisición* dirigieron su vista rencorosa a los llamados luteranos. Su accionar empezó con los creyentes en Valladolid y Sevilla. En el trono español figuraba el célebre rey anti-protestante Felipe II. Este monarca, siguiendo la senda trazada por los Reyes Católicos y Carlos I (V), brindó el mismo apoyo fanático a la misión tenebrosa de aquel tribunal eclesiástico. El primer juicio contra las creencias protestantes en España tuvo lugar en Valladolid en 1559. El lugar escogido no fue una casualidad pues el principal ataque inquisitorial se realizó contra la comunidad reunida en la casa de Pedro Cazalla.

La *Inquisición* sentenció a treinta personas en este primer juicio anti-protestante. Como en el caso de los judíos *conversos*, el tribunal de la *Inquisición* obligó a los acusados a comparecer vestidos con *sambenitos* ante una muchedumbre de dos mil personas en la plaza central de la ciudad para un *auto de fe*. Aquel acto donde se dictaría la sentencia del tribunal inquisitorial comenzó con un sermón de una hora de duración basado en Mateo 7:15, "*Guardaos de los falsos profetas, que vienen a vosotros con vestidos de ovejas, pero por dentro son lobos rapaces*". Después del sermón, las autoridades seculares, dirigidas por los ministros de la *Santa Inquisición*, juraron solemnemente que "defenderían con su poder y vidas la fe católica que tiene y cree la Santa Madre Iglesia Apostólica de Roma y la conservación y aumento della, y perseguirían a los herejes y apóstatas, enemigos della, y darían todo favor y ayuda al *Santo Oficio* y a sus ministros para que los herejes perturbadores de la Religión cristiana fuesen punidos y castigados conforme a los decretos apostólicos y sacros cánones, sin que hubiese omisión de su parte ni aceptación de persona alguna."[9]

Por fin llegó el momento culminante—la relación y sentencia de los herejes. A dieciséis acusados les dieron sentencias menores. Catorce fueron sentenciados a morir. A éstos enseguida los llevaron fuera de la ciudad, seguidos por una muchedumbre. La muerte que recibieron fue en la hoguera. Aquel horrendo espectáculo duró todo el día.

El pavoroso *auto de fe* terminó cuando la casa de Pedro Cazalla fue arrasada. Después echaron sal sobre el suelo donde estuvo en pie. Los jueces mandaron también colocar una placa con las siguientes palabras:

---

[9]*Ibid.*, vol. I, 954.

> Presidiendo la Iglesia romana Paulo IV y reinando en España Felipe II, el Santo
> Oficio de la Inquisición condenó a derrocar e asolar estas casas de Pedro Cazalla
> y de Da. Leonor de Vibero, su mujer, porque los herejes luteranos se juntaban a
> hacer conventículos contra nuestra santa fe católica e Iglesia romana, en 21 de
> mayo de 1559.[10]

Más tarde en ese mismo año la *Inquisición* realizó un segundo juicio en
Valladolid porque el primero no logró sofocar al núcleo protestante. Esta
vez el mismo monarca Felipe II presidió el *auto de fe* en el cual doce personas,
entre ellas algunas monjas, murieron por la fe. Dieciséis más recibieron
condenas menores. Otros juicios, aunque de menor escala, tuvieron lugar
en 1568 y 1581. ¿Cuál fue el crimen imperdonable que cometieron las
personas acusadas en esos sendos juicios? No existe otra respuesta más que
el haber disentido del cristianismo según lo interpretaba y normaba la Iglesia
Católica Romana.

La acción inquisitorial en Valladolid marcó sólo el principio de las
calamidades para el primer movimiento protestante en España. También en
1559 y 1560 hubo *autos de fe* en Sevilla. Justo L. González, el renombrado
historiador cubano escribió: "Durante cada uno de los próximos diez años
[1561-1570] hubo al menos una docena de [*autos de fe*]".[11] La *Inquisición*
realizó *autos de fe* no sólo en Valladolid y Sevilla sino también en otras
ciudades tales como Córdoba, Cuenca, Granada, Llerena, Madrid, Murcia y
Toledo. Estos juicios lograron mitigar la presencia evangélica inicial en
España.

Volvamos atrás en el tiempo para conocer con más detalle el caso de
Sevilla, el primer escenario de la actuación relevante de Casiodoro de Reina.
Sevilla era una de las localidades más pobladas de España en aquel entonces.
Su vida era próspera y repleta de actividad comercial, intelectual y religiosa.
Contaba con una universidad. Además durante el tiempo que Reina estuvo
residiendo en la ciudad, la famosa catedral, que en cuanto a área cubierta

---

[10]*Ibid.*, 959-960.

[11]Justo L. González, *La era de los reformadores*, Segunda Ed. Tomo 6, *Y hasta lo último de la
tierra: Una historia ilustrada del cristianismo* (Miami: Editorial Caribe, 1989), 209.

llegaría a ser la más grande de la cristiandad, estaba ya construida. Desde el tiempo de los visigodos fue un centro de culto a la virgen María. En Sevilla también se encontraban otras entidades de la iglesia como monasterios y conventos, así como un tribunal permanente del *Santo Oficio de la Inquisición*. Asimismo ya funcionaba ahí la Casa de Contratación, la cual fue la sede en el reino español para la administración y control del movimiento comercial con el Nuevo Mundo. Teniendo esta sede en Sevilla, su población siempre tuvo presente el mundo más allá de los límites de la ciudad y del mar. Con frecuencia fueron los sevillanos los primeros en conocer las más recientes noticias de las colonias que llegaban a toda España. Los sevillanos poseían un sentido de la historia pues a diario caminaban contemplando las ruinas y edificaciones del tiempo de los moros que aún permanecían en sus linderos, como el hermoso alminar incorporado en su catedral. Hasta este día el alminar musulmán domina el perfil de Sevilla. También los ciudadanos con frecuencia contemplaban ruinas del tiempo de los romanos como un anfiteatro para veinticinco mil personas. Los romanos habían establecido su primer poblado importante en la península ibérica en un lugar no distante de Sevilla. Dicho poblado, cuya existencia se remonta a antes de la era cristiana llevó el nombre de Itálica.

Además Sevilla fue el principal puerto de España durante los primeros años de la vida adulta de Casiodoro de Reina. A menudo se asomaban por el río Guadalquivir navíos procedentes de otras tierras. Arribaron barcos de todos los puertos del mar Mediterráneo y de Europa. Los comerciantes no sólo se limitaban a traer mercancías sino también noticias y diferentes normas de conducta y pensamiento. Algunos mercaderes comerciaban libros. En un principio no existían problemas para introducirlos frente a los agentes portuarios.

Sevilla indudablemente fue un lugar estratégico para introducir literatura e ideas reformadoras a España. A partir del segundo tercio del siglo XVI se detectó un núcleo vivo de lectores entre los sevillanos que incluía a un grupo de personas interesadas en obtener acceso a la literatura reformadora producida en otros tierras como las alemanas y los cantones suizos. Algunos datos de los primeros años de la vida adulta de Reina emergen precisamente en relación con aquel núcleo de lectores ávidos. Es casi seguro que Reina formó parte del mismo. Es en ese sentido que Reina fue uno de los primeros simpatizantes de la fe evangélica en España, y en el mundo hispano.

Los seguidores iniciales de Erasmo y Lutero se reunían por lo menos en tres casas particulares y en algunos monasterios y conventos. Hubo seguidores también en algunas poblaciones alrededor de Sevilla. Los partidarios de las ideas reformadoras de la iglesia se acercaron a un millar. Había entre ellos sacerdotes, monjes, monjas y laicos. Algunos de éstos eran personas versadas. Los individuos en favor de una reforma de la iglesia en España tenían sus dirigentes espirituales. Evidentemente aquel grupo simpatizante de una reforma eclesiástica no pudo pasar por inadvertido en el ambiente religioso de Sevilla y sus alrededores.

El valiente testimonio de fe brindado por un laico de noble nacimiento, Rodrigo de Valer, dio fruto inicialmente alrededor de Sevilla. Este hombre aparentemente había llegado a confiar en la salvación por la fe en Jesucristo a través de la lectura de la Biblia latina. Poco después se dedicó a la vida contemplativa al estilo de los *alumbrados*. Además existieron dos poderosos predicadores canónigos de la catedral de Sevilla–el primero seguidor de Erasmo, y el segundo aparente partidario de Lutero. Ambos dieron su decidido apoyo al movimiento reformador. El primero se llamó Juan Gil, conocido como el Doctor Egidio, mientras que el segundo se llamó Constantino Ponce de la Fuente. Éste último no sólo predicó sino también escribió varios libros que ejercieron una considerable influencia entre sus lectores. Ponce de la Fuente mantuvo ciertos enlaces con la clase alta de España. Él acompañó a Carlos I (V) y Felipe II en no pocos viajes como *canónigo magistral*, o capellán de los reyes. Ponce de la Fuente se convirtió en uno de los promotores más prominentes de la fe evangélica y del movimiento reformador de la iglesia en Sevilla.

Durante octubre de 1557, la *Inquisición* logró capturar a Julián (Julianillo) Hernández, un hombre que en más de una ocasión arriesgó su vida para introducir en España libros evangélicos procedentes especialmente de Ginebra y Alemania.

Inmediatamente después de la captura de Hernández, los soldados de la *Inquisición* empezaron a perseguir a los simpatizantes del movimiento de la Reforma en Sevilla y sus alrededores. Los jesuitas, los miembros de la nueva orden establecida por el papa romano en parte para combatir el avance del movimiento reformador luterano en Europa, sospecharon del doctor Constantino Ponce de la Fuente y le denunciaron ante el tribunal de la

Inquisición en la misma Sevilla. Ejecutando su funesta labor, los ministros inquisitoriales descubrieron manuscritos escritos por el doctor Constantino donde expresaba su desacuerdo con varias doctrinas de la iglesia, y donde también daba su aprobación a varias doctrinas de la Reforma luterana. La *Inquisición* no demoró en apresarlo. Después de dos años de humillante encarcelación, el valiente predicador que fue el doctor Constantino Ponce de la Fuente falleció.

La *Inquisición* organizó en Sevilla el primer *auto de fe* en la plaza céntrica de San Francisco en 1559. Veintiún personas, incluyendo a varias de la clase alta, fueron enviadas a la hoguera. A un considerable número de personas se les penalizó con sentencias menores. La *Inquisición* realizó un segundo *auto de fe* en 1560. Ese año catorce personas fueron sentenciadas a la pena capital. Entre ellos se encontraron el portador de libros evangélicos Julianillo Hernández y varias mujeres. Además se quemaron en efigie a Constantino Ponce de la Fuente, Juan Gil y Juan Pérez de Pineda. Este último desde el exilio había impreso su revisión del Nuevo Testamento traducido y publicado por Francisco de Enzinas en Amberes, en los Países Bajos, el año 1543. Un tercer *auto de fe* se realizó en 1562 en cuya ejecución se quemaron en efigie a un grupo de monjes evangélicos que se habían escapado. Cerca de un centenar de personas fueron enjuiciadas por la *Inquisición* en Sevilla, y cuarenta de ellas perdieron la vida en las llamas.

Una de las fuentes de información sobre el aplastamiento inquisitorial de los primeros protestantes en Sevilla por los *autos de fe* efectuados en los años 1559, 1560, y 1562 — dos en este último — se encuentra en un insigne libro intitulado *Sanctae Inquisitionis hispanicae artes aliquot* (*Algunas artes de la Santa Inquisición española*) publicado en Heidelberg, Alemania, en 1567. El libro fue escrito por un conocedor de aquellos tristes eventos en colaboración estrecha con un testigo ocular. Existe evidencia para creer que el libro fue escrito por Casiodoro de Reina con la cooperación de un monje llamado Antonio del Corro. Este último tuvo parentesco cercano con uno de los inquisidores de Sevilla.

Varias son las opiniones en torno a la autoría del libro, pero la

Callejón de la Inquisición
Sevilla, España

investigación más reciente se inclina a favorecer a Reina.[12] En el libro se anota que el autor es Reginaldus Gonsalvius Montanus, un nombre latinizado probablemente debido a que el libro se publicó originalmente en latín. En castellano el nombre es Reinaldo González Montes o también Reginaldo Gonzalvio Montano, el cual es un seudónimo y también un anagrama representando una doble autoría. Una gran parte del siglo XVI fue un tiempo peligroso en el cual vivieron muchos disidentes religiosos. Entre ellos figuró Casiodoro de Reina. Los afectados tuvieron que pensar en los enemigos y conducirse con prudencia. Tras el nombre enigmático se puede discernir que el principal autor es una persona llamada Reina y que es procedente de Montemolín. En 1567 Reina, aunque residía en Francfort, se trasladó a Estrasburgo temporalmente, no lejos de Heidelberg. En consonancia con este dato, según las actas del consejo municipal de Estrasburgo, que para esa época era parte del sur de Alemania, Reina aquel año pidió permiso para imprimir un libro sobre la *Inquisición* española. La petición le fue negada por lo que se vio obligado a gestionar la publicación del libro en Heildelberg.

La relación de la historia inquisitorial en Sevilla en las *Artes* tiene el propósito de reforzar una triple protesta contenida en el prefacio:

> Protestan [los pueblos], por lo demás, que de ningún modo rehúsan la purificación de la religión, puesto que la desean con todas sus fuerzas; pero la quieren digna de su nombre, a saber, la que parte del mandamiento de la palabra de Dios, . . . Protestan que deben a su legítima autoridad, y ello ciertamente según la misma palabra de Dios, obediencia, honra y tributo, y que están del todo dispuestos a prestárselo con su acostumbrada prontitud: pero suplican que no vaya ello unido a ningún agravio de Dios, ni a la deplorable cautividad de sus conciencias, . . . Protestan a viva voz que de ningún modo quieren sacudirse el yugo de la obediencia debida a su legítima autoridad: pero se quejan con razón de que a aquel suave y humano yugo, que hasta aquí con la debida ecuanimidad soportaron, añadan ahora el freno de hierro de la Inquisición que no se dedica a otra cosa sino a matar inocentes ciudadanos y a confiscar bienes.[13]

El libro *Artes* contiene tres partes. Comienza con una descripción ordenada del procedimiento inquisitorio iniciándose con la denuncia del individuo

---

[12]Nicolás Castrillo Benito, *El"Reginaldo Montano": primer libro polémico contra la Inquisición española* (Madrid: Consejo Superior de Investigaciones Científicas, Centro de Estudios Inquisitoriales, 1991), 117-127. Este libro contiene el texto original latino, una nueva traducción al castellano y un importante estudio preliminar.

[13]Ibid., 185-187.

sospechoso hasta el *auto de fe*. En esta primera parte se incluye una larga y detallada representación del *auto de fe*. La segunda parte trata de ilustrar dicho procedimiento citando nombres y hechos específicos. Entre estos últimos se hallan algunos realizados a extranjeros. Finalmente los autores hacen un elogio de algunos protestantes sentenciados señalando su constancia de fe. Acerca de Constantino Ponce de la Fuente en el libro se afirma que "dio a conocer, el primero de todos, en Sevilla la verdadera religión".[14]

El libro, en términos generales, hace también referencias fidedignas a datos históricos y doctrinas protestantes. Los datos inquisitoriales concuerdan con otras fuentes sobre el modo de operar de la misma *Inquisición*. Los autores escriben en forma apasionada y en ocasiones satíricamente. Esto puede resultar comprensible si se considera que los autores acababan de pasar por las humillaciones y vejaciones aplicadas a ellos por parte de la *Inquisición*.

Las *Artes* no causó mucho impacto polémico ni evangélico en España. Esto es posible debido a que la versión española vio la luz hasta 1851, cerca de tres siglos después de los hechos narrados. En contraste, el libro tuvo una gran resonancia en otras partes de Europa porque personas ajenas a los autores se aprovecharon del mismo para usarlo como un arma política contra España. Sin que esto fuera el propósito de los autores, el libro contribuyó a crear la conocida *Leyenda Negra*. En cuanto al propósito de este libro, las *Artes* reviste importancia. Por un lado es fuente importante de información sobre la campaña inquisitorial contra uno de los primeros núcleos principales del protestantismo en España, ambiente del que Reina emergió. Luego las *Artes* manifiesta la talla de Casiodoro de Reina, personaje central del presente libro. Reina claramente tuvo relevancia como un hombre de letras y fue uno de los primeros dirigentes del movimiento protestante en España y el mundo hispano.

$$\frown$$

¿Qué pasaba con Casiodoro de Reina durante los días en que se aplicaban las medidas represivas de la *Inquisición* en Sevilla? Reina había

---

[14]Ibid., 443.

estudiado teología en la universidad y recibido la ordenación sacerdotal antes de iniciarse en sus simpatías por el movimiento reformador de la iglesia. Después de sus estudios universitarios, Reina a fin de seguir una vocación dentro de la Iglesia Católica Romana española determinó ingresar a la orden de San Jerónimo, una orden monástica que para entonces mantenía siete monasterios en España. Dicha orden religiosa inculcó una vida austera y ermitaña. Dió además un énfasis especial a la vida piadosa y al trabajo manual. La orden permitía salir a los monjes de los monasterios.

Reina vivió entre cuarenta monjes y trabajó en el principal monasterio de la orden llamado San Isidoro del Campo, en Santiponce o Sevilla la Vieja, al otro lado del Río Guadalquivir. Hasta hoy el edificio se ha conservado. No hace mucho tiempo funcionó ahí una especie de museo del protestantismo sevillano y español que honraba el legado de Casiodoro de Reina, de Cipriano de Valera y de otros monjes y simpatizantes andaluces del movimiento reformador de la iglesia. Hasta hoy el edificio del convento se encuentra bajo la custodia de las autoridades de Santiponce y no se usa para fines monásticos.

Durante su juventud, según el testimonio de Reina en un escrito posterior, había leído la Biblia. Ya en el monasterio, mediante la lectura de la Biblia latina y otros libros de ideas reformadoras, se apropió de la interpretación evangélica del mensaje de Jesucristo, es decir, abrazó la doctrina de la salvación únicamente por medio de la fe en los méritos de Jesucristo. Pero en aquel monasterio, Reina no fue el único que tuvo este conocimiento liberador del evangelio. Ahí tuvo él y el resto de los monjes la guía del prior del monasterio. Refiriéndose años después a la manera en que llegó a experimentar este entendimiento sobre la justificación por la fe sola, Reina escribió:

> [el] remedio contra el peccado . . . se halla en sólo Jesús el Christo crucificado por nuestros peccados y resuscitado por nuestra justificatión, y se communica a los hombres por el medio de la verdadera penitencia, y biva fe . . . Ansimismo condemnamos la doctrina de los que enseñen que siempre el christiano ha de estar dubdoso de la remissión de sus peccados y de aver alcançado justificatión, por ser doctrina derechamente contra la doctrina del verdadero Evangelio.[15]

---

[15]Casiodoro de Reina, *Confessión de fe christiana (1560-1561)*. Gordon A. Kinder, ed. (Exeter, Gran Bretaña: Imprenta de la Universidad de Exeter, 1988), 22. Las páginas citadas de esta obra se refieren a esta publicación. La *Confessión* se agrega en este libro en el Apéndice 1.

En estas palabras se aprecia la fe cristocéntrica de Reina. Dicha fe también es transformadora. Así comenzaba la heroica historia de un reformador eclesiástico. Reina en el mundo hispano hace eco a la historia de otro monje agustino alemán de Wittenberg: Lutero.

El prior del monasterio, García Arias, conocido como "El Maestro Blanco" porque era albino, era uno de los judíos que se habían convertido al cristianismo. En realidad en aquellos años un buen número de los monjes de la orden de San Jerónimo en España habían provenido de familias judías convertidas. Es posible que esta circunstancia hubiera provocado en estos monjes una especie de mayor aprecio a una religión centrada en la Biblia. Recuérdese que los judíos españoles tenían una larga tradición de conservar el texto bíblico del Antiguo Testamento. El prior del Monasterio de San Isidoro del Campo también valoraba la lectura de la Biblia. García Arias había sido un seguidor del Doctor Egidio, el predicador bíblico de la catedral sevillana. Sintiéndose responsable por cumplir debidamente su obligación de guía espiritual de los monjes bajo su cargo, García Arias recalcó la lectura de las Escrituras en las actividades del monasterio.

Sin embargo, alrededor de 1553, García Arias aparentemente se aterró de las actividades que se practicaban regularmente en su monasterio cuando se percató que la *Inquisición* había enjuiciado y condenado al Doctor Egidio a un año de cárcel y le obligó a jubilarse y cesar de predicar. Le acusaron de predicar la justificación por la fe y otras doctrinas luteranas que él había aprendido del Doctor Constantino Ponce de la Fuente. Debido a esto, repentinamente el prior García Arias minimizó el énfasis bíblico en el monasterio e igualmente prohibió a los monjes la lectura de libros en las celdas.

Para entonces los monjes que habían ya asimilado las ideas del movimiento de la Reforma desobedecieron aquellas órdenes por motivos de conciencia. Estaban para entonces convencidos que en el monasterio necesitaban no sólo los escritos de Erasmo y la Biblia latina sino también la literatura reformadora, especialmente la luterana. Además los monjes mantuvieron una comunicación regular con personas que estaban fuera del monasterio y que tenían una clara tendencia reformadora. Un considerable número de los monjes del Monasterio de San Isidoro del Campo abrazaron las enseñanzas de la Reforma protestante. También pudieron convencer a algunos monjes de los otros monasterios de la orden. Un ejemplo es aquel monasterio llamado *Nuestra Señora del Valle* en Écija, localizado en dirección a la ciudad de Córdoba.

Aquellos monjes evangélicos tenían la Biblia en la versión conocida como la *Vulgata* latina, la cual era la versión oficial de la iglesia desde hacía tiempo. Además los monjes consiguieron literatura de los movimientos de la Reforma luterana y calvinista gracias a la labor de los protestantes españoles que vivían en el exilio desde donde habían comenzado a difundir aquella literatura al traducirla al castellano y posteriormente imprimirla. Una labor destacada fue la que rindieron los españoles evangélicos que vivían en Ginebra (Suiza), Amberes (Países Bajos) y Francfort (Alemania). Juan Pérez de Pineda, un refugiado español en Ginebra, había publicado un buen número de tales libros. En julio de 1557, Julianillo Hernández, colega de Pérez de Pineda, logró introducir en España dos toneles de vino cargados de libros prohibidos, y algunas cartas para los seguidores del movimiento de la Reforma. Hernández fue probablemente quien abasteció de tales libros a los monjes de San Isidoro. Igualmente los refugiados habían encontrado maneras de introducir literatura reformadora por mar y tierra. Por esta última vía transportaron los libros a través de los Pirineos. Los monjes, por su parte, idearon un modo muy ingenioso para localizar y conseguir la literatura deseada. El monje Antonio del Corro logró sobornar a ciertos oficiales de la Inquisición.

Casiodoro de Reina en el Monasterio de San Isidoro del Campo se convirtió en el dirigente de los monjes simpatizantes de la Reforma, pero después también lo fue de los seguidores fuera del monasterio. Sin duda hacen faltan pormenores, pero se sabe que Reina había tenido la necesaria preparación teológica y lo que le faltó en la formación teológica de la iglesia, Reina fue capaz de suplir con estudios propios. El libro *Santae Inquisitionis hispanicae artes aliquot*, afirma que "dos [frailes]. . . iniciaron tan peligrosa tarea".[16] Algunos historiadores sostienen que fue el mismo Reina quien escribió este libro importante para conocer la historia de la Reforma en Sevilla. Probablemente fue por modestia y cautela que Reina no se atribuyó ser el iniciador del núcleo reformador en el Monasterio de San Isidoro. Hay pruebas de esto por otro lado: María de Bohórquez, una mujer protestante

---

[16]Castrillo, 415.

de Sevilla, durante su testimonio ante el tribunal inquisitorial, que después la condenó a la muerte, refirió que Reina fue su mentor en la fe.[17] Poco después de huir Reina de Sevilla rumbo a Ginebra se dio a conocer como una persona de profundas convicciones y firme perseverancia. Todas estas son indudablemente cualidades de un dirigente.

Pero para entonces las circunstancias para los protestantes en Sevilla se iban empeorando, y los monjes de San Isidoro lograron conocer que la misma *Inquisición* sospechaba de ellos. Cuando lo confirmaron resolvieron en una reunión que cada persona tenía libertad de responder o actuar frente a la crisis como mejor le pareciera. Sabían por un lado que quedarse en Sevilla significaría que tarde o temprano tendrían que comparecer frente al amenazador y poderoso tribunal de la *Inquisición*. El darse a la fuga, por el otro lado, significaría dar una evidencia de culpabilidad. Se percataron que estaban en medio de una situación apremiante que les demandó actuar rápidamente.

La mayoría de los monjes y otros seguidores resolvió quedarse a capear el temporal. Algunos pensaron retractarse, otros seguramente tuvieron en mente declarar que no habían abrazado las ideas del movimiento reformador ni luterano ni calvinista sino quizás solo declarar su anhelo por el mejoramiento general de la iglesia. Otros estuvieron ciertamente decididos a mantenerse firmes en la nueva fe en Jesucristo según la enseñanza bíblica y, en caso necesario, aceptar hasta la última consecuencia.

Doce de los monjes de San Isidoro acordaron intentar la huida. Entre ellos se encontraban los tres oficiales del monasterio, es decir, el prior, el vicario y el administrador. El resto fueron monjes, entre ellos Antonio del Corro y Cipriano de Valera. Ambos, por cierto, más tarde tendrían papeles sobresalientes como dirigentes evangélicos españoles en el exilio. El prior del monasterio en Écija decidió acompañarles junto con un hermano laico y otras personas. ¿Cuál fue la decisión de Casiodoro de Reina? Él también determinó intentar la peligrosa fuga a fines del verano de 1557.

El Inquisidor General de Valladolid informó mediante una carta dirigida al nuevo rey, Felipe II, sobre la infiltración de las doctrinas de la Reforma en Sevilla, mencionando que dichas doctrinas habían penetrado en

---

[17]Kinder, 19.

el Monasterio de San Isidoro. También notificó la fuga de los monjes:

> Los inquisidores de Sevilla nos escriven que han recebido información contra algunos frayles del monasterio de San Isidro, que es cerca de aquella çibdad, por la qual resultan sospechosos que tienen muchos errores y opiniones lutheranas; y que tienen presos tres y se han absentado fray Francisco de Frías, prior que fue en aquel monasterio, y fray Pablo, procurador, y fray Antonio del Corro, y fray Pelegrina . . . de Paz, prior que fue en Ézija, y fray Casiodoro y fray Ioan de Molina y fray Miguel, carpintero . . . y fray Alonso Baptista y fray Lope Cortés, y tienen relaçión que están en Geneva; y que tienen aviso que en aquella çibdad hay muchas personas notadas de los mismos delitos contra quien se ha recebido información y se procede en sus cabsas.[18]

En octubre del mismo año, la *Inquisición* capturó a Julianillo Hernández. Lo pudo hacer porque Hernández accidentalmente entregó una carta a una persona equivocada, quien enterándose del contenido informó prontamente a la *Inquisición*. Los agentes inquisitoriales luego se lanzaron contra los seguidores del movimiento reformador en Sevilla. Los monjes que determinaron quedarse fueron apresados y encerrados en el castillo de Triana. Según los *autos de fe* sevillanos, trece de los monjes murieron quemados en la hoguera por creer en las doctrinas de la Reforma. La *Inquisición* quemó a tres en efigie por no poderlos apresar, pero no por ello escapaban a la condena.

Reina y los otros que habían resuelto escapar acordaron dirigirse a Ginebra. Todo indica que estipularon no viajar en grupo sino por diferentes rutas para evitar que los familiares y partidarios de la *Inquisición* sospecharan y fueran descubiertos y capturados. Concertaron reunirse en Ginebra a la vuelta de un año. Los monjes de San Isidoro escogieron Ginebra porque en aquel entonces esa ciudad era uno de los principales centros de actividad de los evangélicos europeos, y también porque Juan Pérez de Pineda residía en ella. Pérez de Pineda fue un decidido seguidor y promotor de la Reforma. Años antes, él a su vez había huido de la *Inquisición* en Sevilla. Aunque la *Inquisición* y el gobierno español se esmeraron por encontrar a los fugados, no lo lograron. Después de un tiempo, conforme lo habían planeado, los monjes de San Isidoro arribaron a Ginebra. Lamentablemente dos seguidores

---

[18]Fernando de Valdés, citado en A. Gordon Kinder, "The Pursuit of Spanish Heretics: New Information on Casiodoro de Reina", *Bibliothèque D'Humanisme et Renaissance: Travaux et Documents*, vol. XLII. (Ginebra: Librairie Draz, S.A., 1980), 427.

de la Reforma que no formaron parte del grupo de los monjes fueron capturados durante su fuga.

Los parientes de Reina también quisieron acompañarle. Pero ¿qué pensaron los padres de Casiodoro al saber que la *Inquisición* y las autoridades del reino español lo deseaban capturar? ¿Qué pensarían de sus libros? ¿Qué les depararía el futuro? Ellos se dieron cuenta que su hijo Casiodoro al igual que sus colegas habían, según lo afirmaron Reina y del Corro posteriormente, "abrazado la pobreza, el desprecio, el destierro de su patria, las mayores afrentas y el peligro cotidiano de su propia vida."[19]

Casiodoro de Reina y los otros monjes, que para entonces le consideraron su dirigente espiritual, tuvieron la fortuna de llegar a Ginebra. Pero al mismo tiempo Reina, lleno de profundos sentimientos patrióticos y religiosos, no dejó de mirar en dirección a España.

---

[19]Castrillo, 417.

Monasterio de San Isidoro del Campo
Santiponce (Sevilla), España

4

PAZ EN EL NOMBRE DE CRISTO

Ginebra

Casiodoro de Reina y sus familiares se sintieron muy agradecidos cuando por fin llegaron a Ginebra. Por un margen mínimo Reina se había librado de ser aprendido para ser sometido a un juicio del tribunal de la *Inquisición*. Dadas las firmes convicciones reformadoras que él había sostenido, además de su rol de dirigente espiritual de la comunidad seguidora del movimiento reformador en Sevilla, seguramente la *Inquisición* lo hubiese condenado a la máxima pena, la muerte en la hoguera. Reina y los otros que se fugaron de Sevilla supieron que los agentes inquisitoriales se encontraban por todas partes del reino, y aún en países vecinos. Por la bondad y protección de Dios, Casiodoro de Reina, su hermana y otros parientes, junto con sus compañeros de fe habían logrado escapar de la vigilancia de los agentes de la *Inquisición*.

Además de gratitud, Reina seguramente también sintió cierta ansiedad. Se encontraba preocupado por la suerte que el resto de los seguidores de la Reforma había corrido en Sevilla y sus alrededores. Pero mayor era su ansiedad por saber sobre sus compañeros del Monasterio de San Isidoro. Estaba seguro que los que quedaron atrás se verían en un gran peligro. Además Reina se inquietó al ponderar su propio futuro, el cual por cierto lucía por demás incierto. ¿En dónde se podría establecer junto con sus seres queridos? ¿Cómo se ganaría la vida? Una interrogante de gran importancia para Reina fue: ¿en qué forma cumpliría su vocación cristiana? Reina naturalmente entendió que su vocación monástica había llegado a su fin. Pero, ¿cuál sería su nueva vocación dentro de la nueva fe evangélica en la que vivía ahora en un clima de libertad? En efecto, a Casiodoro no le faltaron razones para estar acongojado. Repasaba continuamente en su mente que el Dios que se había preocupado por él concediéndole la paz salvadora de Jesucristo y quien lo había protegido de tan grandes peligros no le abandonaría.

Casiodoro de Reina, una vez a salvo en Ginebra, sintió ciertamente un gran alivio por verse alejado de la *Inquisición española*. Ahora se encontraba inquieto por entablar lazos fraternales con los españoles que habían abrazado abiertamente el movimiento de la Reforma y ejercían su nueva fe en Ginebra y otros lugares. Entre los refugiados en Ginebra estaba el español Juan Pérez de Pineda y un significativo número de creyentes de otras partes de Europa. Para ese entonces Ginebra, por supuesto, se había convertido en otra Wittenberg. Aquella ciudad era ya un baluarte de la fe evangélica cuyos moradores recibieron gran influencia del eminente teólogo reformador Juan Calvino. Calvino fue parte de la segunda generación de los reformadores europeos. Su contribución en pro de la Reforma más tarde fue conocida con el nombre de *Teología Reformada* o *Calvinismo*. Reina supo de los escritos teológicos de Calvino y es probable que leyó algunos. Ahora que se encontraba en Ginebra, Reina esperaba escuchar frecuentemente a Juan Calvino, y deseaba entablar una amistad personal con él y con otros reformadores suizos, como Teodoro de Beza. Abrigó la esperanza de que la comunidad de fe evangélica en Ginebra los acogiera a él y a sus amigos españoles. Probablemente esperaba que los hermanos ginebrinos les ayudarían a establecerse en aquél nuevo ambiente.

Poco después de que los monjes sevillanos llegaron a Ginebra, establecieron amistad con los hermanos que integraban la iglesia de refugiados evangélicos italianos. En esta iglesia fueron recibidos como miembros. Fueron los hermanos italianos quienes se encargaron de darles una calurosa bienvenida y les ayudaron a establecerse en esa ciudad.

En aquel entonces no existía una congregación española en Ginebra, pero pronto se estableció una bajo la dirección de Pérez de Pineda. Cuando Reina y su grupo arribaron a Ginebra, Pérez de Pineda se encontraba en Francfort, Alemania. En aquella ciudad alemana, Pérez de Pineda colaboraba con un grupo de creyentes que se identificaba con la teología de Calvino. Aquel grupo hizo arreglos para establecer en Francfort una congregación siguiendo las pautas de la *Teología Reformada*.

También poco tiempo después de su llegada a Ginebra, Reina y los otros refugiados españoles se percataron de la muerte en la hoguera de Miguel Servet. La noticia les turbó profundamente, y les hizo contemplar un aspecto inesperado y triste de la realidad en la vida dentro de la Ginebra de Calvino. En 1553, cuatro años antes de la llegada de Reina, Servet, un laico y médico español, fue sentenciado a morir en la hoguera por el consejo municipal de Ginebra. La decisión del consejo municipal contó con la aprobación de Juan Calvino. Servet fue acusado de herejía porque había cuestionado la validez de la doctrina sobre la Trinidad. Servet, además, cayó bajo seria sospecha cuando cuestionó la creencia y práctica del Bautismo de infantes en la iglesia.

Servet fue español por nacimiento. Inició sus estudios en derecho en su país, y después los continuó en Francia. Fue durante sus estudios en Francia que se interesó en la teología y en la Biblia. Como resultado, estuvo convencido de que la doctrina sobre la Trinidad era una equivocación. Servet acusó tanto a la iglesia antigua como a los reformadores protestantes de tal error. No pudiendo guardar dichas opiniones para sí mismo, escribió un libro donde expresó sus ideas heréticas. El libro, aunado a su arrogancia, lejos de ganarle simpatía, en realidad contribuyó a conseguirle enemistades, las cuales por cierto no eran difíciles de adquirir en aquella intolerante sociedad que prevaleció durante casi todo el Siglo XVI en toda Europa.

Cuando las primeras obras teológicas de Servet aparentemente no influyeron favorablemente en el público, se dedicó a sus estudios de medicina. Como médico llegó a obtener indiscutible renombre, sobre todo cuando realizó el descubrimiento de la circulación sanguínea pulmonar.

Servet, en el campo teológico, editó la Biblia latina de Santes Pagnino. Encontrándose en esa labor, inició una correspondencia secreta con Juan Calvino. También se publicó poco antes de su muerte en 1553 una obra llamada *Christianismi restitutio*. Esta obra en realidad fue una nueva exposición de sus anteriores opiniones. A pesar de sus ideas radicales e independientes, siguió siendo católicorromano, aunque solo de nombre. Los miembros del tribunal de la *Inquisición*, sin embargo, no estuvieron convencidos de la ortodoxia de Servet. Como consecuencia de ello, la *Inquisición* pronto lo condenó a muerte y lo terminó quemando en efigie debido a que alcanzó a fugarse ante su inminente condena.

En su huida, Servet se dirigió hacia Italia. Durante su viaje se vio en la necesidad de pasar por Ginebra. Calvino se enteró de su presencia y ordenó su detención bajo el cargo de herejía peligrosa. Durante el subsiguiente juicio hubo un momento cuando Servet y Calvino tuvieron un poco conocido debate breve cara a cara. Al final, no obstante, el tribunal condenó a Servet a la pena máxima. Momentos antes del cumplimiento de la sentencia se dice que Servet alcanzó a rogarle a Calvino que le tuviera misericordia. Calvino simplemente no la tuvo por lo cual en octubre de 1553, Servet fue conducido a la Colina de Champel para su ejecución. Por su parte, Reina, a pesar de que rechazó los puntos de vista de Servet, se dice que lloraba cada vez que pasaba cerca de la Colina de Champel porque le traía a la memoria la muerte y la intolerancia sufrida por Servet.

Después de la ejecución de Servet, Calvino recibió fuertes críticas, las cuales principalmente vinieron de sus más acérrimos enemigos. Calvino justificó tanto la decisión tomada por el consejo municipal de Ginebra como su aprobación personal. Para ello, consecuentemente escribió dos documentos. Un reformador francés, Sebastián Chateillon, quien para entonces vivía en Basilea también escribió un documento en el que criticó a Calvino y al consejo municipal de Ginebra. Chateillon abogó por la tolerancia religiosa, y examinó detenidamente la postura de la iglesia y las Escrituras en relación a la disidencia. Además citó a Lutero y a otros reformadores en su documento. Chateillon demostró ser un campeón de la tolerancia religiosa a pesar de tener en su contra la opinión mayoritaria de aquel tiempo. Los protestantes ginebrinos no condenaron a nadie más a la hoguera, pero indudablemente el acto efectuado en la Colina de Champel constituyó un incidente muy penoso en la historia del protestantismo.

Reina no pudo evitar comparar el trato recibido por Miguel Servet por parte de la iglesia reformada de Ginebra con la intolerancia religiosa en España de la cual se había escapado no hacía mucho tiempo. Cuando Reina supo que la doctrina de la Trinidad había sido rechazada por Servet, advirtió que el médico español había disentido de la norma ortodoxa. Pero Reina se identificó con Servet en un aspecto: él mismo había diferido de la norma ortodoxa en España.[20] Reina creyó que Calvino había caído en la intolerancia religiosa, situación que él y los españoles conocían muy bien. La intolerancia

---

[20]En su *Confession de fe*, Reina posteriormente despejó toda sospecha de que fuese anti-trinitario. Véase Kinder, *Casiodoro de Reina*, 83.

de Calvino hacia Servet provocó ciertas interrogantes, como por ejemplo si se debe perseguir a los disidentes, y si se debe extenderles respeto y libertad.

Es menester recordar que aquellos años y lugares no eran los más apropiados para practicar la tolerancia religiosa, aún cuando Reina estuviera convencido de que la tolerancia fuera una necesidad social. Sebastián Chateillon fue la voz que se expresó por escrito a favor de la tolerancia religiosa dentro de los mismos círculos reformados. Chateillon indudablemente se armó de un gran valor para atreverse a criticar verbalmente a Calvino por el caso de Servet. Escribió solamente cuando Calvino ignoró sus palabras críticas.

Reina se identificó con Chateillon inmediatamente en su postura sobre la tolerancia religiosa. Recomendó el escrito de Chateillon entre sus compatriotas refugiados. Poco después Reina trató de comunicarse directamente con Chateillon. Como consecuencia de sus acciones, Reina no demoró en atraer ciertas sospechas entre los reformadores de Ginebra. Tales sospechas le causarían muchas penalidades posteriormente.

Es necesario apuntar que Calvino no fue el único reformador del siglo XVI que actuó severamente contra los disidentes religiosos. Felipe Melanchton, el colega de Lutero, apoyó a Calvino en el caso de Servet. Martín Bucero, el reformador de Estrasburgo, también aprobó la medida contra Servet. Lutero había fallecido varios años atrás. De haberse encontrado con vida en 1553 probablemente hubiera discrepado del juicio de Calvino. Lutero, por ejemplo, a pesar de que rechazó la doctrina sobre el Bautismo de los anabaptistas, posteriormente accedió a que sus seguidores expulsaran a éstos de los territorios luteranos. Sin embargo no les autorizó la violencia. El historiador Felipe Schaff citó a Lutero así:

> No es correcto y lamento profundamente que tales personas miserables tuvieran que ser asesinadas, quemadas y cruelmente sacrificadas; cada persona debiera tener el derecho de creer como le plazca. Si cree equivocadamente tendrá castigo suficiente en el eterno fuego del infierno. ¿Por qué debe ser atormentada en esta vida también?[21]

Fue hasta principios del siglo XVIII, no sin pocas vicisitudes, cuando los

---

[21]Schaff, Vol. VII, 59-60.

protestantes terminaron aceptando el principio de la tolerancia religiosa. Pero lo hicieron sólo cuando se dieron cuenta que el reino de Dios había efectivamente suplantado a la severa ley de Moisés, ya que según ellos el Nuevo Testamento por todas sus páginas reflejaba libertad y respeto. Pero en el siglo XVI, católicorromanos y protestantes vivieron en una época de intolerancia religiosa sofocante y muy difícil de superar dadas las circunstancias históricas.

En Ginebra Casiodoro de Reina se encontró en el mismo centro desde donde emanaba el *Protestantismo Reformado*. Éste, desde luego, se distinguía del *Protestantismo Luterano*. La Reforma iniciada en Alemania por Martín Lutero se había extendido al sur de Alemania y en algunos de los cantones suizos. Ulrico Zuinglio, un ex-sacerdote, dirigió al comienzo el movimiento reformador de la iglesia en Suiza. Poco más tarde Juan Calvino perfeccionó la labor de Zuinglio al establecer una Roma protestante en Ginebra.

Nacido en Francia, Juan Calvino estudió derecho antes de tomar la decisión de concentrarse en la disciplina de las humanidades con el fin de llegar a ser un escritor. Durante sus años de estudio también llegó a considerar por un momento el sacerdocio. Alrededor de 1533, Calvino experimentó una conversión a Jesucristo. Muy pronto en el pensamiento teológico de Calvino apareció un fuerte énfasis en la voluntad soberana de Dios. Poco después de su conversión y huida de Francia, se estableció en Basilea donde empezó a escribir la destacada sistematización de la doctrina cristiana en su libro *Institución de la religión cristiana*.

Cuando algunos colegas en la fe le animaron a mudarse a Ginebra con el fin de contribuir al establecimiento de la Reforma, Calvino sintió la obligación de hacerlo. Cumplió su primera estadía en Ginebra desde 1536 hasta 1538. Ginebra y también otras ciudades suizas habían ganado su independencia política. En aquel momento histórico el pueblo ginebrino logró la expulsión del obispo católicorromano de sus linderos. Durante su primera estadía en Ginebra, Calvino inició un programa de educación popular. En aquellos años también escribió un catecismo que contenía un estricto reglamento moral para los fieles. Tuvo además la visión de transformar a toda la población de Ginebra en una congregación evangélica. Los ciudadanos, por su parte, aceptaron el catecismo de Calvino pero se opusieron al riguroso reglamento moral. La resistencia de la población fue tan grande y decidida que obligó a Calvino a abandonar Ginebra.

El reformador se dirigió a Estrasburgo donde pensaba dedicarse a seguir escribiendo, pero las circunstancias lo llevaron a aceptar un llamamiento para servir como pastor de una congregación en aquella ciudad. Calvino dedicó tiempo para escribir durante su ministerio pastoral.

Tiempo después se desató una grave controversia política entre los administradores del gobierno municipal de Ginebra por lo que el consejo municipal determinó enviar una comitiva a Estrasburgo con el propósito de suplicar, si fuera necesario, a Calvino para que retornara. Él accedió. Su segunda estancia en Ginebra se inició en 1541 y se prolongó hasta 1564. Durante este periodo logró consolidar su poder político-religioso. Estos eran los mismos años durante los cuales Casiodoro de Reina y otros intentaron establecer la Reforma en Sevilla.

Durante los años de la segunda estadía de Calvino en Ginebra, Reina y los otros refugiados evangélicos españoles arribaron a aquella ciudad. Bajo la dirección de Calvino se había logrado impulsar no sólo la educación del pueblo sino también el bienestar económico. Los frutos de cierta prosperidad empezaban a verse en la sociedad ginebrina.

En cuanto a la teología del movimiento de reforma eclesiástica, Calvino resaltó la voluntad soberana de Dios. Esta doctrina fue articulada cuando se consideró a la Biblia como la autoridad y regla para los creyentes. En la Biblia se encontraba la gracia salvadora de Jesucristo. Este énfasis doctrinal condujo fácilmente a subrayar la enseñanza sobre la predestinación a la salvación para unos como también a la condenación para otros. Calvino, además, redujo los sacramentos a dos, como Lutero previamente lo había hecho.

Una disciplina estricta caracterizó a la iglesia de Ginebra, donde se castigaba no sólo el crimen cometido sino también el pecado personal. Calvino y su consistorio reglamentaron la asistencia rigurosa a los servicios religiosos. Para lograr la mayor asistencia posible eliminaron toda diversión y trabajo dominical en Ginebra. Como resultado, la iglesia y la comunidad ginebrina parecieron vivir una teocracia al estilo del Antiguo Testamento. Además había en Ginebra una situación similar a la unión que prevalecía entre Iglesia y Estado en España en el siglo XVI. Calvino asimismo prohibió la disidencia en doctrina cristiana.

Con el tiempo el Calvinismo se extendió a través de los cantones suizos. De Suiza pasó a Francia, los Países Bajos, e Inglaterra gracias a que estudiantes y otras personas que después de residir por un tiempo en Ginebra al volver a sus lugares de origen llevaron consigo las doctrinas calvinistas. En 1564, pocos años después de que Casiodoro abandonó Ginebra, Calvino murió.

Casiodoro de Reina y su grupo arribaron a Ginebra en la segunda mitad de 1557. A Reina le agradó la teología bíblica y cristocéntrica que se practicaba en Ginebra. Él había descubierto aquella teología en la Escritura latina y en los escritos a favor de la Reforma que leyó en Sevilla. Había sido un fiel seguidor de la doctrina evangélica durante algunos años. Sin embargo, a Reina le desagradó no sólo la intolerancia hacia Servet sino también que la iglesia ginebrina había determinado separarse del movimiento evangélico iniciado por Martín Lutero en Alemania. Le llamó la atención el hecho que Calvino y sus seguidores hubieran rechazado a otros evangélicos, como a Sebastián Chateillon y a los anabaptistas. Cuando expresó estos puntos de vista, los calvinistas miraron a Reina con marcado recelo, lo cual tuvo como resultado un rompimiento de la comunión fraternal. Juan Pérez de Pineda apoyó en este aspecto a los reformadores suizos. Reina opinaba que este espíritu partidista contradecía su vida de fe en Jesucristo ya que el Salvador había nacido para traer la paz. La intolerancia de la que fue objeto Reina en Ginebra le seguiría y afligiría durante gran parte de su vida.

Después de que salió de Ginebra, Reina tuvo otro encuentro con los creyentes reformados, como ya se les comenzaba a llamar para distinguirlos de los luteranos, en la ciudad de Londres. Reflejando su espíritu pacificador, expresaría desde ese lugar:

> En tanto pues (hermanos muy amados en el Señor) que vuestra compañía creemos ser la que nosotros buscamos, es a saber Iglesia del Señor Jesús el Christo, declarámosbos este nuestro desseo, el qual es de celebrar con vosotros la communión de los Sanctos, no solamente quanto al sacro símbolo de ella, que es la Cena del Señor, mas también quanto a lo que nos significa; pues ha plazido al Padre celestial, por Jesús el Christo, hazernos en él un mismo pueblo, darnos

un mismo Espíritu, y unos mismos desseos de su gloria, llamarnos a una misma heredad celestial, marcarnos con unas mismas marcas de amor, y de la cruz del Señor Jesús, y finalmente ser el nuestro commún Padre.[22]

Reina encontró un serio problema en Ginebra. Tal problema inspiró a Reina a tener un profundo deseo por la paz y la unidad espiritual, una característica de su nueva vida de fe en Jesucristo. El hecho de que Reina se mantuvo firme en la fe evangélica a pesar de las sospechas contra su persona en Ginebra atestigua la profundidad de su vida espiritual. Su fe no se debilitó. Tanto él como otros exiliados españoles se percataron de que no podían permanecer por mucho tiempo en Ginebra.

Casiodoro de Reina, Francisco Farías y Cipriano de Valera, antiguos monjes en el Monasterio de San Isidoro en Sevilla, resolvieron trasladarse a Londres. Farías había fungido por un tiempo como prior en el monasterio sevillano. Más tarde, Valera y Farías apoyaron a Reina en su traducción de la Biblia. Otros españoles también acordaron acompañarlos a Londres. Juan Pérez de Pineda, desdeñoso, describió después a Reina como el Moisés de los españoles.

La reina protestante Isabel I había llegado al trono inglés en 1558. Este hecho motivó a centenares de protestantes perseguidos en el continente europeo a buscar refugio en Inglaterra. Es verdad que ya existían territorios evangélicos en el continente pero también habían abundantes peligros, particularmente para los viajeros. Reina se percató de que en Estrasburgo los agentes de la *Inquisición* habían interceptado a Juan de León, un ex-monje del Monasterio de San Isidoro y partidario de la fe evangélica. Aquella captura se realizó durante un viaje que de León estaba haciendo entre Ginebra y Londres. Los agentes inquisitoriales lo trasladaron a España donde fue enviado a la hoguera.

A pesar del peligro, Reina y sus familiares, entre ellos una hermana, más los otros españoles evangélicos que determinaron acompañarles, se despidieron de los hermanos en Ginebra y emprendieron viaje hacia Londres.

[22]Reina, *Confessión*, 5.

El grupo se detuvo en Francfort, Alemania donde Reina mantuvo una breve comunicación con la congregación calvinista. De Francfort continuaron hasta los Países Bajos. Ahí aprovecharían la fluida actividad marítima hacia Inglaterra. Los agentes inquisitoriales afortunadamente no detectaron al grupo. Poco después, el grupo navegaba por el Estrecho de Caláis con destino a Londres.

Algunas de las mismas inquietudes que Reina había tenido tiempo atrás en su viaje entre Sevilla y Ginebra de nuevo ocuparon su mente. Probablemente pensaba en su seguridad, en su vocación y en el bienestar de su familia.

5

DECLARACIÓN DE FE EVANGÉLICA

Londres

Sanos, salvos y también con una esperanza impetuosa por poner finalmente en práctica su fe dentro de un marco de libertad, Casiodoro de Reina y el grupo de exiliados españoles que le acompañaban llegaron a Londres en 1559. Inmediatamente se pusieron en comunicación con otros españoles que habían llegado previamente a Londres en circunstancias parecidas. En virtud de que había una reina protestante en el trono inglés, Isabel I, los evangélicos españoles y de otras partes del continente europeo habían llegado a Inglaterra para refugiarse de la persecución que sufrían en sus países.

Inglaterra en aquellos años mantenía relaciones diplomáticas con España. La realeza española tenía interés en buscar alianzas políticas con naciones poderosas en Europa. Tales alianzas las obtenían por medio de matrimonios entre los miembros de la nobleza europea. En Londres, el rey Felipe II, contaba con funcionarios a su servicio. Este monarca fue un fanático religioso que promovió un estado teocrático durante su reinado. Los diplomáticos españoles en Londres y otras ciudades consideraban que parte de su labor era mantenerse informados sobre las actividades de los evangélicos españoles en tierras extranjeras. Hacían lo que estaba en su poder con tal de lograr la deportación de los dirigentes evangélicos a España. También trataban por cualquier modo que los evangélicos españoles salieran de Inglaterra hacia otro país donde los agentes al servicio de la *Inquisición* pudieran capturarlos. A pesar de la vigilancia que pesaba sobre ellos durante el reinado de Isabel, los evangélicos españoles gozaban de una relativa paz.

Al principio de su estancia en Londres, Reina descubrió la existencia de unas iglesias integradas por ciudadanos franceses y holandeses refugiados. Estas iglesias habían adoptado la doctrina calvinista. Reina se unió a la

congregación francesa. Sin embargo, durante 1559 tomó la iniciativa de
organizar oficios de adoración en español. Al principio el grupo español se
reunía hasta tres veces por semana en diferentes casas. Los refugiados
españoles recién llegados formaron el primer grupo, pero poco después se
incorporaron los otros españoles que con anterioridad habían llegado a
Londres. Representantes de ambos grupos asistían a los oficios donde Reina
predicaba. Los refugiados españoles no pudieron evitar la vigilancia de los
diplomáticos al servicio de Felipe II. Como celebraban sus reuniones en
casas, empezaron a sentirse un tanto indefensos. Tal vez temían dar la
impresión de estar ocultando algo, o quizás los dueños de las casas tenían
temor de que los diplomáticos españoles los perjudicaran en alguna forma.
Cuando el grupo se vio en la necesidad de considerar detenidamente el asunto,
favorecieron la búsqueda de un local público para celebrar sus oficios de
adoración.

Previamente los españoles evangélicos habían observado que otros
grupos de refugiados acudían a ciertos edificios, en la mayoría de los casos
templos, donde se reunían para celebrar sus oficios. Algunos grupos incluso
habían conseguido el reconocimiento oficial de las autoridades eclesiásticas
y públicas. Las congregaciones calvinistas, por ejemplo, que estaban
formadas por las colonias francesas, holandesas e italianas, ya se habían
establecido para entonces firmemente en Londres. Los ingleses las llamaban
iglesias de extranjeros. Cada congregación, según la estructura eclesiástica
calvinista, mantenía una junta directiva o *consistorio*. Todos los *consistorios*
de las *iglesias de extranjeros* se reunían ocasionalmente en un encuentro
llamado *asamblea*. Durante aquellos años todas las *iglesias de extranjeros*
se encontraban bajo la jurisdicción del obispo Edmundo Grindal de Londres.
Al informarse de la forma en que operaban las *iglesias de extranjeros*,
también la congregación española naturalmente abrigó la esperanza de ser
reconocida por las autoridades eclesiásticas inglesas. Varias parroquias
londinenses expresaron su buena voluntad y apoyo al ofrecer el uso de sus
templos a los evangélicos españoles. Años atrás, Reina había enseñado la
fe evangélica en Sevilla, antes de que la *Inquisición* se movilizara para
reprimir a cualquier sospechoso de ser un seguidor de Lutero o Erasmo.
Para 1560, la congregación española tenía una confesión de fe, la cual Reina
junto con unos refugiados españoles había redactado en forma de manuscrito
a fines del año anterior. Con esta confesión, Reina buscaba, con la

congregación española, demostrar a las autoridades eclesiásticas inglesas que la congregación de refugiados españoles era autónoma.

Es necesario describir en forma general la situación religiosa y gubernamental en Inglaterra en aquellos años. Tal trasfondo histórico ayudará a apreciar la actuación de Casiodoro de Reina en aquel país.

Hacia la segunda parte del siglo XVI, el movimiento de la Reforma de la iglesia había empezado a echar raíces. Inglaterra era de tradición católicorromana y monárquica en los albores del siglo XVI y durante el reinado de Enrique VIII (1509-1547). A pesar de que Juan Wyclif y Guillermo Tyndale habían publicado importantes traducciones bíblicas en la lengua inglesa, el pueblo inglés aún no había propiciado una situación que favoreciera una reforma religiosa. El mismo Enrique VIII carecía de la debida estatura espiritual ya que recurrió a independizar la iglesia en su reino con el fin de lograr algunos de sus propósitos políticos. Tal vez el propósito más importante era tener un heredero que le sucediera en el trono. En realidad Enrique VIII carecía de una convicción religiosa para hacer cambios dentro de la iglesia. La independencia de la iglesia en Inglaterra se debió en gran parte a que el papa no autorizó el divorcio del rey con Catalina de Aragón. Enrique VIII pretendía casarse con Ana Bolena para tener así la oportunidad de engendrar herederos al trono. Como resultado de la declaración de independencia de la iglesia anglicana, el papa Clemente VII excomulgó a Enrique VIII. En 1534 el parlamento inglés respondió aprobando un decreto por el cual el rey se convertía en la cabeza suprema de la iglesia en Inglaterra.

Enrique VIII nombró a Tomás Cranmer, un seguidor de la Reforma de la iglesia, como arzobispo de Cantórbery. Cranmer se encargó de introducir un considerable número de reformas dentro de la iglesia. Sin embargo antes de su muerte, Enrique VIII atacó a los protestantes dentro de su reino.

Eduardo VI (1547-1553), heredero de Enrique VIII, empezó su reinado cuando era aún un niño, pero continuó dentro de la fe evangélica en la cual había sido instruido. El arzobispo Cranmer mantuvo con determinación las iniciativas de reforma eclesiástica produciendo literatura, un libro de oraciones y una confesión de fe. Durante el reinado de Eduardo VI, Inglaterra eliminó la mayoría de los elementos de la iglesia medieval y también permitió el matrimonio del clero.

La reina María I, también conocida como María I Tudor (1553-1558), e hija de Enrique VIII, no continuó la dirección reformadora de su hermano Eduardo. María, por el contrario, trabajó arduamente para restaurar la supremacía del papa sobre la iglesia anglicana. Impetuosamente trató de extirpar al protestantismo de su reino. Para lograrlo consultó con Carlos I (V) y Felipe II de España. Estos reyes planearon el matrimonio de María con Felipe abrigando la esperanza de que un heredero español y fiel al papa llegase al trono inglés. El plan fracasó porque Felipe y María no tuvieron hijos. María también mantuvo la esperanza de que su matrimonio con Felipe reforzaría políticamente a Inglaterra contra las ambiciones de otras naciones como Escocia y Francia.

El pueblo inglés, por su parte, se opuso al matrimonio de su reina con el monarca español. Temía que sus consecuencias conducirían al dominio avasallador de España sobre Inglaterra, por un lado, y del papa romano sobre la iglesia anglicana, por el otro. La reina María, no obstante, pudo contar con muchos partidarios en el parlamento quienes lograron anular parcialmente la legislación que había sido introducida para favorecer a los evangélicos. Pero la principal arma de María fue la persecución. Debido a las funestas consecuencias de sus violentas medidas contra los protestantes, con frecuencia se le conoce como María la Sanguinaria. Destituyó a los obispos evangélicos y ordenó el exterminio de doscientos noventa evangélicos, entre los cuales se encontraban Tomás Cranmer y dos prominentes obispos, Nicolás Ridley y Hugh Latimer. Durante el reinado de María, muchos evangélicos ingleses y extranjeros huyeron al continente europeo y a Escocia.

En 1558 Isabel I (1558-1603) heredó el trono. Esta reina favoreció al protestantismo, y al igual que sus padres Enrique VIII y Ana Bolena, estaba convencida que el trono debería detentar el poder supremo, esto es, debería abarcar tanto la vida civil como también la religiosa. Cuando el papa, quien maniobraba políticamente, la declaró hija ilegítima, Isabel se mantuvo firme en el poder. El parlamento inglés, por su parte, respondió a la declaración papal confirmando la legalidad de la sucesión de la reina Isabel y derogando la legislación católicorromana aprobada bajo el reinado de María. En 1559 el parlamento aprobó la *Nueva Ley de Supremacía* con la cual se garantizó el dominio del trono sobre la iglesia. En el mismo año también se promulgó la *Ley de Uniformidad* la cual estableció el uso del *Libro de Oración Común*. Asimismo en aquel importante año fue consagrado el primer obispo de la iglesia anglicana. Pocos años después, el parlamento inglés adoptó los *Treinta y Nueve Artículos*. Este documento sigue siendo uno de los principales escritos doctrinales de la iglesia anglicana.

Además, bajo Isabel I, los refugiados evangélicos ingleses que habían salido de la isla durante el reinado de María retornaron. Al regresar trajeron consigo una formidable convicción basada en la doctrina calvinista.

No es sorprendente que Casiodoro de Reina junto con los otros refugiados españoles de fe evangélica se sintieran atraídos a Inglaterra. Dichos refugiados no sólo pudieron entrar al país sino también gozaron de libertad para practicar su fe. En 1560 Reina, representando a los evangélicos españoles en Londres, dirigió una carta al obispo de la ciudad y a su secretario en la cual solicitaba que las autoridades eclesiásticas les otorgaran el reconocimiento como *iglesia de extranjeros*. En aquella carta explicaba que las reuniones del grupo efectuadas en casas particulares facilitaban la intriga de los espías españoles. Argumentaba que las reuniones de su grupo en lugares públicos reducirían problemas a las autoridades. Asimismo aclaró que los evangélicos españoles estaban preparados para abandonar el territorio inglés en caso de que su presencia en el reino fuera la causa de dificultades diplomáticas o tensiones innecesarias con el gobierno español. Los protestantes españoles, es de suponer, estaban preocupados además por sus familiares y otros asuntos personales en España.

Durante los años que vivió en Inglaterra, Reina participó en un encuentro relevante en Francia. El propósito primordial de aquella reunión era lograr una reconciliación entre las diferencias de católicorromanos y protestantes en ese país. El encuentro se llamó el *Coloquio de Poissy*, y tuvo lugar a fines de 1561. Teodoro de Beza, dirigente de los evangélicos reformados en Ginebra y cercano colaborador de Juan Calvino, encabezó la delegación protestante.

En Londres, aunque parezca increíble, se había levantado para entonces una oposición firme contra Reina. La oposición en su contra fue como un monstruo de dos cabezas. Por un lado, la oposición fue generada desde Ginebra por los calvinistas que sospechaban que Reina, al igual que Miguel Servet, negaba la doctrina de la Trinidad. Las noticias de esta sospecha habían llegado de Ginebra a las *iglesias de extranjeros* en Londres. En aquellas iglesias las noticias fueron acogidas con seriedad ya que todas eran calvinistas. Como resultado las iglesias determinaron seguir las pautas y preocupaciones doctrinales de los calvinistas ginebrinos. No ayudó que en Londres Reina cultivara cierta amistad con dos personas que habían anteriormente intervenido en la defensa de los anabaptistas. Uno de ellos se había relacionado con Sebastián Chateillon, el campeón de la tolerancia religiosa. Además, la oposición aumentó porque Reina tenía la costumbre de mantenerse informado de todos los puntos de vista expresados sobre las doctrinas dentro de las iglesias protestantes. Pero resultaba igualmente molesto para los calvinistas en Londres el hecho de que los miembros españoles de sus iglesias dejaran de asistir a ellas porque empezaron a ir a los oficios religiosos dirigidos por Reina.

Al tanto de las sospechas que se cernían sobre él, Reina solicitó una reunión del *consistorio* de la iglesia francesa de Londres. En la solicitud pidió autorización para leer una confesión de fe que había redactado a fines de 1559. Aquel permiso le fue concedido por lo que, el 21 de enero de 1561, Reina y otros miembros del grupo español dieron lectura ante el *consistorio* francés de la *Confessión de Fe christiana*. El local donde se celebró la reunión resultó insuficiente por lo que el documento se leyó ante un número reducido de miembros de un consejo congregacional. Estuvo presente en aquella reunión una pequeña delegación de evangélicos españoles quienes tenían la mejor disposición de mantener buenas relaciones con otras congregaciones evangélicas de extranjeros. Pero Dios sabe valerse de lo pequeño para tornarlo en algo grandioso. El *consistorio* francés al escuchar la confesión prácticamente se declaró incompetente para evaluarla, por lo que solicitó que los pastores evangélicos franceses la examinaran con más detenimiento. Las dudas que además mostraron los miembros del *consistorio* que escucharon la confesión se enfocaron en la forma en que Reina articuló las doctrinas sobre la Trinidad y el Bautismo de infantes. El *consistorio* tampoco supo evaluar debidamente un párrafo que trataba sobre el gobierno civil. Los franceses que estuvieron presentes en aquella reunión propusieron que se incluyeran a los pastores holandeses dentro de aquellas personas designadas para leer y evaluar el documento presentado por Reina.

Después de esta segunda revisión, los holandeses solicitaron reunirse con Reina. No deseaban discutir asuntos doctrinales sino tratar la misma preocupación o celo de los franceses, es decir, la salida de los miembros españoles de sus congregaciones. Reina consideró que no valía la pena asistir a una reunión donde no se hablaría de doctrina. Aunque todos concordaron en efectuar otra *asamblea* para evaluar la confesión, sin embargo, tal *asamblea* no se realizó. Al final ni los franceses ni los holandeses impidieron que los españoles continuaran con sus planes.

El contenido de la *Confessión de Fe christiana* o como su título latino reza *Confessio Hispanica*[23] es sobresaliente a pesar de haber salido a la luz en circunstancias relativamente insignificantes. El lector de ella se percatará de la talla teológica del dirigente protestante español. Tendrá también de la pluma de Casiodoro de Reina una declaración de fe de la época de la Reforma, de una fe que fue forjada y nutrida en la misma tierra de la *Inquisición*. Este documento ha sido ignorado por muchos historiadores eclesiásticos. Además el lector se encontrará con detalles confesionales de interés y de inspiración. Es necesario conocer y aprender–y hay mucho por aprender–de la *Confessión de Fe christiana* de Reina.

La confesión de Reina se dio a conocer primero en Londres. Pasaron dieciséis años para su publicación en 1577. El manuscrito original y la posterior publicación, también original, desafortunadamente no existen. En 1601, sin embargo, apareció en Cassel, Alemania una copia. En el

---

[23]Véase el apéndice número 1 de este libro.

correspondiente apéndice de este libro se incluyen los arcaísmos del idioma castellano en que fue escrito. También nos ha llegado una versión alemana y la versión latina de la misma. Reina indudablemente escribió en castellano la versión original de la declaración de fe.

La *Confessio Hispanica* comienza con un largo título: *Confessión de Fe christiana, hecha por ciertos fieles españoles, los quales, huyendo los abusos de la Iglesia Romana y la crueldad de la Inquisitión d' España, dexaron su patria, para ser recibidos de la Iglesia de los fieles, por hermanos en Christo.*[24]

Antes del cuerpo de la confesión, Reina declaró el objetivo del documento: "Dámosbos al presente esta nuestra Confessión de Fe, por la qual podréys conocer lo que creemos y qué género de doctrina professamos".[25] Indudablemente Reina creyó en la importancia de la doctrina en la vida cristiana e igualmente en la vida eclesiástica. En la doctrina sobre la salvación, por ejemplo, había discrepado claramente con la Iglesia Romana.

Reina, como ya se mencionó, se sentía incómodo frente a las diferencias doctrinales entre los hermanos evangélicos. En 1561, en Londres utilizó su confesión en la defensa de su ortodoxia calvinista. Posteriormente durante su publicación en 1577, Reina la usó en defensa de su aceptación de la doctrina luterana. Ciertamente algunos eruditos han considerado este uso doctrinal como prevaricación. Pero Reina era demasiado noble para actuar de esa manera. Ha habido quienes la han calificado de incompetente. Pero la verdad es que nuestro español no fue un teólogo inepto. Reina en su *Confessión* mas bien intentó expresar una fe común a los evangélicos, ya fueran calvinistas o luteranos. Él se había percatado con anterioridad de la necesidad de una verdadera comunión espiritual entre los hermanos evangélicos. Con su *Confessión* intentó contribuir a dicha comunión y concordia. Por supuesto, Reina no fue el único reformador del siglo XVI que se mostró ansioso por lograr la comunión entre los hermanos protestantes. Martín Bucero de Estrasburgo y Felipe Melanchton desde Wittenberg abogaron por aquella evasiva hermandad.

La *Confessión de Fe christiana* contiene 21 capítulos. Ella no es ninguna traducción ni está basada en otra declaración de fe, ya fuese escrita

---

[24]Reina, *Confessión*, 3. En el presente capítulo aparecen considerables citas tomadas de esta fuente.

[25]Ibid., 6.

en latín, alemán, francés, flamenco o castellano. La confesión de Reina es en este sentido única. En ella confiesa claramente su lealtad a los *Credos Ecuménicos* y a las enseñanzas fundamentales de la Reforma del siglo XVI. Sin embargo, hay que admitir que su espíritu independiente también se alcanza a notar. La característica de ser independiente confiere a la *Confessio Hispanica* un valor especial entre las confesiones protestantes del siglo XVI.

En cuanto a la doctrina sobre la Trinidad, la confesión de Reina manifiesta la postura tradicional: "creemos hallarse estas tres personas en la misma substancia, naturaleza y essencia de un Dios" (Cap. I). Reina, sin embargo, indica que las palabras *trinidad* y *persona* no se encuentran en las Escrituras. Esta afirmación le produjo serios líos con los calvinistas de Londres: "Admittimos los nombres de Trinidad, y de Persona, de los quales los Padres de la Iglesia antigua usaron, usurpándolos" (Cap. I).

Acerca de la naturaleza de Jesucristo, Reina sostiene que es "verdaderamente hombre" y "verdadero Dios" (Cap. VIII). Es evidente que Reina no se opuso a Calvino por motivos doctrinales cuando éste condenó a Servet.

Reina incluye los sacramentos en su *Confessión*. Sobre ellos declara que son "los medios o instrumentos de nuestra justificatión: . . . por los quales el Señor de su parte nos applica en particular, sella y confirma el beneficio de nuestra salud; . . . y testificamos lo segundo, que somos de su pueblo" (Cap. XI). Se destaca también el valor sacramental y el testimonio de los sacramentos. Reina igualmente acepta el Bautismo de infantes practicado en aquel entonces por luteranos y calvinistas: "Aunque no aya expressa mención en la Divina Escriptura que el Baptismo se dé a los niños . . . conformámosnos empero con la Iglesia del Señor, que tiene por más conforme a la misma Escriptura dárselo que dexar de dárselo" (Cap. XII).

Respecto a otro punto de discusión en Londres, el capítulo sobre el gobierno civil, no debe causar sorpresa que algunos titubearan ante la afirmación de que "el político magistrado", o sea la esfera secular, es una "ordenación de Dios" (Cap. XVI) y es deber cristiano obedecer al mismo. Muchos de los refugiados incluyendo al mismo Reina habían sufrido persecución de manos de sus respectivos gobiernos. Con todo, Reina aceptó al gobierno civil español en principio. No se sabe que haya intentado incitar a una sublevación contra el monarca español. Pero al mismo tiempo hay que admitir que se dio a la fuga, como se ha visto, a fin de trabajar desde el exilio en favor de la Reforma.

La Confessión además afirma en cuanto a la doctrina fundamental sobre la justificación que, "no queda ni ay otra vía para ser los hombres justificados, salvos y admittidos a la aliança del Nuevo Testamento, y a la participatión de sus bienes, que por penitencia (la qual es verdadero conocimiento, arrepentimiento, dolor y detestación del peccado, con verdadera abrenunciatión dél y de la corrompida raíz de donde el hombre nace) y biva fe en la muerte y resurrectión del Señor, por el mérito y efficacia de la qual nos es dado perdón y imputada su justicia y innocentía, y ansimismo nos es dada virtud y fuerça de su Espíritu, para que, muriendo con él al peccado, resuscitemos también con él a nueva vida de justicia" (Cap. X).

Reina insiste a lo largo de toda la Confessión en la "verdadera penitencia" y "biva fe" en contraste a una respuesta humana nominal. Frecuentemente el documento del reformador español se vale de la expresión "sólo Jesús el Christo" o de una frase similar usada para contrastar el fundamentar nuestra salvación en los santos o en la iglesia institucional. Este enfoque cristocéntrico llega al meollo de la doctrina de la salvacion en la Confessio Hispanica.

La declaración de fe contiene una conclusión en que Reina cita todo el Credo Apostólico. Así fue la manera de manifestar que su confesión era acorde con la doctrina apostólica.

En la edición de 1577, Reina añadió un apéndice que incluye una denuncia de la Iglesia Católica Romana y una referencia a Martín Lutero: "Para limpiar su Iglesia de tanta suerte de immundicias, plugo al Señor servirse de Luthero, o de este hombre, o del otro. . . Son ellos instrumentos de que Dios usa, a los quales aun devemos agradecimiento por sus trabajos, reverencia y obediencia a su ministerio, como al del mismo Christo".[26]

El cuerpo de la Confessión, lo cual es característico en Reina, evita una áspera polémica. Mientras que otras confesiones de la época incluyen anatemas, la de este reformador español por el contrário las excluye deliberadamente. La Confessión también se destaca por el uso de conceptos bíblicos en lugar de filosóficos. De acuerdo con esto Reina constantemente emplea palabras y expresiones bíblicas para explicar su teología. Siguiendo

---

[26]Ibid., 42.

una característica de la literatura bíblica de aquel entonces, Reina colocó por doquier indicaciones alfabéticas en el margen con el fin de guiar al lector a referencias bíblicas.

Por último, no se podrá pasar por alto el tono piadoso que distingue a la *Confessión* de Reina. Un ejemplo es el largo Capítulo XIX, el cual contempla algunas de las señales distintivas del verdadero cristiano. Igualmente Reina explica la presencia del Espíritu Santo en la vida del creyente así: "El mismo los levanta en esperança cierta de la celestial patria; enciende en sus coraçones ardientes desseos de la propagación del reyno y gloria de Dios; los exhorta a continua oración; los enseña, dicta, prescrive y ordena sus peticiones; y los da osadía para presentarse delante de Dios a muestrarle sus necessidades, como a verdadero Padre, y esperar dél el cumplimiento de sus peticiones" (Cap. XVII).

En 1560 las autoridades eclesiásticas inglesas aceptaron la solicitud sometida meses antes por los evangélicos españoles residentes en Londres. Como resultado de ella, les concedieron el reconocimiento de ser legítimamente una *iglesia de extranjeros* en territorio inglés. Además la reina Isabel 1 les autorizó el uso de un amplio lugar de reuniones, un edificio vacante llamado *St. Mary Axe*. En virtud de que Reina a partir de ese momento tenía un ministerio autorizado por la iglesia oficial, ella también parcialmente se hizo responsable de proveerle de sesenta libras anuales para contribuir a su sostén económico.

Sin embargo, los opositores de Casiodoro de Reina no se callaron. Persistieron en sus sospechas sobre la ortodoxia cristiana de Reina aún después de conocer su escrito confesional. Íntimamente ligado a las sospechas, como una segunda cabeza monstruosa, a fines de agosto de 1563 emergió una denuncia sobre su conducta moral. La denuncia parecía contundente contra Reina, a juzgar por la gravedad de la nueva acusación.

Antes de contraer matrimonio, Reina había habitado una residencia alquilada junto con un mozo de nombre Jean de Bayonne. Por falta de recursos económicos, ambos aparentemente se vieron en la necesidad de compartir una cama. De súbito, durante la etapa culminante de la controversia doctrinal entre Reina y los refugiados franceses, se dio a conocer la acusación de que tiempo atrás aquellos varones supuestamente habían tenido un contacto carnal.

Un visitante de Flandes, Francisco de Ábrego, quien aparentemente era un desconocido entre los feligreses españoles, divulgó la acusación en el verano de 1563 alegando que se había enterado del acto inmoral en una conversación insignificante que mantuvo con el joven que compartía la vivienda con Reina. Ábrego divulgó también que Ángel Víctor, un feligrés de la iglesia española, Gaspar Zapata, un español recién llegado de Sevilla, y otros de la congregación española llegaron a enterarse de la acusación. Jean Cousin, el pastor de la congregación francesa, y Johannes Utenhovius, el pastor de la iglesia holandesa, quienes mantenían sospechas de la doctrina de Reina, además de celos y resentimientos, también fueron informados de la denuncia. Estos pastores posteriormente no tuvieron reparo alguno en hacer la acusación contra Reina.

Como consecuencia, Ábrego, Zapata, Víctor y los pastores Cousin y Utenhovius de las iglesias calvinistas, se convirtieron en los principales promotores de la acusación moral contra Reina. El incidente parecía un delito serio, pero al mismo tiempo se debió sospechar de la motivación detrás del mismo.

Reina negó con determinación las acusaciones. Para montar su defensa, el último día de agosto tomó la iniciativa de informar sobre ellas ante el *consistorio* francés, especialmente la de sodomía. Rehusó defender su doctrina ya que el consistorio tenía su confesión de fe, la *Confessio Hispanica*. Sugirió además que la acusación de sodomía fuera tratada ante la debida autoridad eclesiástica. Reina voluntariamente se alejó por un tiempo del ministerio pastoral de la congregación española mientras se investigaba el caso. En el *consistorio* francés todos acordaron someter el caso al obispo Grindal. Éste a su vez permitió tanto a Reina como al *consistorio* francés nombrar a siete hombres como comisarios quienes se harían cargo de la investigación.

El 21 de septiembre los miembros de la comisión se reunieron para tratar las denuncias doctrinales. Dos días después la comisión se volvió a reunir para revisar la acusación sobre la sodomía. Pero habrían de recibir una sorpresa durante el caso. El día en el cual habían acordado escuchar la versión de Reina, los comisarios descubrieron que éste había huido al continente europeo. Años después Reina justificó su fuga diciendo que ella obedeció a que equivocadamente creyó que en Inglaterra la sodomía era un delito merecedor de la pena máxima. En efecto antes del reinado de María Tudor, las cortes reales habían juzgado la sodomía con duras condenas. Pero María posteriormente asignó tales delitos a las cortes eclesiásticas. También se supo poco después de la fuga de Reina, que el padre de Jean de Bayonne embarcó a su hijo rumbo al continente europeo por la misma razón.

Poco tiempo después de la fuga de Reina, los comisarios recibieron a su padre, quien les solicitó que le extendieran un permiso a su hijo Casiodoro. Aparentemente debido a estar molestos con todo el caso, los comisarios no recibieron a Francisco Farías, uno de los antiguos priores del Monasterio de San Isidoro del Campo de Sevilla. Farías llevaba una carta de Reina e igualmente era portador de cartas de otras personas que intervinieron a su favor.

Por su parte, una vez a salvo en el continente europeo, Reina prosiguió su defensa en contra de las acusaciones que pendían sobre él. La defensa que montó fue, desde luego, a través de correspondencia. Ante todo solicitaba que fuera interrogado el joven Jean de Bayonne, a quien por cierto aún no se le había realizado un interrogatorio formal. Reina incluso había preparado una serie de preguntas para ser incluidas en el interrogatorio.

Por otra parte, la comisión eclesiástica había continuado la investigación del caso no sólo en Londres sino ahora también en el continente europeo. Por fin tuvo lugar el interrogatorio del joven, el cual fue conducido por Cousin, el pastor de la iglesia calvinista francesa en Londres. El pastor Cousin previamente había viajado a Amberes, acompañado por un dirigente evangélico italiano llamado Francisco Conde, para obtener más información sobre el caso. Ambos hombres interrogaron al joven en dos o tres ocasiones en el mes de febrero de 1564. Después de una sesión cuando Cousin solicitó a Conde que firmara un informe, éste se rehusó a hacerlo porque consideró que el documento carecía de imparcialidad. En otra sesión el joven Jean de Bayonne, para entonces ya mayor de edad, no logró comprender el malsano interés del Pastor Cousin en aquel asunto. En realidad las declaraciones del joven a lo largo de los meses en que duró la investigación variaron notablemente. Reina estuvo presente en una sesión interrogatoria dirigida por Diego de la Cruz, un refugiado sevillano, y éste en su informe exoneró a Reina. Es evidente que en los interrogatorios efectuados en Amberes por Diego de la Cruz por un lado, y el pastor Cousin por el otro lado, hubo acentuadas diferencias de opinión sobre Reina. Sería más preciso afirmar que desde el principio existieron distintas presuposiciones sobre el caso.

En 1578, Reina regresó a Londres. Su retorno a aquella ciudad obedeció a su anhelo por obtener una sentencia definitiva por parte del tribunal eclesiástico inglés sobre la acusación que pendía sobre él desde 1563. Estando en Londres renovó el contacto con Edmundo Grindal, quien para entonces estaba al frente del prestigioso arzobispado de Cantórbery. El arzobispo en aquel tiempo escribió a las *iglesias de extranjeros* de Londres para revisar las acusaciones contra Reina, notificándoles que éste había regresado en forma voluntaria. El arzobispo Grindal les dio la oportunidad de brindar testimonio a favor o en contra en una reunión convocada para diciembre de 1578. También les solicitó la revisión de las actas correspondientes existentes tanto en la iglesia francesa como en la holandesa. Aunque los pastores en aquellas iglesias ya no eran los mismos, sin embargo, los resentimientos originales persistían dentro de algunos feligreses, sobre todo en la iglesia francesa.

La sesión decisiva se pospuso hasta el 19 de marzo de 1579. La mayor preocupación de los opositores de Reina consistía para ese tiempo en la interpretación de la eucaristía. Los calvinistas franceses se habían percatado de la existencia de una estrecha comunicación entre Reina y los luteranos del continente europeo. A los franceses sobre todo les costó mucho aceptar la posibilidad que Reina recibiera un llamado para pastorear una parroquia luterana en lugar de la iglesia calvinista en Amberes. Para facilitar la obtención del llamado, ese mismo día, Reina firmó un documento en el cual declaró su adhesión a la *Confessio Helvetica*, una confesión calvinista importante, y a la *Confessio in articulo de Coena,* confesión que trata de conciliar la postura calvinista con la luterana sobre la Santa Cena. En cuanto a la acusación de sodomía, su mención fue insignificante por carecer de pruebas.

Como resultado el tribunal eclesiástico londinense presidido por el arzobispo Edmundo Grindal exoneró a Reina de las acusaciones de herejía y conducta inmoral. ¡Por fin la inocencia de Casiodoro de Reina quedó demostrada!

¿Por qué Reina tuvo que vivir aquel triste incidente? Vale la pena mencionar que tanto el joven Jean de Bayonne como el feligrés Ángel Víctor de la iglesia española testificaron posteriormente en diferentes interrogatorios que la acusación de inmoralidad contra Reina se había hecho por odio. Si esto es verdad, probablemente los pastores Cousin y Utenhovius insistieron indebidamente en esa acusación. Ambos eran calvinistas estrictos y probablemente les inquietó el espíritu pacificador de Reina. Ésta parece ser la explicación por la cual se vieron motivados a confabular para que a Reina le fuera negado todo reconocimiento para funcionar dentro de la iglesia.

Pero también hay que tomar en consideración que existía una mano siniestra detrás de todo—la mano del *Santo Oficio de la Inquisición*. Ella persistió y reforzó su fanático celo para arruinar a personas como Reina valiéndose de toda artimaña posible. Francisco de Ábrego y Gaspar Zapata, los españoles que se hicieron pasar como miembros de la iglesia de refugiados españoles en Londres, secretamente estuvieron al servicio de la *Inquisición* española. Ellos se habían infiltrado entre los evangélicos en Londres con el propósito de incomodar a Reina hasta el punto que lo llevara a abandonar Inglaterra y dirigirse a tierras europeas donde se esperaba que los agentes inquisitoriales pudieran apresarlo y llevarlo a España. Esto se confirma al leer una serie de informes escritos entre 1561 y 1564 por un agente inquisitorial que fue enviado a los Países Bajos para supervisar las actividades de sus subordinados. Entre aquellos informes se encuentran anotados los pagos efectuados por servicios en Londres: "que dió más veinte y quatro escudos. . . a Francisco de Ábrio que vino de Ingalaterra para ir en Francia . . . El qual bolvió y truxo buena razón de alla".[27] Y sobre Zapata se apunta: "Que dió diez escudo[s] . . . a un hombre que enbió a Ingalaterra . . . con un salvo conducto de Su Alteza de Madama para que Çapata viniese aquí sobre lo de Casiodoro".[28]

Varias veces los informes mencionan a "Casiodoro" o "Reina". Otro informe claramente señala el propósito de las actividades de dichos agentes:

> Que dió veinte escudos . . . a Francisco Luis . . . para ir en Ingalaterra a saber y conocer las cosas de los hereges que allí estavan, y para estar con ellos, y hazerse su amigo . . . para si podía sacar alguno que viniese por acá.[29]

---

[27] Alonso del Canto en A. Gordon Kinder y R.W. Truman, "The Pursuit of Spanish Heretics: New Information on Casiodoro de Reina", *Bibliothèque d'Humanism et Renaissance*, Vol. XLII, 1980, 430.

[28] Ibid., 433.

[29] Ibid., 429.

Este documento no menciona el uso del escándalo; sin embargo, hace referencia a la acusación de inmoralidad: "Casiodoro, que andaba huído porque le acusavan de sodomía y no osava estar allí".[30]

¿Quién dudaría que la *Inquisición*, dada su historia mencionada parcialmente y en relación con Reina en este libro, fuera capaz de tal intriga? De hecho se sabe que la *Inquisición* se valía de esa siniestra táctica. H. Montgomery Hyde ha descubierto la asociación entre la acusación de herejía con la de sodomía en la Edad Media:

> "Por lo general el cargo de homosexualidad parece haber sido una parte de la campaña general calumniadora empleada por la Inquisición contra sus enemigos".[31]

En el caso de Reina, como quedó mencionado, fueron precisamente Ábrego y Zapata, los agentes al servicio de la *Inquisición*, los primeros en promover aquella calumnia.

Las autoridades españolas apoyaron a la *Inquisición* en sus siniestras labores. Este apoyo trascendió el territorio español. Después que Reina fue acusado en Londres y su posterior huida al continente europeo, el mismo rey de España, Felipe II, había puesto un precio sobre su cabeza. Así escribe el gobernador de Amberes al rey: "Su majestad ha gastado grandes sumas de dineros por hallar y descubrir al dicho Casiodoro, para poderle detener, si por ventura se encontrase en las calles o en qualquier otro lugar, prometiendo una suma de dinero a quien le descubriese."[32]

Por supuesto, Reina en todo esta irritante etapa de su vida tuvo defensores y amigos. Edmundo Grindal, reconocido como uno de los mejores arzobispos en la historia de la iglesia anglicana, le trató con respeto y justicia. Francisco Farías, uno de los priores del Monasterio de San Isidoro en Sevilla, le brindó un decidido apoyo. Por su parte Cipriano de Valera, anterior monje del mismo monasterio, ofreció testificar a su favor en el juicio. Años más tarde, Juan Sturm, un dirigente luterano conocido en Alemania y fundador de un famoso colegio en Estrasburgo, garantizó la buena fe e inocencia de

---

[30]Ibid., 432.

[31]H. Montgomery Hyde, *The Love that Dared not Speak Its Name* (Boston: Little, Brown and Company, 1970), 37.

[32]Gilly, Carlos "Historia de la Biblia de Casiodoro de Reina". Información cibernética del 15 de Octubre de 1999, pp.2-3. Véase <http://www.amen.net/lb/artículos/defensareina.htm>

Reina en una carta a la reina Isabel I y a su secretario de estado.

La fe genuina obra abiertamente en hechos además de palabras. En la lucha de fe, Casiodoro de Reina no sólo confesó y perseveró en ella sino también dio evidencia de su vocación al ministerio del Señor Jesús en la iglesia. Se vio obligado a salir de Inglaterra, pero a Reina, el creyente y pregonero del mensaje cristocéntrico, nadie logró desmoralizarlo.

6

GLORIOSAMENTE LA BIBLIA EN CASTELLANO

Basilea

En septiembre de 1563, Reina se vio en la necesidad de abandonar Londres. Durante ese tiempo, los agentes de la *Inquisición* habían capturado a un suizo con una remesa de libros evangélicos impresos en español. Aquel hombre posiblemente trabajaba para los comerciantes evangélicos de Amberes quienes cooperaban con las casas publicadoras protestantes de Ginebra. Su propósito era introducir literatura evangélica en España a través de Holanda. La *Inquisición* condenó a aquel pobre hombre a pasar doce años de remero en las galeras reales. Los peligros como el que llevó al suizo a esta sentencia acechaban por doquier por lo que Reina tuvo que intensificar sus precauciones. Para ese tiempo Reina ya había determinado dedicar más tiempo y trabajo a la traducción de la Biblia.

En enero de 1564 la *Inquisición* puso precio a la cabeza de Reina. Los empleados de la embajada española en Londres vigilaban de cerca sus movimientos y a la vez continuaban informando al rey de España acerca de la congregación protestante española en Londres. Esta congregación logró de las autoridades eclesiásticas inglesas y de la reina la autorización para desempeñar sus funciones. La congregación estaba presidida por Reina. Felipe II además había sido notificado hacía tiempo que Casiodoro se encontraba traduciendo la Biblia al español con la meta de difundirla en España. Esta información causó profunda consternación a las autoridades eclesiásticas de España. Para entonces, la *Inquisición* poseía información detallada sobre el grupo de simpatizantes de la Reforma que había operado en Sevilla en la década de 1550. Casiodoro desde entonces figuró para el tribunal eclesiástico como uno de los principales dirigentes del grupo reformador.

Después de fugarse de Londres, Reina se dirigió primero a Amberes.

La ciudad se encontraba ubicada al otro lado del Estrecho de Caláis. En aquellos años algunos protestantes españoles residían en Amberes. A pesar de que España dominaba a los Países Bajos, sin embargo no logró controlar a esta región completamente. Marcos Pérez, un adinerado evangélico de descendencia judía que residía en aquella ciudad, brindó albergue a Reina. En realidad su casa se convirtió en un refugio para Reina. Un día los agentes de la *Inquisición* en Amberes recibieron información de que Reina se encontraba en casa de Pérez. Sin demora se dirigieron a capturarlo. Un vecino afortunadamente alertó a Pérez, y éste a su vez sin demora dio aviso a Reina, quien tuvo que abandonar su refugio abruptamente. Debido a este incidente, Reina consideró prudente salir de la ciudad lo más pronto posible.

En enero de 1564, Reina se dirigió a Francfort del Meno, Alemania. Pero esta vez su esposa, con quien se había casado en Londres, estaba a su lado acompañándole. La pareja llegó a aquella ciudad alemana donde se estableció sin temor a los agentes de la *Inquisición*. El trabajo de Reina en la traducción y publicación de la Biblia, sin embargo, no culminaría en aquella ciudad alemana sino en Basilea, Suiza.

Casiodoro de Reina en esos años únicamente estaba interesado en la producción y circulación de la Santa Biblia en español. Estimaba imperativo que sus compatriotas tuvieran a su alcance en su propio idioma la palabra salvadora de Dios. Los españoles aún carecían de la traducción completa de la Biblia al castellano en aquellos años del siglo XVI. Es verdad que las actas del concilio español de Tarragona de 1238 hacen referencia a algunas versiones al vernáculo que fueron prohibidas. En el siglo XIII unos portadores de literatura, probablemente albigenses o valdenses, habían viajado por el sur de Europa distribuyendo porciones bíblicas traducidas a varios idiomas. También a mediados del siglo XIII, el rey español Alfonso X el Sabio había promovido la cultura por medio de una traducción de la Biblia al español basada en la *Vulgata* latina. Alfonso había ordenado esta labor principalmente para impulsar y difundir el uso del idioma español. La *Biblia Alfonsina*, sin embargo, recibió nula difusión durante el siglo XVI.

Algunos eruditos judíos del siglo XVI hicieron una traducción al castellano del Antiguo Testamento hebreo, principalmente para beneficiar a los judíos que para entonces desconocían el hebreo. Fue una traducción muy literal. Los católicorromanos en sus devocionarios ocasionalmente incluyeron citas bíblicas en español, generalmente traducidas directamente de la *Vulgata*.

Los evangélicos, una vez que había aparecido el movimiento de la Reforma en el siglo XVI, pronto comenzaron a interesarse en la traducción de las Escrituras. En 1543, Francisco de Enzinas publicó su traducción del Nuevo Testamento con el apoyo del reformador alemán Felipe Melanchton. En la siguiente década, Juan Pérez de Pineda también publicó su propia revisión del Nuevo Testamento de Enzinas. Pérez era originario de Montilla de Córdoba. Fue probablemente en Sevilla donde conoció a Reina. Debido a la persecución, Pérez de Pineda había abandonado Sevilla antes que Reina lo hiciera, estableciéndose en Ginebra. Fue en Ginebra donde Pérez de Pineda completó su traducción del Nuevo Testamento. Al fin, Dios levantó en Casiodoro de Reina a un reformador español con los dones y el ardiente deseo de ejecutar la tarea de traducir la Biblia completa al castellano.

Reina había experimentado personalmente el poder de la Palabra de Dios. En la Biblia había encontrado la motivación para compartir su alegría de conocer mejor la revelación divina. Junto con sus colegas en el Monasterio de San Isidoro del Campo, con la venia del prior García Arias, Reina se había dedicado a la lectura de la Biblia. Además, los escritos de Erasmo habían señalado la urgencia de reformar la iglesia y la importancia de estudiar los idiomas originales de la Biblia. Los escritos de Lutero y otros reformadores europeos habían destacado la enseñanza de reconocer a las Escrituras como la única norma de fe. En su lectura de la Biblia latina y otros libros evangélicos, Reina fue llevado a confiar en Jesucristo como su Salvador. Su experiencia transformadora y trascendente del evangelio le convenció de la necesidad apremiante de poner la Biblia al alcance del pueblo.

Reina también reflexionó sobre la situación de su pueblo. Aunque la Iglesia aceptaba las Escrituras como la regla de fe, sin embargo, había añadido con el tiempo la tradición del magisterio de la Iglesia a lo largo de los siglos como parte complementaria. Los acuerdos de los muchos concilios y los pronunciamientos papales fueron tan solo ejemplos del peso de la tradición ya vigente. En cuanto a la labor pastoral, la iglesia había enfatizado la importancia del magisterio, al punto de ganar prominencia sobre la lectura de la Biblia. El famoso *Índice* de 1554 demostró que la Iglesia había prohibido la publicación e interpretación de la Biblia al idioma popular. El conocido historiador católicorromano y defensor acérrimo de la *Inquisición*, Marcelino Menéndez Pelayo, exhibe la postura tradicional:

> Puestas las Sagradas Escrituras en romance, sin nota ni aclaración alguna, entregadas al capricho y a la interpretación individual de legos y de indoctos, de mujeres y niños, son como espada en manos de un furioso, y sólo sirven para alimentar el ciego e irreflexivo fanatismo, de que dieron tan amarga muestra los anabaptistas, los puritanos y todo el enjambre de sectas bíblicas nacidas al calor de la Reforma.[33]

Todo esto tuvo como resultado la tendencia a impedir que la Biblia fuera leída por la gente. Desafortunadamente esta tendencia terminó obscureciendo el plan salvador de Dios pues acabó opacando la luz del evangelio. Más tarde el mismo Reina expresó la verdadera motivación para consagrar su vida a la traducción de la Biblia:

> Intolerable cosa es a Satanás, padre de mentira y autor de tinieblas (cristiano lector), que la verdad de Dios y su luz se manifieste en el mundo; porque por este solo camino es deshecho su engaño, se desvanecen sus tinieblas, y se descubre toda la vanidad sobre que su reino está fundado, de donde luego está cierta su ruina; y los míseros hombres que tiene ligados en muerte con prisiones de ignorancia, enseñados con la divina luz se le salen de su prisión a vida eterna, y a libertad de hijos de Dios.[34]

El contexto de este escrito define "la verdad de Dios" y "la luz" como "los libros de la Santa Escritura". Aún más preciso, Reina critica a los contrarios que "están despertados para impedir toda versión [popul]ar de la Santa Escritura".[35] Reina no sólo creyó en la existencia del diablo sino también comprendió que las fuerzas de las tinieblas estaban detrás de la prohibición para que los fieles tuvieran y leyeran la Biblia, y por ende conocieran y experimentaran su mensaje liberador y de salvación. Reina fue motivado a traducir y difundir la Biblia porque sintió el gran desafío de combatir dichas fuerzas. Para contribuir a ese desafío dedicó su vida al heroico fin de poner

---

[33]Menéndez Pelayo, *Historia*, Vol. II, 306.

[34]Casiodoro de Reina, "Amonestación del intérprete de los sacros libros" en B. Foster Stockwell, *Prefacios a las Biblias castellanas del siglo XVI* (Buenos Aires: Editorial La Aurora, 1951), 79. Todas las citas se refieren a esta publicación. El documento aparece reproducido en el Apéndice 2 de este libro.

[35]Ibid., 81.

al alcance de cualquier persona de lengua castellana la Biblia completa. Por su dedicación a esta labor hace recordar a Lutero, el gran reformador alemán, quien en plena labor de traducción del Nuevo Testamento en el castillo de Wartburgo en 1522 sintió estar en medio de un combate mortal con Satanás. Ahora otro como Lutero, esta vez en el seno de la cultura hispana, se encontraba siguiendo la misma misión reformadora.

El mismo Reina reveló que dio inicio al proyecto de la traducción bíblica doce años[36] antes de su culminación en 1569. Esto quiere decir que probablemente inició la traducción de la Biblia al castellano cuando recién arribó a Ginebra si es que no la había iniciado en el mismo convento de San Isidoro del Campo en Sevilla. Es casi seguro afirmar que en aquel monasterio en Sevilla, Reina y sus colegas dialogaron sobre la necesidad urgente de tener la Biblia completamente traducida al español.

Reina permaneció en Ginebra poco más de un año. La intolerancia de la Ginebra de Calvino, como ya se apuntó, no le permitió permanecer por más tiempo. Eso desde luego no afectó que Ginebra continuara siendo un centro importante del protestantismo. Seguramente en cierto momento el ambiente ginebrino había animado e instruido a Reina para su proyecto de traducción bíblica. Durante la permanencia de Reina en Ginebra, un grupo de eruditos ingleses llegó a la ciudad para elaborar lo que llegó a ser la *Biblia Ginebrina*. En aquel entonces, la reina María Tudor, la Sanguinaria, estaba viviendo sus últimos meses en el trono de Inglaterra. Eran los tiempos en que varias decenas de protestantes ingleses se habían refugiado en el continente europeo, y desde luego algunos habían llegado a Ginebra. El grupo inglés arribó el mismo año en que Reina y los otros españoles también llegaron. Tres años más tarde salió a la luz aquella famosa traducción bíblica que los angloparlantes tuvieron durante tres cuartos de siglo. Para las labores de traducción bíblica, los evangélicos ginebrinos habían reunido excelentes libros que indudablemente enriquecieron sus bibliotecas. Aún antes de la fundación en 1559 de la famosa academia que estuvo bajo la dirección de

---

[36]Ibid., 107.

Teodoro de Beza, existía en la ciudad una casa de estudios cuyo propósito fue la preparación de pastores.

¡Uno se puede imaginar la gran emoción, el beneficio técnico y el ánimo que un centro de erudición como aquel de la Ginebra protestante influyó en Reina y sus colegas! Todos ellos indudablemente creyeron que el Señor los había llamado a combatir al diablo, el autor de la mentira y las tinieblas, usando la espada del Espíritu, la Palabra de Dios.

Al inicio del proyecto de traducción bíblica participaron otros evangélicos españoles. Es muy probable que Reina, Antonio del Corro y Cipriano de Valera mientras se encontraban aún en el Monasterio de San Isidoro acordaron distribuirse el trabajo de traducción. Corro, después de fugarse de Sevilla, había llegado a Francia para estar al frente de una congregación hugonota. Desde su nuevo lugar de trabajo mantuvo correspondencia con Reina sobre el proyecto de traducción bíblica. Juan Pérez de Pineda, a pesar de sus desavenencias con Reina, tuvo también una parte importante cuando finalizó en 1556 su revisión del Nuevo Testamento. Además Pérez de Pineda, con la colaboración de algunos refugiados españoles, había establecido en Francfort un fondo financiero para la publicación de una Biblia completa en español. Agustín Legrand fue uno de los síndicos de aquel fideicomiso, y además era un miembro de la congregación calvinista francesa en aquella ciudad alemana.

Durante los cinco años que Reina residió en Londres continuó con la traducción de la Biblia. Es posible que Reina dedicó mucho tiempo a ella. Le motivó la posibilidad de imprimirla pronto. Corro en aquel tiempo había investigado la posibilidad de imprimir la Biblia castellana en Francia. Además creía haber encontrado un modo seguro para introducir las Biblias en España. Los agentes de la *Inquisición* a su vez también se mantuvieron interesados en aquel proyecto bíblico. Pero ellos no deseaban diseminar los libros sagrados, sino destruirlos. En 1563 el embajador español en Londres no sólo sabía del proyecto sino mantenía informado al rey Felipe II del progreso del mismo. El diplomático informó que Francisco de Zapata había llegado procedente de Sevilla y Ginebra con el fin de ayudar a Reina en la traducción. Felipe II contestó dando órdenes de buscar la manera de obligar a Reina y Zapata a abandonar territorio inglés. Abrigaba la esperanza de obligarlos a pasar por un lugar donde los agentes de la *Inquisición* pudieran capturarlos. Aunque la *Inquisición* no operaba libremente para capturar a individuos en un país protestante, sin embargo, ella podía realizar capturas en países del continente europeo donde España ejercía el mando o poseía mucha influencia. Al comienzo del siguiente año, el rey español puso precio a la cabeza de Reina. ¡Parece increíble que un gobierno se hubiera prestado a semejante intolerancia!

Aunque se ignoran los pormenores, en Londres Reina perdió el manuscrito de la traducción. Afortunadamente sin saber cómo, el preciado documento llegó a las manos del arzobispo Grindal, quien a su vez lo devolvió tiempo después a Reina. La devolución tal vez se efectuó cuando unos agentes de Grindal viajaron a Francfort poco después de que Reina llegó a esa ciudad.

En 1564, Reina se estableció en Francfort. La congregación calvinista francesa, la misma donde Pérez de Pineda había sido ministro, lo aceptó, pero no permitió su participación en la Eucaristía ni lo invitó a predicar porque Teodoro de Beza, el sucesor de Calvino en Ginebra, aún no lo aceptaba como ministro de la iglesia. Años después, en 1571, una comisión eclesiástica finalmente admitió a Reina en el cuerpo ministerial calvinista. Beza, sin embargo, mantuvo su oposición a pesar de las confesiones de fe presentadas por Reina en Londres, y después en Estrasburgo.

A mediados de 1564 tuvo lugar en Francia un encuentro entre las personas involucradas en el proyecto bíblico. Antonio del Corro estaba a cargo de una congregación hugonota en el sureste de Francia. Ya que Reina deseaba por aquel entonces ver a Corro para tratar de adelantar el proyecto, hizo un viaje a Orleáns donde ambos se reunieron en la casa de un pastor francés que Reina había conocido en Londres. Corro para entonces había obtenido autorización para ausentarse de su trabajo pastoral. Fue así que ambos traductores por varias semanas avanzaron en la traducción y planearon la publicación de la Biblia. Meses más tarde se dedicaron a lo mismo en la casa e iglesia de Corro en Bergerac, cerca de Burdeos. Desafortunadamente solo se sabe que la labor de la traducción no se completó en aquellas sesiones de trabajo.

Cuando Reina aún se encontraba en Bergerac, la situación de Corro se tornó precaria. Por medio de la *Pacificacíon (Edicto) de Amboise* en el año 1563, el gobierno francés intentó complacer a los protestantes hugonotes. Pero también existieron algunos acuerdos; uno de ellos fue la prohibición a los extranjeros de ser pastores de las congregaciones francesas. Corro se vio obligado a abandonar su trabajo parroquial. Afortunadamente la princesa Renata, duquesa de Ferrara, se había convertido en la defensora de la causa protestante por aquel entonces. Ella extendió a Corro una invitación para ser capellán de uno de sus castillos. De esta manera Corro pudo continuar viviendo en Francia. La princesa Renata recibió no sólo a Corro y su esposa, sino también a Reina en el castillo rural de Montargis. Juan Pérez de Pineda también se reunió con ellos durante algunos días. Pérez de Pineda había sido pastor de una congregación cercana a Orleáns, la cual se vio en la necesidad de abandonar por ser un clérigo extranjero. Por ese entonces Pérez de Pineda trabajó en París en una edición del Nuevo Testamento, contando con la ayuda de Diego López y Bartolomé Gómez.

Corro, Reina y Pérez de Pineda, los principales personajes involucrados en el proyecto bíblico estuvieron juntos por un tiempo relativamente corto en Montargis. Pocos detalles se conocen de aquellos días que estuvieron juntos. Sin embargo es muy probable que avanzaron el proyecto al grado que posiblemente planificaron su impresión. La situación de cada uno de aquellos tres personajes era inestable y ciertamente nada propicia para enfrentar la ardua y detallada labor de la traducción bíblica. Sin embargo, ellos no eran hombres comunes. Una gran visión los impulsó, conjugada con una ardiente pasión de quienes se saben que pueden realizar una importante contribución para disolver las tinieblas de la ignorancia, y colaborar a extender el Reino de Dios mediante la difusión de la Biblia.

No existe una relación de los temas específicos que estos hombres trataron en Francia. Pero sabemos que Reina reveló ciertas guías que utilizó en su labor de traducción. Se propuso sacar a la luz una Biblia que fuera fiel al texto original. Para lograrlo, la traducción tendría que hacerse directamente de los idiomas originales: griego y hebreo. A fin de comparar su traducción del Antiguo Testamento, Reina escogió la *Biblia de Ferrara* de 1553. Esta Biblia había sido publicada por judíos en Italia, e indudablemente se convirtió en un documento fundamental para realizar su propia traducción. Como un documento secundario optó por utilizar una traducción literal del hebreo al latín realizada por el dominico Santes Pagnino en 1527. Además Reina constantemente utilizó el texto hebreo de la *Biblia de Bomberg*, editada en 1525.

Reina, con respecto al Nuevo Testamento, había considerado originalmente incluir en su Biblia completa en castellano la traducción realizada por Francisco de Enzinas en 1543, la misma que revisó y publicó Juan Pérez de Pineda en 1556. Pero tiempo después supo que Diego López y Bartolomé Gómez, colegas de Pérez de Pineda, habían planeado publicar en París una última revisión a la traducción del Nuevo Testamento realizada por Pérez de Pineda antes de su fallecimiento. Reina escribió a Diego López a París solicitándole urgentemente el envío de la última revisión, pero la copia nunca llegó. Reina entonces se vio obligado a proceder de otra manera. Aunque Reina no lo reveló, parece que se valió de la traducción de Enzinas de 1543 y posiblemente de la primera revisión de esta obra publicada por Juan Pérez de Pineda en 1556. Existían también en aquel entonces otras traducciones parciales o completas del Nuevo Testamento al español. Las cartas paulinas, por ejemplo, habían sido traducidas por Cipriano de Valera. Reina pudo asimismo consultar la versión latina del Nuevo Testamento elaborada por Santes Pagnino, la cual por cierto había sido revisada por Miguel Servet. Para el texto griego, tenía al alcance la reconstrucción del Nuevo Testamento de 1516 realizada por Desiderio Erasmo.

Casiodoro de Reina, quien había sido formado en una de las mejores tradiciones del humanismo español, tenía dominio de los idiomas bíblicos: el hebreo, el griego y desde luego el latín. Reina había realizado un considerable trabajo de traducción del texto bíblico por sí solo. En la actualidad los traductores bíblicos se valen de múltiples ayudas técnicas y tienen a sus alcance una serie de documentos que facilitan la labor de traducción. Indudablemente Dios había capacitado a Reina con las fuerzas y conocimientos necesarios. El mismo Reina confesó:

"Ninguna duda tenemos de que nuestro trabajo no haya sido agradable a Dios, por la continua asistencia de su favor con que hemos podido llevar una carga tan pesada, tan estorbada de Satanás, tan poco ayudada de hermanos y por tantos días".[37]

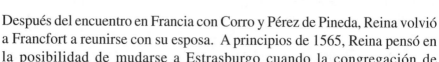

Después del encuentro en Francia con Corro y Pérez de Pineda, Reina volvió a Francfort a reunirse con su esposa. A principios de 1565, Reina pensó en la posibilidad de mudarse a Estrasburgo cuando la congregación de inmigrantes franceses de aquella ciudad le invitó a ser su pastor. Durante unos días sintió vivos deseos de aceptar el llamado ya que hacía años anhelaba ser pastor de una congregación. Tenía en alta estima el ministerio pastoral.

En marzo de ese año, respondiendo a la invitación, viajó a Estrasburgo pasando por Heidelberg donde vio a un reformador calvinista del Palatinado llamado Gaspar Olevianus. Otros teólogos calvinistas se reunieron también con él por varios días. Los teólogos lo interrogaron sobre su conducta moral, y en especial sobre la acusación de sodomía. Discutieron además asuntos doctrinales. Aquellos teólogos calvinistas concluyeron que Reina reflejaba notablemente una postura luterana en cuanto a la Eucaristía. No tomaron mucho tiempo en avisar a la congregación de Estrasburgo su rechazo a la posición doctrinal de Reina.

Tan pronto como Reina llegó a Estrasburgo supo que la congregación de inmigrantes franceses ya había sido notificada por Olevianus y los teólogos calvinistas de su heterodoxia. Ante esta situación, es posible que Reina declinó la invitación de la congregación de Estrasburgo debido a que se percataba que existía una oposición en su contra de parte de los calvinistas de Ginebra y Heidelberg.

El 24 de marzo de 1565, Reina se defendió de las acusaciones de heterodoxia escribiendo una declaración doctrinal dirigida a la congregación de refugiados franceses en Estrasburgo, en la cual aseveraba su adherencia a los *Credos Ecuménicos* y a la doctrina ortodoxa sobre la Trinidad. Además rechazaba el cargo de la sodomía. Mandó una copia de este escrito a Teodoro de Beza. Después de estar en Estrasburgo un tiempo, Reina regresó a Francfort. Continuó comunicándose por correspondencia con Beza para

---

[37]Ibid.

defenderse de las acusaciones hechas contra su persona en Heidelberg, con el propósito de obtener el reconocimiento de la iglesia calvinista.

A fines de 1565 desde Francfort, Reina solicitó por escrito al consejo de la ciudad de Estrasburgo un permiso para que él y su esposa pudieran trabajar en aquella ciudad, el cual no demoró en conseguir. En ese tiempo estaba considerando imprimir la Biblia en Ginebra. A Reina le urgía ahora preparar la traducción bíblica para la imprenta. Previamente había comunicado a varios académicos de Estrasburgo que el trabajo de la traducción bíblica estaba terminado, y que se encontraba trabajando en las anotaciones y correcciones por lo que esperaba imprimirla dentro de un año.

Reina viajaba constantemente entre las ciudades de Francfort, Estrasburgo y Basilea tanto por el asunto del proyecto bíblico como en asuntos de su negocio de la venta de seda y libros. Debido a sus frecuentes viajes por el sur de Alemania, Reina se relacionó con un buen número de dirigentes protestantes. Como resultado pudo establecer una amistad duradera con algunos de ellos. A pesar de su simpatía por el calvinismo, Reina encontró un espíritu compatible con algunos dirigentes luteranos del sur de Alemania y otras partes. Por ejemplo, en Estrasburgo, Martín Bucero había creado un ambiente de tolerancia religiosa hacia los zuinglianos. Bucero fue el dirigente reformador más importante, después de Lutero y Melanchton, en aquella ciudad. Juan Sturm, el director de la casa de estudios clásicos más famosa del sur de Alemania, quien mantuvo la línea conciliatoria de Bucero, trató con cordialidad a Reina. Aún cuando Basilea era un baluarte calvinista, residían ahí dos pastores luteranos, Simón Sulzer y Huldrich Koechlein. Estos pastores brindaron un significativo apoyo a Reina. Ambos pastores luteranos desempeñaban el importante cargo de inspectores eclesiásticos de la ciudad. Sus oficios eclesiásticos contribuían a aprobar la publicación de libros.

$$\sqcap$$

En 1566 Reina se trasladó a Estrasburgo con su esposa. Cuando viajaba a Basilea, se hospedaba en la casa de Marcos Pérez, el banquero evangélico a quien había conocido por su paso por Amberes, y en cuya casa también lo había escondido por breve tiempo. Pérez, tiempo más tarde, se había visto obligado a mudarse a Basilea debido a la persecución contra los hugonotes desatada por las autoridades españolas en los Países Bajos.

Durante ese año, Reina revisó la traducción del Antiguo Testamento, a la cual le agregó una serie de anotaciones. El Nuevo Testamento lo comenzó a revisar al siguiente año. Durante este tiempo, Reina esperaba la llegada desde París de la segunda revisión del Nuevo Testamento realizada por Pérez de Pineda, cuyo envío había solicitado con anterioridad.

Reina previamente había entablado negociaciones con el humanista Juan Herbst de Basilea, a quien también se le conocía por el nombre de Oporinus, con el propósito de imprimir la Biblia. El acuerdo original que tuvieron fue la impresión de 1,100 ejemplares de la Biblia en español con fondos provistos por el fideicomiso legado por Juan Pérez de Pineda para financiar la impresión de la Biblia en español, el cual era operado desde Francfort. Reina entregó a Oporinus en calidad de anticipo la cantidad de cuatrocientos florines. En aquel tiempo, esa cantidad era suficiente para pagar el sueldo de un profesor universitario durante cuatro años.

En septiembre de 1567, Reina se trasladó temporalmente a Basilea para la última etapa del proyecto bíblico. Esta ciudad era un importante centro de producción de literatura protestante. Reina igualmente había decidido no publicar la Biblia en París porque se percató del poder de la Iglesia Católica Romana en aquella ciudad. Tampoco la publicó en Ginebra debido a que encontró oposición calvinista.

El traductor español tuvo que obtener un permiso del consejo municipal de Basilea para imprimir la Biblia. En esta diligencia sin duda los inspectores eclesiásticos Sulzer y Koechlein fueron de gran asistencia. Existía, sin embargo, una limitación en el caso de las publicaciones realizadas por extranjeros. El consejo municipal sabía que algunos extranjeros tenían en realidad el propósito de producir materiales con fines proselitistas en sus países de origen. Los cantones suizos se encontraban rodeados por territorios católicorromanos, situación que contribuyó seguramente a que las autoridades optaran por proceder con cautela respecto a tal clase de publicaciones. Los miembros del consejo demoraron semanas para contestar la solicitud que Reina previamente había sometido. El permiso finalmente fue concedido en enero de 1568, pero había una condición: se tendría que excluir las anotaciones doctrinales y gramaticales que Reina había preparado. Pero Sulzer y Koechlein, los pastores e inspectores eclesiásticos, intervinieron e hicieron que el consejo municipal le concediera el permiso a Reina a incluir solamente las notas gramaticales.

En febrero de 1568, la imprenta comenzó la composición tipográfica de la Biblia de Reina. Sin embargo durante una etapa del proyecto, Reina cayó seriamente enfermo siendo obligado a estar postrado en cama durante cinco semanas. Su valioso amigo Marcos Pérez, en cuya casa Reina se encontraba hospedado, lo cuidó durante su convalecencia. Tiempo más tarde Reina escribió:

> Tuve entonces por cosa ciertísima, y lo tengo todavía, que se me habían concedido la vida y la salud arrancándome de las fauces de la muerte para que terminara la edición de la Sagrada Biblia.[38]

En el verano de 1568, la *Inquisición* en España supo que la obra estaba en la imprenta. Inmediatamente extendió la alarma entre sus agentes con el fin de impedir que el temido libro entrara al país. El *Consejo de la Suprema y General Inquisición* ordenó vigilar esmeradamente todos los puertos: "Casiodoro ha impreso en Ginebra la Biblia en lengua española".[39] Fue una innoble pluma la que reveló la gloriosa nueva.

Ese mismo verano, teniendo el precioso libro todavía en la imprenta, Oporinus, el impresor, falleció inesperadamente. Unos días después de su muerte, se supo que el impresor había dejado muchas deudas por lo cual Reina pasó verdaderos aprietos para recobrar los cuatrocientos florines que había adelantado. El tribunal encargado de dictaminar sobre los compromisos financieros que había dejado Oporinus dio prioridad a los ciudadanos suizos, por lo que Reina, como extranjero, tuvo que esperar hasta que finalmente recuperó el adelanto.

Para entonces su amigo Marcos Pérez se había visto en la necesidad de intervenir a fin de garantizar los suficientes fondos para completar la impresión. Otros amigos de Reina también contribuyeron. El pastor Conrado Hubert de Estrasburgo realizó un préstamo oportuno. Poco después llegaron otros fondos del fideicomiso de Francfort. Naturalmente, Reina también

---

[38]Casiodoro de Reina, *Exposición de la primera parte del capítulo cuatro de San Mateo sobre las tentaciones de Cristo* (1573). Traducida del latín por María Araujo Fernández, (Madrid: Iglesia Española Reformada Episcopal, 1988), 12. Esta obra contiene una introducción y notas del Rev. Carlos López Lozano. Véase el Apéndice 3 de este libro.

[39]Gilly, "Historia de la Biblia": 3.

tuvo que buscar otro impresor en Basilea. Esta vez escogió a Tomás Guarín. Los dos quedaron en publicar 2,600 ejemplares por el precio de trescientos florines.

Pocos días después de haber hecho arreglos con Guarín, para empeorar las cosas surgieron problemas en París que afectaron la publicación de la Biblia. El fideicomiso que había legado Juan Pérez de Pineda para la publicación de una Biblia completa en lengua española se encontraba ahora en litigio. Después que Pérez de Pineda murió, sus colegas López y Gómez en París quisieron hacer uso de los fondos del fideicomiso para finalizar la revisión e impresión de su Nuevo Testamento. Por otro lado, Antonio del Corro emitió su opinión en la cual argumentaba que los fondos serían mejor aprovechados en el proyecto de la Biblia completa. Un tribunal civil en París resolvió la disputa destinando una parte del dinero para finalizar la revisión del Nuevo Testamento en París y otra parte para la publicación de la Biblia completa.

Mientras el juicio seguía su curso legal, el Nuevo Testamento revisado por Juan Pérez de Pineda, que Reina estuvo esperando recibir, nunca llegó a Basilea. Debido a la carencia de aquella revisión del Nuevo Testamento, Reina se vio obligado a realizar sus propias anotaciones marginales y correcciones en su traducción del Nuevo Testamento. Todo parece indicar que al final dándole una revisión, Reina usó el texto desde Santiago hasta el Apocalipsis en el Nuevo Testamento traducido originalmente por Enzinas y posteriormente revisado por Pérez de Pineda.

Mientras se resolvía la disputa sobre la distribución de los fondos del fideicomiso de Francfort, el embajador español en Francia fue informado del trabajo de impresión del Nuevo Testamento de Pérez de Pineda. Poco después logró persuadir a las autoridades francesas a confiscar las páginas impresas. Cuando el diplomático dio la buena nueva a Felipe II, el rey a su vez ordenó la forma de proceder: "Y si vos pudiésedes haber a lo menos el original para quemarlo, sería el verdadero remedio, no quedando otro ningún traslado y procurando el castigo del librero".[40]

El 24 de junio se completó la impresión de la Biblia en Basilea. En una carta al pastor Hubert en Estrasburgo fechada el 3 de agosto, Reina le

---

[40]Ibid.

avisó de una remesa de Biblias que estaba por llegar a Estrasburgo. El colofón de la Biblia ya impresa señala el mes de septiembre como la fecha de publicación. ¡Estas fechas del año 1569 son importantes para la historia del evangelio en el mundo hispano! Casiodoro de Reina había completado la que sería la obra cumbre de su vida.

A pesar de que se hizo el trabajo en los talleres de la imprenta de Tomás Guarín, el sello de un tercer impresor, el de Samuel Biener—también conocido como Apiarius— apareció en la portada: un oso procurando comer la miel del hoyo de un árbol tras un mazo grande y teniendo unas abejas volando a su alrededor y otras deteniéndose en las páginas de un libro que aparece en el suelo. Debido a esta portada, la Biblia de Reina se ha conocido desde entonces con el nombre de la *Biblia del Oso*. Otra característica de aquella Biblia es que intencionalmente Reina no incluyó en la portada el nombre del impresor ni el suyo. Al pie de la dedicatoria, no obstante, aparecen las letras "C.R". De ese modo intentó esconder el origen de la traducción con el fin de no causar sospechas entre los agentes de la *Inquisición* en los puertos de entrada a España.

En el prefacio escrito en latín, Reina se dirigió a los gobernantes de Europa llamándolos a cumplir con su deber cristiano de promover publicaciones como la Biblia. Además, el prefacio se fundamentó en Ezequiel 28:14. En este pasaje el profeta exhortó al rey de Tiro con las palabras, "Tú, querubín grande, protector, yo te puse en el santo monte de Dios." Es asimismo interesante que el prefacio hizo una referencia velada a la *Confesión de Augsburgo* de 1530 al insertar las frases "vosotros los príncipes" (*vos principem*) y "vuestra gloriosa confesión" (*gloriosa vestra confessione*).[41]

Reina también incluyó una introducción para los lectores escrita en lengua española. En ella presentó argumentos convincentes para realizar una traducción al vernáculo. En parte escribió:

> . . . es menester que se resuelvan, que ni las disputas importunas, ni las defensas violentas, ni los pretextos cautelosos, ni el fuego, ni las armas, ni toda la potencia del mundo junta podrá ya resistir que la Palabra de Dios no corra por todo tan libremente como el sol por el cielo, como ya lo vamos todos pro[b]ando por

[41]Reina, "Prefatio", en la Biblia de 1569. Reimp. (Madrid: Sociedad Bíblica, 1990), [11].

experiencia . . .es menester que esté fuera de disputa, que habiendo dado Dios su palabra a los hombres, y queriendo que sea entendida y puesta en efecto de todos, ningún buen fin puede pretender el que la prohibiere en cualquier lengua que sea."[42]

En la misma introducción, el traductor español explicó su método de traducción. Justificó igualmente el uso de ciertos términos en la traducción. Finalizó la introducción con la propuesta para establecer un comité nacional de traducción y revisión de la Biblia para la publicación de dos versiones, una en latín para los eruditos y la otra en español para el pueblo. La propuesta incluía la reunión de un sínodo que autorizara dichas versiones y legalizara las correcciones necesarias, y garantizara la distribución. Reina sugirió el uso de una sola imprenta autorizada.

Además la traducción de la Biblia realizada por Reina incluyó anotaciones de índole gramatical. Planeó también agregar algunas notas doctrinales, pero las autoridades civiles de Basilea no lo permitieron.

La *Biblia del Oso* incluyó los libros apócrifos. Reina colocó dichos libros entre los libros del Antiguo Testamento siguiendo a las ediciones católicorromanas. En contraste con esto, la revisión efectuada por Cipriano de Valera en 1602 agrupó los libros apócrifos al final del Antiguo Testamento como Lutero lo había hecho en su traducción de la Biblia al alemán. Las posteriores ediciones protestantes de la Biblia en lengua española han eliminado deliberadamente los libros apócrifos.

Desde hace siglos la revisión efectuada por Cipriano de Valera a la traducción de Reina se ha venido llamando la versión Reina-Valera. En realidad el trabajo que fundamentalmente realizó Valera consistió en la colocación de los libros apócrifos en otro lugar, y la redacción e inclusión de las notas marginales de orientación calvinista de acuerdo a la *Biblia Ginebrina*. Valera realizó también pocos cambios de menor importancia en el texto bíblico. Debido al poco trabajo que refleja, la revisión y edición de Valera no se puede considerar propiamente una traducción. Solo es una revisión. Nuestra Biblia en español debiera llamarse correctamente la Biblia de Reina.[43]

El historiador católicorromano Marcelino Menéndez Pelayo, que

---

[42]Reina, *Amonestación*, 86-87.
[43]Gilly, "Historia de la Biblia": 6-7.

defendió la labor de la *Inquisición* y que no dudó incluir a Reina entre los herejes, no pudo menos que reconocer y aplaudir el valor lingüístico de la *Biblia del Oso*. Escribió: "Como hecha en el mejor tiempo de la lengua castellana, excede mucho la versión de Casiodoro, bajo tal aspecto, a la moderna de Torres Amat y a la desdichadísima del P. Scio".[44] Amat y Scio fueron traductores católicorromanos muy conocidos.

Pero Reina, ante todo, tuvo en mente no los honores literarios o lingüísticos sino la evangelización. Hace falta información sobre la introducción de la *Biblia del Oso* en España para medir el impacto evangélico que tuvo en los años inmediatos a su impresión. A pesar de la poca información, existen algunos indicios de que algunos ejemplares fueron introducidos en territorio ibérico a pesar de los esmeradísimos esfuerzos de la *Inquisición* por impedirlo. En 1571, la *Inquisición* ordenó a sus agentes a lo largo de España confiscar todos los ejemplares que descubriesen.

Con el paso del tiempo, las publicadoras evangélicas comenzaron a tomar en cuenta el creciente número de hispanoparlantes en el Nuevo Mundo, por lo que alrededor de 1604 enviaron una remesa de trescientas Biblias a Hispaniola, la colonia española en el Caribe. El clero, desafortunadamente, se dio cuenta del embarque y logró confiscarlo para después ordenar su incineración.

Pero la gran victoria de la Biblia de Reina respecto a la evangelización y la edificación del pueblo de Dios comenzó cuando, muchos años después, las Sociedades Bíblicas se hicieron cargo de su distribución. El trabajo de las Sociedades Bíblicas, una poderosa arma de las iglesias evangélicas en el mundo, dio principio en 1806 cuando la Sociedad Bíblica Británica y Extranjera hizo una revisión y publicación del Nuevo Testamento de Reina. Otras sociedades bíblicas protestantes han seguido esta iniciativa. Posteriormente se han publicado revisiones de la traducción bíblica de Reina. En el continente americano, la Sociedad Bíblica Americana imprimió por primera vez la *Biblia* de Reina en 1850. En la actualidad las sociedades bíblicas distribuyen la *Biblia* de Reina, no sólo en España sino también en todo el mundo hispano. Ella se ha convertido en la versión preferida por las iglesias protestantes de América Latina (exceptuando Brasil), España y los

---

[44]Menéndez Pelayo, *Historia*, Vol. II, 101.

Estados Unidos de América. La versión Reina-Valera, como se la conoce, ha sido revisada en varias ocasiones, siendo la más reciente la efectuada en 1995. Tal es la compensación de la fe y los sufrimientos de Casiodoro de Reina.

En la Biblia se encuentra el evangelio de Cristo, abrazado personalmente por Casiodoro de Reina, y luego difundido por todo el mundo hispano en el lenguaje original de su insigne traducción:

> Y Hablando ellos àl pueblo, sobreuleron los Sacerdotes y el Magistrado del Templo, y los Sadduceos:
>
> 2 Pesandoles de que enseñassen el pueblo, y annunciassen en el Nombre de Iesus la resurrecion de los muertos,
>
> 3 Y echaron les mano, y pusieronlos en la carcel hasta el dia siguiente: porque era ya tarde.
>
> 4 Mas muchos de losque auian oydo el sermon, creyeron: y sue hecho el numero de los varones, como cincomil.
>
> 5 Y acõteció el dia siguiête, que los principes deellos se juntaron, y los Ancianos, y los Escribas, en Ierusalem:
>
> 6 Y Annas Principe de los Sacerdotes, y Caiphas, y Ioan, y Alexandro, y todos losque eran del linaje sacerdotal,
>
> 7 Y haziendolos presentar en medio, preguntaronles, Conque potestad, o en que nombre aueys hecho vosotros esto?
>
> 8 Entonces Pedro, lleno de Espiritu Sãcto, les dixo, Principes del pueblo, y Ancianos de Israel,
>
> 9 Puesque somos oy demandados acerca del beneficio hecho à vn hõbre ensermo, es à saber, deq manera este aya sido sanado,
>
> 10 Sea notorio à todos vosostros, y à todo el pueblo de Israel, Que enel Nombre de Iesus el Christo, el Nazareno, el que vosotros crucificastes, y Dios lo resuscitó de los muertos, en esto este está en vuestra presencia sano.
>
> 11 Este es la piedra reprouada de vosotros los edificadores, laqual es puesta por cabeça de esquina:
>
> 12 Y en ningun otro ay salud: porque no ay otro nõbre debaxo del cielo dado à los hombres en que podamos ser saluos.
>
> (Actos IIII, 1-12)

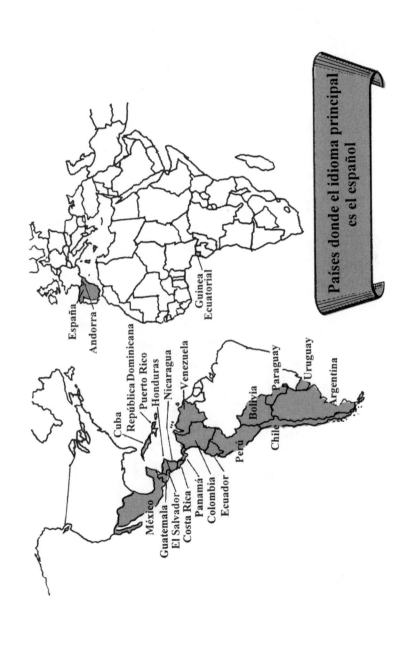

Países donde el idioma principal es el español

España
Andorra
Guinea
Ecuatorial

Cuba
República Dominicana
Puerto Rico
Honduras
Nicaragua
Venezuela
México
Guatemala
El Salvador
Costa Rica
Panamá
Colombia
Ecuador
Perú
Bolivia
Chile
Paraguay
Uruguay
Argentina

7

EN PRO DEL REBAÑO

Amberes

Después de la publicación de la Biblia en español, a mediados de 1570 Casiodoro de Reina y su familia volvieron a tomar residencia en Francfort. Habían escogido aquella ciudad a la orilla del río Meno como su lugar de exilio. El suegro de Casiodoro vivía en la misma ciudad. Pero con el paso del tiempo, sin duda fue sobresaliente que la gente, tanto de las iglesias como de la ciudad, le haya brindado amistad. La iglesia reformada francesa en Francfort, por ejemplo, lo aceptó como feligrés, aunque después lo desdeñaron. También algunos pastores de la iglesia luterana, la oficial de la ciudad en aquellos años, le acogieron fraternalmente. Cabe destacar que el 12 de julio de 1571 fue admitido al cuerpo ministerial calvinista por la comisión eclesiástica a pesar de que dicha admisión fue contra los deseos de Teodoro de Beza. Además el 16 de agosto de 1571, el consejo municipal de Francfort aprobó la solicitud de ciudadanía que Reina había sometido. ¡Qué gusto le dieron aquellos gestos, sobre todo porque vinieron después del rechazo de su propia iglesia y país! ¡Al fin tanto una entidad eclesiástica como una política lo aceptaron!

En 1573 el erudito Reina publicó dos comentarios bíblicos. En realidad ya había mostrado gusto y habilidad por los comentarios bíblicos. Llegó incluso a sentir una vocación para realizar aquel tipo de estudios. Reina quería incluir este tipo de material en su traducción de la Biblia. De haberlo realizado, sin embargo, solamente hubiera hecho la publicación demasiado larga y costosa.

El título abreviado en latín de uno de sus comentarios fue *Evangelium Ioannis* (Francfort, 1573). En él, Reina seleccionó pasajes de dicho evangelio en torno a la eternidad de Jesucristo y los analizó críticamente. Cuando años atrás criticó el severo tratamiento hacia Miguel Servet en Ginebra, los

calvinistas le acusaron de negar la eternidad del Hijo de Dios. Por eso
Reina quiso subrayar esta doctrina en su comentario sobre Juan. Anhelaba
clarificar las diferencias doctrinales en relación con la de los judíos, los
musulmanes y algunas sectas cristianas, incluyendo la doctrina de Miguel
Servet, a la cual aludió explícitamente. Este comentario de Reina contiene
ciento sesenta y tres páginas sin contar la dedicación, el prefacio y un
apéndice.

El título abreviado en latín del segundo comentario reza *Expositio
primae partis capitis quarti Matthaei* (Francfort, 1573). Su traducción en
castellano es *Exposición de la primera parte del capítulo cuatro de Mateo.*[45]
Este es un ensayo notable. No sólo sigue el texto bíblico de cerca, como un
buen comentarista lo hace, sino también con destreza aplica el texto a la
situación religiosa de su tiempo. Contiene solamente veintidós páginas,
incluyendo una dedicación. El comentario es pertinente para la Iglesia
contemporánea. El texto bíblico que utilizó Reina para su comentario fue
uno que él mismo tradujera basándose a su vez en una traducción latina
efectuada de una versión siriaca por Juan Tremellius.

El texto bíblico cubre la triple tentación de Jesús al inicio de su
ministerio terrenal. Reina resume:

> Cristo, después de su bautismo, se retira al desierto, ayuna durante cuarenta
> días y otras tantas noches, y es tentado por Satanás: 1. A la desesperación en su
> inedia. 2. A la temeridad en su vocación y misión 3. A la avaricia y ambición
> del fausto mundano, unidas a la idolatría más ignominiosa de todas las que
> pueden cometerse. Pero de todas estas tentaciones sale vencedor con la sola
> palabra de Dios, como para dar una muestra a los suyos, tanto de las tentaciones
> más peligrosas que les esperan en el mundo como del modo como han de
> superarlas mediante él mismo.[46]

Según Reina esto concierne especialmente a pastores de la iglesia. Señala
típicamente al diablo como el causante de la oposición en el ministerio:

---

[45]Véase el Apéndice 3 en este libro. Para la información bibliográfica, véase la nota 38 del
capítulo 6.

[46]Ibid., 14. Las páginas citadas corresponden a la reimpresión hecha por la IERE en 1988.

Y así, a aquel piadoso pastor, que, como él lo ha comprobado, ni retrocede ante la dificultad de su misión ni se ensoberbece temerariamente con el éxito de su ministerio, [Satanás] le tentará.[47]

A pesar de ello, está convencido que el Señor provee el camino para triunfar en el ministerio pastoral:

Él se enfrentó con [los peligros diabólicos] primero para vencerlos, para enseñarte a la vez que tú habías de pasar por ellos, y que a ti te resultarían más débiles en virtud de su victoria, y si sigues su modo de luchar con los mismos monstruos tengas en tu mano victoria.[48]

Reina hace recordar al apóstol Pablo cuando convocó a los ancianos o pastores de la iglesia en Éfeso por última vez con el propósito de prevenirles de los peligros del futuro, pero también para darles esperanza:

Por lo tanto, mirad por vosotros, y por todo el rebaño en que el Espíritu Santo os ha puesto por obispos, para apacentar la iglesia del Señor, la cual ganó por su propia sangre. Porque yo sé que después de mi partida entrarán en medio de vosotros lobos rapaces, que no perdonarán al ganado . . . Y ahora, hermanos, os encomiendo a Dios y a la palabra de su gracia; el cual es poderoso para sobreedificar, y daros heredad con todos los santificados.

(Hechos 20:28-32. *Antigua versión Reina-Valera*).

¡Es instrucción por demás importante para los pastores en el ministerio hispano!

Durante esa época Reina también produjo otros escritos. En 1577 sacó a luz la *Confessión de Fe christiana*, aquella que había elaborado en Londres. Por diecisiete años esta confesión era solo un manuscrito inédito. Reina la había confeccionado cuando aún era calvinista. Pero para la segunda mitad de la década de 1570, la situación estaba cambiando. En 1577

---

[47]Ibid., 21.
[48]Ibid., 28-29.

probablemente añadió el *Apéndice* a la *Confessión de Fe christiana*. También en el *Apéndice*, Reina agregó una condenación explícita a los abusos en la Iglesia Católica Romana. Esos abusos, entre otros, motivaron la necesidad de reformar la iglesia:

> [Dios] ha querido restaurar y restituyr [la iglesia] en nuestros tiempos de tanta immundicia y estiércol de humanas invenciones, y malditas supersticiones, con que la ignorancia y temeridad de los falsos pastores y enseñadores de la Iglesia la han sepultado, como parece claro por sus indulgencias, jubileos, cuentas benditas, perdonanças, purgatorios, obsequias, anniversarios, invocationes de los sanctos, idolatrías enormes y inescusables, profanación de sacramentos, con todos los demás abusos y engaños que aquí no podríamos recitar sin muy luengo discurso.[49]

Hacia la mitad de la década de 1570, según la correspondencia de Reina, se encontraba escribiendo una biografía de Martín Bucero, el reformador de Estrasburgo. También laboró en una edición de la *Bibliotheca Sancta* de Sixtus de Siena.

Además de poseer capacidad académica, Casiodoro de Reina tenía dones de liderazgo. Dichos dones se habían manifestado temprano en su vida cuando siendo aún monje, había encontrado la vida y la verdad en el Cristo de las Escrituras. Después de esto resultó natural en él convertirse en un dirigente espiritual dentro y fuera del Monasterio. La *Inquisición*, sin embargo, había frustrado aquel liderazgo evangélico forzando a Reina a refugiarse en el extranjero. El deseo de servir, no obstante, había persistido y se había cristalizado en un llamado pastoral en la congregación de refugiados españoles en Londres. Después de unos pocos años de ministerio congregacional, sus enemigos lo atacaron. Ahora se encontraba aproximadamente a quince años de distancia de su apresurada salida de Londres. Por supuesto, Reina se había ocupado en la causa de avanzar el Reino del Señor Jesucristo con su pluma. Satanás había planeado silenciar y arruinar a un pastor de la iglesia. Dios, no obstante, había tornado aquello

---

[49]Reina, *Confessión*, 42.

en bien, en un inmenso bien.

En 1578 se le presentó la mejor oportunidad de su vida para incorporarse en un ministerio pastoral. Los luteranos de habla francesa en los Países Bajos, concretamente de Amberes, se habían refugiado en Francfort de la persecución religiosa desatada por las autoridades españolas. Cuando la situación política mejoró y se les permitió retornar a su país, dichos luteranos solicitaron que Reina les acompañara para ser su pastor. El asunto progresó y en aquel año la Iglesia Evangélica de la Confesión de Augsburgo, una iglesia multilingüe le extendió un llamado. Reina, naturalmente, se mostró muy interesado y probablemente se emocionó en lo más profundo de su ser.

Reina, sin embargo, sabía que primero tenía la obligación de volver a Londres para aclarar de una vez por todas las acusaciones de herejía y sodomía que recibió años atrás. Aquel mismo año viajó a Londres, dispuesto a restaurar su reputación. Tras dieciocho días de viajar por río y mar, hizo escala en Amberes donde encontró un campo listo para la siega y con extraordinarias oportunidades para el ministerio. Los miembros franceses de la iglesia luterana le dieron una cordial bienvenida, y le reiteraron los vivos deseos para que les sirviera como su pastor. Pero lamentablemente también encontró adversarios.

En Londres, por otro lado, el 19 de marzo de 1579, ante el tribunal eclesiástico Reina respondió satisfactoriamente a las preguntas sobre la Eucaristía, la principal inquietud de los integrantes de dicho tribunal. Sus respuestas fueron aceptadas por los calvinistas debido a que aceptó la *Confessio Helvetica,* una de las principales confesiones calvinistas. Durante el juicio, los calvinistas especialmente pusieron atención a su *Confessio in articulo de Coena.*[50] En relación a la acusación de sodomía, ésta ya no tuvo ninguna prominencia. El resultado del juicio produjo mucho alivio. Sin duda, ayudó el hecho de que Reina llevó consigo una remesa ya impresa de la traducción castellana de la Biblia, lista para ser enviada a España.

Sin embargo, los calvinistas de Londres—aunque parezca inimaginable—pocos días después de terminado el juicio mostraron su insatisfacción. Reina se puso en contacto con el *consistorio* francés con la

---

[50] Véase el Capitulo XIII de la *Confessión de Fe Cristiana.*

esperanza de tener una reconciliación satisfactoria. Para ello llevó consigo tres amigos, entre los cuales estaba Cipriano de Valera. Desafortunadamente los hermanos franceses no admitieron la presencia de sus amigos, ni correspondieron al gesto fraternal de Reina. Estaban convencidos de que Reina debería estar arrepentido de sus hechos y creencias erróneas.

⌐⌐

Amberes por tradición era católicorromana. Durante el tiempo en que Reina vivió ahí, la ciudad tenía una población de noventa mil habitantes y pertenecía a los Países Bajos que estaban integrados al gobierno de Felipe II, el monarca español. Amberes pasó a ser parte de Bélgica hasta el siglo XIX.

El luteranismo se había abierto brecha en Amberes para 1518. A los monjes del monasterio agustino de la localidad les agradó lo que su correligionario en Alemania, Martín Lutero, proponía para reformar la iglesia. En aquel año, el evangelio fue predicado por la comunidad agustina. Muy pronto muchos en la ciudad y sus alrededores aceptaron el mensaje evangélico de la Reforma.

Carlos V en la dieta de Worms en 1521, emitió un decreto contra los luteranos de los Países Bajos. Una de las razones de tal decreto consistía en el hecho de que Carlos V había escogido a Bruselas como sede de su gobierno imperial. El emperador quería tener absoluto poder en los Países Bajos. Dos años más tarde, dos monjes del monasterio agustino en Amberes, Heinrich Voes y Jans Van Essen, fueron enviados a la hoguera en Bruselas. Cuando los monjes se vieron rodeados por las llamas, elevaron oraciones y heroicamente confesaron el *Credo Apostólico*. Aún con aliento de vida alcanzaron a cantar un himno. La valentía de Voes y Van Essen, los primeros mártires de la Reforma en los Países Bajos, llegó a oídos de Martín Lutero, quien inspirado compuso uno de sus primeros himnos:

> Sus cenizas no descansarán ni quedarán,
> Sino esparcidos en todas partes
> Desafiarán río, mazmorra, pasador, tumba,
> A vergüenza y temor de sus contrarios.
> A aquellos que en vida pudieron sojuzgar
> A silencio los males del tirano,

Él, muerto, tendrá que permitir que himnos les sean cantados,
Esto en todos los idiomas y todos los lugares,
Resonando en el mundo entero.

(Martín Lutero)[51]

Poco después un considerable número de luteranos y protestantes igualmente fueron martirizados. Otro número más grande tuvo que emigrar. Tales manifestaciones del alcance del movimiento de la Reforma, que se presentaron en España y otras partes de Europa, han comprobado que el cristianismo de confesión luterana, desde sus inicios, ha proclamado una fe que se ha expuesto al peligro y a la muerte en aras de sostener la verdad del evangelio salvador de Jesucristo.

En 1556 Felipe II reemplazó a su padre Carlos I (V) en el trono del reino español. Este rey defendió tenazmente la unidad religiosa en España y sus territorios. Durante el tenebroso reinado de Felipe II, Casiodoro de Reina arribó a los Países Bajos para difundir la luz de Dios. El reformador español conocía la política de los monarcas españoles desde los años en el monasterio en Sevilla.

El rey Felipe II de España empezó a gobernar en los Países Bajos al nombrar a su hermanastra Margarita de Parma como regente. Como asesor de su gobierno, Margarita tuvo a su lado al obispo Antonio Perrenot de Granvela. Los españoles avanzaron contra los cien mil protestantes de los Países Bajos que había para ese tiempo. Entre los protestantes se encontraban anabaptistas y calvinistas, y un número menor de luteranos. Anhelando su independencia de España, se levantaron los condes de Egmont y Horn en alianza con el príncipe Guillermo de Orange para dirigir la defensa de los Países Bajos. Para ese año, 1556, Guillermo de Orange se consideraba públicamente un católicorromano, aunque provenía de una familia luterana. Los defensores obligaron al obispo Granvela a retirarse. Los protestantes empezaron a predicar libremente su fe. Sin embargo, los disturbios no desaparecieron completamente. Para los años 1563-1564, las tropas españolas habían ocupado la amurallada ciudad de Amberes.

---

[51]Véase *Las Obras de Lutero*, Edición Americana, Vol. 53, Liturgia e Himnos (Filadelfia: Fortress Press, 1965), 216. Estrofa 10 del himno cuyo título en inglés es "A New Song Here Shall Be Begun".

⊏⊐

En 1566 los luteranos de Amberes lograron organizarse bajo el nombre de Iglesia Evangélica de la Confesión de Augsburgo. La congregación estaba formada por ex-monjes, conversos judíos e inmigrantes del norte de Europa. Los judíos habían llegado procedentes de España y Portugal donde las autoridades los habían obligado a aceptar el catolicismo romano. Pero cuando dichas autoridades de la península ibérica habían dudado de la sinceridad de su conversión, los obligaron a emigrar. Entre los pastores luteranos en los Países Bajos se encontraba el teólogo Flacius Illyricus, quien había suministrado a la congregación un ejemplar de la *Confesión de Augsburgo* y un libro de liturgia. Pero aquella congregación se destacó porque era una iglesia libre y separada del Estado.

Felipe II respondió a la oposición protestante designando como gobernador de los Países Bajos a Fernando Álvarez de Toledo, el Duque de Alba, un soldado capaz pero muy cruel. Aquel gobernador capturó Bruselas y Amberes en 1567 obligando a diez mil de sus noventa mil habitantes a huir. Poco después, el Duque de Alba asesinó a millares de habitantes entre los que se encontraron los condes de Egmont y Horn. Guillermo de Orange huyó frente a las fuerzas del Duque de Alba. Más tarde se reagrupó para continuar la lucha contra los españoles. Al paso del tiempo, Guillermo de Orange y sus partidarios controlaron algunas poblaciones en el norte. Para 1572 emergió el movimiento de independencia de las provincias del norte bajo el liderazgo de Guillermo de Orange. Al siguiente año, el gran patriota confesó su adhesión a la fe calvinista.

Nuevamente en 1576, los españoles saquearon la ciudad de Amberes. Como resultado del control español, un número considerable de sus pobladores tuvo que huir. A este esfuerzo de los ejércitos de Felipe II se le dio el nombre de la *Furia Española.*

Para ese mismo año, los representantes de los diferentes grupos religiosos, y también de todas las provincias, llegaron a un acuerdo con la llamada *Pacificación de Gante.* Este acuerdo unificó a las provincias en el aspecto político. En materia de religión, el acuerdo favoreció a los católicorromanos, pero garantizó la tolerancia a los protestantes. Ya unidos, entonces, los que buscaban la independencia nacional obligaron al gobernador español Juan de Austria a ratificar el pacto alcanzado. Sin embargo, esto no satisfizo a Felipe II. Como resultado de esto, Juan de Austria fue destituído. En territorio de los Países Bajos, la política represiva del rey español tuvo serios problemas.

En 1577, un año antes de la llegada de Reina a Amberes, Alejandro Farnesio, el Duque de Parma, fue nombrado gobernador general de los Países Bajos. Una tensa situación prevaleció en aquellos días ante la migración de católicorromanos hacia el sur, y de protestantes hacia el norte. Al final el Duque de Parma solo pudo retener diez provincias sureñas para la corona española. Pasados tres años, las siete provincias o estados del norte se declararon independientes, y en realidad alcanzaron su independencia total años después de encarnizadas luchas.

Mientras el Duque de Parma actuó como gobernador general de los Países Bajos, el archiduque Matías fue la máxima autoridad representando a la corona española. Los luteranos de Amberes obtuvieron un acuerdo con el consejo municipal que consistía en doce artículos. Para 1578 los luteranos mantuvieron en cinco lugares distintos sus oficios de adoración. Además de ellos también existieron en Amberes iglesias católicorromanas y calvinistas. Al siguiente año todas estas iglesias lograron establecer una comisión para tratar los asuntos religiosos de la ciudad. Las iglesias también auspiciaron escuelas e instituciones de benevolencia.

En diciembre de 1579, la Iglesia Evangélica de la Confesión de Augsburgo en Amberes oficialmente reconoció a Reina como uno de sus pastores, por lo que lo instaló en la congregación francesa. Durante una solemne ceremonia Reina juró lealtad a las confesiones luteranas y a los reglamentos de la iglesia.[52] Por el resto de su vida, Reina permaneció en la iglesia luterana.

Durante cinco años, Reina formó parte del equipo de pastores de la Iglesia Evangélica de la Confesión de Augsburgo en la ciudad de Amberes. Esta iglesia tenía congregaciones multilingües. Reina ejerció su ministerio pastoral entre los miembros de lengua francesa, mientras que los otros

---

[52]Kinder, 68.

pastores del equipo atendían a diferentes grupos étnicos, entre ellos un considerable grupo de alemanes. Es importante destacar que entre la membresía de la iglesia también había un número de españoles. Obviamente Reina estuvo complacido en pastorear la congregación francesa ya que desde el tiempo de su estadía en Londres veinte años atrás, había abrigado deseos para desempeñar tal vocación cristiana. No sólo anhelaba ser pastor sino estaba convencido que Dios llama y provee pastores para las comunidades de su pueblo en todo el mundo. Reina había confesado en Londres:

> Creemos ser proprio officio del mfismo Señor, como Señor de la miesse, llamar, authorizar y hazer idóneos con sus dones y Espíritu a tales ministros del Nuevo Testamento, y embiarlos a que llamen su Iglesia; y llamada, la congreguen en unidad de fe y de charidad, la apacienten con el pasto de su palabra, y la mantengan con la misma en christiano concierto y disciplina.[53]

Al principio la esposa de Casiodoro no lo acompañó a Amberes debido a una enfermedad. Con el tiempo ella y los hijos llegaron para estar al lado de Reina. Para cuando la familia se reagrupó, Reina ya tenía serias reservas sobre si su familia debería permanecer a su lado. Se daba cuenta cada vez más de la inestable situación política y religiosa de Amberes y de los Países Bajos.

A la congregación del pastor Reina los opositores la conocían con los nombres de *Martinista* o *Confesionista*, y se reunía en la rectoría carmelita. La congregación era francesa por lo que Reina predicaba en francés. Además la iglesia incluía a los españoles. La congregación cantaba himnos traducidos del alemán. Reina pronto se hizo cargo para remediar aquella situación. Dirigió una carta al pastor luterano Matías Ritter de Francfort solicitándole el envío de una traducción al latín de la liturgia usada por esos días en Francfort, la que Reina pensaba traducir al francés. Pero cuando Ritter la envió, la traducción al francés ya había sido realizada. Al

---

[53]Reina, *Confessión*, 26.

parecer Ritter tuvo alguna responsabilidad administrativa de las congregaciones en Amberes.

En cuanto a una confesión de fe, la congregación poseía la *Confesión de Augsburgo* en latín. En mayo de 1580, el equipo de pastores luteranos en Amberes resolvió publicar una edición de un catecismo en cuatro idiomas, a saber, francés, alemán, holandés y español. Un catecismo que para entonces se usaba en Estrasburgo les sirvió de modelo. Es casi seguro que Reina también estuvo a cargo de la obra en español.

Asimismo Reina abogó por tener más pastores, ya que existía en Amberes un marcado interés y hambre por el evangelio. Pero a la vez lamentó que los candidatos nacionales, es decir, candidatos holandeses no se presentaran. Opinaba que al final la solución recaía no sobre los pastores extranjeros sino sobre los nacionales. Fue así que el resto de los pastores luteranos en Amberes señalaron la necesidad de tener más pastores en la ciudad en una carta dirigida a Martín Chemnitz, el superintendente eclesiástico de Brunswick, Alemania. En ella mencionaron positivamente las labores de Reina.

El ministerio del pastor Reina prosperó con la bendición de Dios. En agosto de 1580, el equipo de pastores luteranos creyó que había llegado el momento para solicitar al consejo municipal el uso de la iglesia carmelita para el ministerio de la congregación francesa debido a que la rectoría les era insuficiente. En realidad pidieron el uso de todo el monasterio para dicho ministerio. En el mismo año fue nombrado otro pastor luterano, Antoine Serray, para trabajar con Reina en el ministerio a los franceses. A pesar de la precaria situación política y religiosa que imperaba por esos días, la iglesia protestante en Amberes se encontraba en un notable crecimiento, y Reina estaba dedicado a su trabajo pastoral.

Reina, además, era muy estimado entre sus colegas. En julio de 1581, el grupo de pastores luteranos en Amberes gestionó la necesidad de tener un superintendente para la obra luterana en la ciudad. Para ello se pusieron en comunicación con David Chytraeus, un conocido dirigente, autor y teólogo luterano alemán, quien les respondió con una carta en latín, apoyando la idea y favoreciendo para tal puesto a Reina:

> He recomendado a los delegados que coloquen un superintendente sobre el ministerio, y he sugerido para este cargo a Casiodoro, cuya doctrina e influencia en aras de [la] paz [*doctrinam et studium pacis*] tú me has alabado.[54]

Reina, por su parte, no quiso aceptar el cargo. Por otro lado, su ministerio tuvo obstáculos desde el inicio. La oposición calvinista salió de nuevo a la superficie. Cuando los calvinistas franceses de la ciudad se enteraron que Reina estaba por llegar a la ciudad como pastor de la iglesia luterana, se comunicaron con los pastores de Londres con el fin de hacer lo posible para impedirlo. Para ello, lograron conseguir una copia exacta de las respuestas de Reina a las preguntas elaboradas en el proceso eclesiástico en 1563—a los calvinistas de Londres no les faltó voluntad de cooperar—y luego publicaron en Amberes las declaraciones de Reina. Felizmente su esfuerzo no prosperó. Sin embargo, en abril de 1980, Reina se vio obligado a defenderse frente a aquellos hermanos declarando su adhesión a la *Concordia de Wittenberg,* escrita por Martín Bucero, y a amonestar a los principales promotores de las sospechas en su contra. La oposición calvinista continuó durante toda la estancia de Reina en Amberes. Debido a ella, en una ocasión Reina se irritó tanto que extendió su renuncia como pastor. Los miembros de la iglesia luterana, muy contentos con su pastor, respondieron que no aceptarían tal renuncia.

Reina escribió a su amigo Ritter, quien residía en Francfort. Le informó sobre el problema que enfrentaba en Amberes, y le incluyó una copia de los artículos de fe firmados por él en Londres. Ritter respondió con cierta perplejidad ante el hecho de que Reina se hubiera subscrito a una declaración de fe "no muy luterana" sobre la Eucaristía. Reina, consecuente con su postura conciliatoria, aceptó el sacramento como medio de gracia, pero a la vez intentó encontrar el camino para la unidad entre los protestantes debido a que la anhelaba genuinamente.

El mayor obstáculo, sin embargo, a su ministerio lo fue la situación

---

[54]Citado en Edward Boehmer, *Spanish Reformers of Two Centuries from 1520*, vol. 2 (Nueva York, Burt Franklin, 1883), 181.

política imperante en Amberes. Ésta afectó también a sus colegas en el ministerio. Los políticos, bajo el liderazgo de Guillermo de Orange, deseaban la libertad política y religiosa. Los españoles habían resuelto truncarles tal libertad. Felipe II tenía el apoyo del Duque de Alba y del Duque de Parma, además de la colaboración de los franceses. Poco tiempo después, los católicorromanos se concentraron en el sur y los protestantes en el norte. En 1581, finalmente las provincias del norte declararon su independencia, mientras Bélgica emergió de las provincias del sur.

Amberes, ubicada en el sur, se encontraba en medio del conflicto. En 1582, las tropas francesas al servicio de España entraron a la ciudad. Estas tropas posteriormente recibieron el mote de la *Furia Francesa*. Después, en 1585, tropas españolas bajo el Duque de Parma hicieron cosa igual. Mostraron cierto hostigamiento a los protestantes, pero anunciaron en agosto de aquél año que los partidarios de la fe evangélica podían permanecer en la ciudad sin peligro por espacio de cuatro años. Las ocupaciones de la ciudad provocaron el éxodo de decenas de millares de personas. La salida empezó después del anuncio del Duque de Parma. Los evangélicos simplemente no confiaron en sus promesas.

Casiodoro se dio cuenta que le sería imposible permanecer en Amberes. La congregación francesa también se percató de la gravedad de la situación, por lo que hizo la valiente resolución de abandonar la ciudad junto con su pastor. Esto da muestra de que los fieles confiaban en Reina, y además le estimaban. Así fue como un alto porcentaje de la congregación francesa de la Iglesia Evangélica de la Confesión de Augsburgo abandonó Amberes, El pastor Casiodoro de Reina iba a la cabeza. La mayoría de los otros luteranos de la ciudad decidieron emigrar a Amsterdam, hacia el norte.

¿Adónde irían Reina y su iglesia? ¿Cuál sería su destino?

8

PALABRA Y OBRA HASTA EL FIN

Francfort del Meno, Alemania

El pastor Casiodoro de Reina guió a su rebaño no hacia Amsterdam, a donde los demás luteranos de Amberes se habían escapado y establecido, sino a Francfort en Alemania. Aquella ciudad no le era extraña pues había vivido allí poco después de haber salido precipitadamente de Londres. En Francfort había hecho amistad con algunos de la iglesia calvinista, el pastor luterano Ritter y otros holandeses que habían llegado previamente.

La situación política y religiosa en los estados alemanes era más estable. Después de haber sido un fugitivo de la *Inquisición* y de las autoridades españoles, Reina seguramente tenía gran estimación por la estabilidad. Los miembros de la congregación francesa de la Iglesia Evangélica de la Confesión de Augsburgo también conocían de sobra la gran conmoción por la que pasaba su patria en aquella época. Sabían asimismo que no sólo el territorio hacia el sur de Amberes estaba bajo el control de los españoles, sino también el del norte. Se vivía aún la era cuando la independencia no había llegado.

Especialmente es de interés para los luteranos de los Estados Unidos de América a principios del siglo XXI, que sus correligionarios de Amberes que se refugiaron en Amsterdam no acabaran disolviéndose o uniéndose a los calvinistas. Con el tiempo los calvinistas llegarían a ser el más numeroso bloque cristiano de los Países Bajos. Los luteranos se reorganizaron y formaron un sínodo.[55] Un grupo de estos luteranos emigró posteriormente al continente americano. Durante la época colonial, la mayoría del grupo holandés luterano fundó por lo menos una colonia alrededor de Nueva

---

[55]En 1966 se celebró el cuarto centenario de la existencia de su organización como iglesia.

Amsterdam. Esta ciudad se convirtió tiempo después en la ciudad de Nueva York. El grupo holandés luterano también organizó una congregación cuyo pastor fue Juan Gutwasser. Hacia la mitad del siglo XVII, el gobernador Pedro Styvesant los desalojó de Nueva Amsterdam. Pero cuando posteriormente los ingleses capturaron la ciudad, el nuevo gobierno inglés concedió a los luteranos holandeses la libertad de culto y el derecho de organizarse como iglesia. Algunos luteranos de Amsterdam asimismo se unieron a los alemanes que colonizaron el estado de Pennsylvania. Hay que recordar aquí que Casiodoro de Reina en un tiempo había servido como pastor a algunos de estos luteranos holandeses. Más tarde los antiguos feligreses de Reina o los descendientes de ellos formaron parte de la iglesia luterana estadounidense.

No se sabe con precisión el número de feligreses de la congregación de Amberes que tomó el valiente paso de acompañar a su pastor a Francfort. Únicamente se sabe que fue una porción significativa de la congregación.

En Francfort el grupo de refugiados franceses y holandeses que Reina encabezó, sometió una petición al consejo municipal en la cual pidió permiso para celebrar servicios de culto en francés y tener a Reina como su pastor. Dicha petición fue registrada entre los documentos del consejo municipal unos pocos meses después de la llegada del grupo. El registro muestra que diez adultos firmaron la petición. Naturalmente a este número hay que agregar los niños y las mujeres que por lo menos integraron el grupo. El dato de la firma de diez adultos proporciona la idea de que tal vez alrededor de cincuenta personas llegaron con Reina procedentes de Amberes.

¿Cómo era Francfort a la llegada de Reina y parte de su congregación? Sin duda aquellos nuevos refugiados se encontraron en un escenario cuya historia política y religiosa fue singular. Martín Lutero en 1517 había clavado las *Noventa y Cinco Tesis* en la puerta de la iglesia del castillo de Wittenberg. Con tal acción y documento, Lutero invitó a los profesores y estudiantes a un debate teológico académico. Pero en la providencia de Dios, aquel evento fue el inicio de un despertar del letargo que vivía la iglesia alemana, el cual tuvo muy pronto resonancia continental, y con el tiempo su alcance fue mundial. Años después Lutero hizo una valiente confesión de fe evangélica ante Carlos V, el emperador del Sacro Imperio Romano, cuando compareció ante la dieta imperial en la ciudad de Worms a fines de abril de 1521.

La resonancia de la Reforma eclesiástica, desde luego, llegó también a Francfort. Hacia principios del siglo XVI, Francfort era una ciudad imperial libre y un centro comercial importante. También era una ciudad donde el cristianismo, al igual que en otras regiones alemanas, había echado raíz desde el tiempo de San Bonifacio en el siglo VIII. Un monje de nombre Hartmann Ibach predicó las primeras homilías evangélicas en aquella ciudad. Poco antes un educador local, quien también era seguidor de Desiderio Erasmo, logró influir en algunos ciudadanos para traer a Ibach a la ciudad en 1522. Hubo pronto personas que escucharon y respondieron positivamente a las primeras homilías de Ibach. Entre ellas había personajes cultos, quienes con anterioridad se habían dado cuenta de la necesidad de una reforma entre el clero, especialmente dentro del arzobispado que tenía su sede en la cercana ciudad de Maguncia. Además, los pobres, que formaban la mitad de la población, habían resentido la opulencia en la que vivían los sacerdotes. Muchos ciudadanos igualmente estaban ansiosos de obtener un alivio de los muchos impuestos que pagaban.

En 1525 el reformador Juan Agrícola había arribado a Francfort procedente de la Universidad de Wittenberg para guiar al movimiento reformador. El mismo Lutero había enviado a Agrícola, un profesor de teología y buen predicador, como su representante.

Durante la dieta imperial reunida en Augsburgo en 1530 algunos príncipes alemanes terminaron adhiriéndose al movimiento reformador de Lutero cuando firmaron la *Confesión de Augsburgo*. Los representantes de la ciudad de Francfort presentes en aquella dieta espontáneamente firmaron también aquella confesión. Al siguiente año, la ciudad de Francfort se unió a la *Liga de Esmalcalda*, la alianza militar de los príncipes luteranos. Y en 1533, el consejo municipal aprobó la cancelación de las misas católicorromanas en las iglesias de la ciudad. De esta manera la ciudad de Francfort se encontró comprometida en forma irreversible con la Reforma de la iglesia.

Por otro lado, mientras que la Reforma se iba extendiendo en Alemania y ganaba terreno en Europa, Lutero reforzó al movimiento con la publicación en 1534 de la Biblia completa en lengua alemana. La Biblia en vernáculo definitivamente inspiró a los reformadores, pues ella se tornó en el mejor instrumento para lograr la meta de reformar la iglesia. Otros reformadores europeos, entre ellos algunos españoles como Reina, trataron inmediatamente de colocar la Biblia al alcance de la gente porque sabían que ella redundaría en beneficio de sus respectivos pueblos.

Después del ataque militar del emperador Carlos V, Francfort fue obligada en 1548 a aceptar el *Ínterin de Augsburgo*. Este acuerdo fue una solución temporal en asuntos políticos y religiosos impuesto por el emperador. La victoria del ejército imperial se logró realmente sólo cuando el ambicioso duque Mauricio de Sajonia, por razones políticas, abandonó a la causa luterana alemana. El duque Mauricio, sin embargo, posteriormente cambió de opinión. Entonces procedió a combatir a las fuerzas imperiales hasta que éstas huyeron de los territorios alemanes. Las tropas alemanas luteranas tomaron la ciudad de Francfort en 1552, pero fue hasta 1555 cuando los luteranos triunfaron sobre el emperador. Con el acuerdo alcanzado en septiembre de ese año obtuvieron también el derecho de existir. Cada príncipe entonces tenía la opción de escoger la religión que le placiera. Todos los súbditos pasaban a mantener la misma religión del príncipe. Caso contrario tendrían que abandonar las tierras de sus antepasados.

En Francfort existían disputas doctrinales entre luteranos, zuinglianos y calvinistas. Parecía no haber un grupo dominante entre los partidarios de la Reforma. También un buen número de refugiados había llegado de Inglaterra y los Países Bajos. Bajo el liderazgo del pastor Hartmann Beyer, y con la ayuda decisiva de Felipe Melanchton, los luteranos lograron prevalecer.

Hacia 1575, sin embargo, la Iglesia Católica Romana organizó un contraataque en Alemania y otros lugares. El *Concilio de Trento* (1545-1563) tuvo un papel destacado en el contraataque junto con la *Sociedad de Jesús*. Pocos años antes, en 1540, el papa había concedido a la *Sociedad de Jesús* el reconocimiento de la iglesia. Bajo la dirección de Ignacio de Loyola, los jesuitas, como se conoce a los miembros de esta sociedad, contuvieron el avance de la Reforma en ciertos frentes. También lograron la reconquista de ciertos territorios anteriormente perdidos ante los partidarios de la Reforma.

Cuando Casiodoro de Reina aún estaba en Amberes pastoreando a la Iglesia Evangélica de la Confesión de Augsburgo, se publicó en 1580 el *Libro de Concordia*, el cual incluye los escritos confesionales de la Iglesia

Evangélica Luterana. Con esta articulación detallada de la doctrina luterana, los teólogos dirigidos por Jacob Andreae, Martín Chemnitz, David Chytraeus y Nicolás Selnecker procuraron, por un lado, sanar la disensión entre los luteranos, y por el otro lado, definir al luteranismo frente al catolicismo y las iglesias reformadas. Nueve mil pastores y cincuentiún príncipes, además de treinta y cinco ciudades firmaron el *Libro de Concordia*.

Para cuando Casiodoro de Reina y sus feligreses llegaron a Francfort, ya su población era de mayoría luterana. La presencia luterana es notable aún en la actualidad. También existen iglesias de otras confesiones evangélicas e iglesias católicorromanas. Entre los dirigentes de las iglesias luteranas también se puede observar un aprecio especial por Felipe Spener, el autor de *Pia Desideria*, el libro que en 1657 dio inicio al movimiento pietista. Spener ocupó el puesto de superintendente eclesiástico en Francfort, puesto que es actualmente comparable a un presidente de distrito o un obispo de un sínodo dentro de la actual iglesia luterana estadounidense. Spener también recibió su educación en Estrasburgo, donde Martín Bucero había jugado un papel decisivo en el establecimiento del luteranismo en dicha ciudad. Francfort era un lugar apropiado para un espíritu como el de Casiodoro de Reina.

Es de suponer que un considerable porcentaje de los refugiados guiados por Reina a Francfort no trajeron muchos recursos materiales a su llegada a Alemania. Ninguno se había preparado para su inesperada salida de Amberes. El pastor Ritter y otros luteranos problablemente les ayudaron a establecerse en Francfort. A todos los refugiados el viaje y la obtención de las cosas básicas les produjo seguramente gastos adicionales. Aunque es verdad que aquellos refugiados no procedían de la clase campesina, la más pobre, entre quienes por cierto los anabaptistas habían encontrado acogida especial, también es verdad que en términos generales tampoco provenían de la clase acomodada, entre cuya gente también la doctrina calvinista había tenido éxito. En aquel entonces la mayoría de los feligreses de las iglesias evangélicas en los Países Bajos no habían alcanzado solvencia económica.

En marzo de 1585, el pastor Reina, quien se mantenía al tanto de las necesidades de su congregación, predicó un sermón sobre el deber cristiano de ayudar a los pobres, sobre todo a los pobres de la hermandad. La congregación para entonces no tenía el reconocimiento oficial del consejo municipal, tampoco poseía un lugar permanente para realizar sus reuniones de culto. Aquellos eran días en que se requería atender las más apremiantes necesidades de todos en el grupo. Algunos de los oyentes de aquel sermón probablemente poseían recursos adicionales para auxiliar a los más necesitados. También había en la ciudad otros residentes permanentes franceses así como algunos luteranos alemanes de buena voluntad que habían mostrado simpatía por el grupo. Como resultado de aquel sermón, al siguiente mes la congregación respondió estableciendo un fondo destinado para ayudar a los pobres entre los refugiados luteranos holandeses. Ese fondo, por cierto, continúa existiendo hasta hoy día. Aunque ya no es administrado por un grupo eclesiástico, sin embargo sigue en alguna forma financiando programas sociales como los hogares de ancianos en la ciudad de Francfort.

Cuando Francfort y varios territorios alemanes habían resuelto aceptar la reforma luterana, las autoridades seculares habían participado en algunos aspectos prácticos de la Reforma, especialmente en la administración de las iglesias. A su vez, las iglesias tomaban parte en el nombramiento de los pastores. Lutero había propuesto que los príncipes funcionaran temporalmente como obispos, ya que éstos últimos dejaron de cumplir con sus responsabilidades eclesiásticas al mantenerse obedientes a Roma llegando incluso a perseguir a los adherentes de la Reforma.[56]

Una vez que Casiodoro de Reina y sus feligreses llegaron a Francfort, él continuó suministrando el liderazgo pastoral del grupo. Sin embargo, su ministerio pastoral aún no contaba con la aprobación oficial del consejo municipal. El mismo año de la llegada de los refugiados, el grupo solicitó

---

[56]Véase La Confesión de Augsburgo, artículo 28 en *Libro de Concordia: Las Confesiones de la Iglesia Evangélica Luterana* (San Luis, Missourí: Editorial Concordia, 1989), 53-60.

al consejo de Francfort el permiso requerido para celebrar sus oficios religiosos teniendo a Reina como predicador. El consejo municipal les negó la solicitud porque desconfiaron de su postura doctrinal. Durante el transcurso del año 1586, los luteranos refugiados de Amberes volvieron a presentar al consejo la misma solicitud, pero esta vez respaldados con un documento firmado por diecinueve personas. Los ministros de las otras iglesias luteranas de la ciudad les brindaron su apoyo y los recomendaron ante el consejo. A pesar del apoyo manifestado al grupo de refugiados, el consejo municipal se demoró más de seis años para responder positivamente a la solicitud. En la aprobación de la solicitud, la cual fue dada en enero de 1592, el consejo municipal reconoció como único pastor del grupo a Antoine Serray. El pastor Serray había trabajado bajo la dirección de Reina en Amberes. Serray también había acompañado al grupo a Francfort. El consejo municipal justificó su decisión al considerar que Serray podía hablar el alemán y el francés. El pastor Serray provenía de una población francesa que estaba cercana a la frontera con Alemania. La situación geográfica y cultural de aquella región facilitaba el dominio de los dos idiomas a la población. Pero en 1593 el pastor Serray se enfermó seriamente. Entonces la congregación de refugiados sometió una nueva solicitud al consejo municipal pidiéndoles que reconocieran a Casiodoro de Reina como el nuevo pastor. En la solicitud se recordaba con gratitud y alabanza a Dios el tiempo que Reina había laborado entre ellos en Amberes. En la solicitud también se ofrecía costear su salario en el caso de que el consejo no lo pudiera cubrir. De esta manera el consejo municipal de Francfort tuvo que tramitar la solicitud del nombramiento de Reina como pastor. Para otorgar la aprobación, a su vez el consejo municipal pidió garantías sobre las creencias doctrinales de Reina. El consejo quiso corroborar lo que Reina enseñaría a la congregación. Este trámite demoró meses. En el curso del mismo, el 8 de mayo Reina se subscribió a los *Credos Ecuménicos*, la *Confesión de Ausburgo*, los *Artículos de Esmalcalda*, los catecismos de Lutero, la *Fórmula de Concordia*, la *Concordia de Wittenberg*, y un acuerdo que Martín Bucero había escrito para los pastores de Francfort.

Además, siguiendo las costumbres de aquella época, el consejo municipal de Francfort solicitó que Reina desaprobara al papa y a otros grupos protestantes, como los calvinistas y los zuinglianos, firmando un documento. La solicitud del consejo incluía que Reina ratificara su confesión de fe luterana hecha en Amberes, la cual desde luego anulaba la *Confessio Hispanica* que él había formulado en Londres. Reina seguramente tuvo que pensarlo bien. El consejo quiso tener garantías antes que Reina fuera reconocido como ministro luterano. Deseaban asegurarse que rechazaría disputas innecesarias entre luteranos y calvinistas. El consejo conocía las anteriores convicciones doctrinales de Reina. Mientras el trámite era conducido por el consejo municipal, un pastor de la iglesia calvinista francesa en Francfort, quien antes había apoyado a Reina, llamó la atención a las diversas posturas que Reina había sostenido a lo largo de su vida. Sin embargo, su comentario no tuvo mucho peso, y el 20 de julio 1593 el consejo, después de haber obtenido las garantías doctrinales requeridas de Reina, no demoró en otorgar su aprobación para reconocerlo como pastor asistente de la congregación de refugiados franceses y holandeses.

También en 1593, el consejo de la ciudad concedió a los refugiados el uso de la anterior Iglesia de las Damas Blancas o de las monjas cistercienses. El grupo de refugiados previamente se reunía para sus oficios religiosos en dos templos distintos. Primero se reunieron en la Iglesia del Hospital del Espíritu Santo, y después en la Iglesia de los Descalzos Carmelitas. Ésta última por cierto era en aquel tiempo la principal iglesia luterana de la ciudad. Ninguno de los templos en que Reina desempeñó su ministerio pastoral en Francfort existe hoy porque probablemente fueron destruidos durante los intensos bombardeos en la Segunda Guerra Mundial.

El arreglo establecido para los pastores luteranos de habla francesa en Francfort estuvo vigente durante doscientos cincuenta años. Esto constituye indudablemente otro indicio de la solidez de la labor que Reina efectuó en aquella ciudad.

El gran reformador español, quien fuera el primer traductor de la Biblia completa al español, murió el 15 de marzo de 1594. Dos días más tarde se celebró probablemente el sepelio en el único cementerio existente en Francfort durante la segunda mitad del siglo XVI. Este cementerio rodea la Iglesia de San Pedro, ubicada no muy lejos del centro de la ciudad. Dicho cementerio actualmente se encuentra en un estado de leve deterioro. Aún se pueden observar un buen número de lápidas, algunas ilegibles. Es casi imposible identificar el nombre de Reina en alguna de las lápidas existentes.

En la dedicación del pequeño comentario sobre San Mateo, Reina escribió sobre un encuentro casi cercano con la muerte durante el tiempo de su grave enfermedad en Basilea. Ahí el gran reformador hispano escribió sobre el heroico espíritu cristiano con que pasaría a su eterna recompensa:

> Confieso sinceramente, como es la verdad, que, seguro entonces de su inminencia, mientras estuve en mi sano juicio no me aterraba la contemplación de la muerte. Al experimentar la maldad de este injustísimo siglo la había deseado cuando estaba lejos y cuando, a mi juicio, prolongaba demasiado su tardanza; ahora que por fin la tenía ante mí la abrazaba con la mayor alegría. El recuerdo de mis pecados, que tenía presentísimo, agudizaba en mí el deseo de desnudarme del todo de los viejos despojos del pecado y estar con Cristo más que infundir miedo a mi conciencia o turbar en modo alguno su paz, sellada en ella por la sangre de Cristo mediante el Espíritu de Dios, teniendo yo por indudable que no quedaba ninguna condenación para el creyente en Cristo, que al morir pasaba de la muerte a la vida.[57]

---

[57]Reina, *Exposición*, 11.

9

EN LO PARTICULAR

Ella se vistió de marinero. De ninguna manera se trató se hacer alarde de la última moda. Era una cuestión de vida y muerte. En 1563, Casiodoro de Reina se vio obligado a salir repentinamente de Londres rumbo al continente europeo únicamente para facilitar sus movimientos. De acuerdo con el plan, su esposa, Ana, permaneció en Londres. Pasado un tiempo prudente, ella emprendió el viaje a Amberes para reunirse con su esposo llegando a la ciudad por el puerto de Flesinga. El plan contempló que ella, para no ser descubierta por los agentes inquisitoriales que abundaban en los Países Bajos y que también buscaban pistas para dar con su esposo, hiciera el peligroso viaje vestida con aquel disfraz.

Ana y Casiodoro de Reina se habían casado hacia 1561. La boda se había celebrado en Londres, donde él se había refugiado y donde había iniciado oficios religiosos entre los residentes españoles, algunos de ellos también refugiados. Nada sabemos de los pormenores del matrimonio, excepto que como consecuencia de él, la reina Isabel I de Inglaterra retiró un estipendio de sesenta libras a Casiodoro. La suspensión del estipendio obedeció a la creencia de la reina de que los ministros de culto no deberían contraer nupcias. Hay historiadores que sostienen que la misma reina no contrajo nupcias a fin de no perder el poder político. El retiro del estipendio, no obstante, no impidió que Casiodoro y Ana tomaran la decisión de casarse.

Ana en realidad había tenido unas primeras nupcias. De su primer matrimonio, sin embargo, se desconocen los detalles. Su padre, Abraham León, provino de Bruselas antes de establecerse en Francfort durante los años 1560 a 1565. Al parecer se ganaba la vida como comisionista de mercancías.

Ana seguramente tuvo un carácter firme. Tuvo mucho valor cuando le tocó engañar a los agentes de la temida *Inquisición*. Pero aquello sólo fue el principio de toda una vida de asechanzas y ataques que sufrirían los Reina por parte de los opositores de la fe evangélica. Los calvinistas también habrían de criticar y poner una serie de obstáculos a su marido casi durante toda su vida. A través de todos los trances y peligros, se alcanza a observar a Ana al lado de su marido. Su carácter firme se desprende de las muchas mudanzas que les tocó hacer en su agitada vida: de Londres a Amberes; de Amberes a Francfort; de Francfort a Estrasburgo; de Estrasburgo a Basilea; de Basilea a Francfort; de Francfort a Amberes; y de Amberes a Francfort. Hay que considerar además, los forzados períodos de separación por los que pasaron. Las constantes mudanzas indudablemente les resultaban agotadoras y molestas, incluso para sus hijos.

A pesar de los muchos traslados de ciudad en cuidad, y después de la impresión de la *Biblia del Oso*, en 1570 Casiodoro y Ana de Reina lograron establecerse en Francfort, ciudad donde también residían los padres de Ana. En aquella ciudad pudieron conseguir un apartamento en una casona de piedra. La casona tuvo patios y bodegas que les sirvieron para almacenar mercancía. Francfort era un centro comercial importante desde hacía tiempo. Existía un gran desplazamiento de mercancía dentro y fuera de la ciudad. Su comercio era favorecido por el hecho de estar asentada al lado de un río que conecta con toda una red fluvial. La casona se conoció con el nombre de *Hans Braunfels* y permaneció de pie hasta la Segunda Guerra Mundial.

Ante todo, Reina se ocupó durante aquella etapa de su vida en la traducción de la Biblia, en el estudio, la venta de libros y textiles, y en ciertas actividades pastorales. Pero también tuvo que sostener a su familia. Nadie le remuneró por su trabajo en la traducción de la Biblia. Después de publicada la Biblia, Reina no tuvo mayores entradas de su venta debido a que la *Inquisición* impedía su acceso al verdadero mercado de ella–España. Debido a sus labores pastorales en Francfort, casi es seguro afirmar que tuvo un salario. Sin embargo hay que tomar en cuenta que por largos años no ejerció oficialmente el ministerio pastoral en una congregación. Reina, por lo tanto, a fin de ganarse la vida, con frecuencia tuvo que trabajar para sustentar a su familia.

En Francfort, la casa alquilada por Reina ya había sido usada anteriormente en el comercio de seda. Como vendedor, Reina cultivó relaciones comerciales no sólo con los habitantes de Francfort sino también con gente de otros lugares, como Estrasburgo y Basilea. También Reina vendió libros en Francfort. Algunos de los libros que comerciaba salieron de la imprenta de Oporinus en Basilea. Para realizar la venta de libros, Reina arrendó un local comercial en la ciudad. También se tomó el tiempo para traducir libros al español para un impresor.

Hay evidencia de que durante cierto tiempo Reina tuvo cierto éxito en sus negocios. Existe constancia de su estado financiero en los archivos de la ciudad de Francfort, incluyendo algunas discrepancias en tratos de negocios con algunas personas. Las ferias comerciales de Francfort en la primavera y el otoño eran considerablemente grandes para aquellos tiempos.

Cuando Casiodoro y Ana se trasladaron a Estrasburgo, antes de la impresión de la *Biblia del Oso*, temporalmente fue ella quien proveyó principalmente el pan diario como producto de un empleo que obtuvo en los negocios de costura que existían en la ciudad. Más temprano, Reina como residente extranjero logró conseguir del consejo de la ciudad, para él y su esposa, los permisos requeridos para trabajar en aquella localidad.

⌐⌐

Casiodoro de Reina había nacido en España. Su ciudadanía era española. Pero en 1556 salió de su país y jamás pudo regresar a su tierra. ¿Qué calidad migratoria tuvo en los distintos países por los que pasó? En 1571 la ciudad de Francfort le extendió la ciudadanía, por lo cual pareciera poseer doble ciudadanía. Reina estaba muy orgulloso de la ciudadanía otorgada por la ciudad de Francfort. En los otros territorios donde vivió, solo logró obtener la calidad de habitante.

Por otro lado, Dios bendijo al matrimonio Reina con cinco hijos. Probablemente tuvieron otros hijos que no sobrevivieron. Marcus, el mayor de todos, nació en el año 1566. El feliz acontecimiento tuvo lugar mientras los padres estuvieron con Marcos Pérez en Basilea durante la última etapa del proyecto de la publicación de la Biblia. Probablemente Casiodoro y Ana le dieron a su primogénito el nombre del padrino bautismal, Marcos Pérez. En cuanto a su educación, Marcus tuvo la buena fortuna de asistir a la famosa academia de estudios clásicos dirigida por Juan Sturm en Estrasburgo. Sus estudios universitarios los realizó en la Universidad de Wittenberg, cuna del movimiento luterano. Marcus tuvo la vocación al ministerio pastoral dando seguimiento así a la labor de su padre. Él fue quien reemplazó a su padre como pastor de la congregación luterana de refugiados franceses y holandeses en Francfort, luego del fallecimiento de Casiodoro. Sirvió como pastor de esa congregación de habla francesa, y después en habla alemana durante ventinueve años. El hecho de que el hijo mayor de los Reina haya substituido a su padre en el ministerio atestigua del buen ejemplo cristiano que los Reina proveían en el hogar.

El segundo hijo, Agustín, nació en 1571 cuando sus padres recibieron la ciudadanía en Francfort. Agustín Legrand, el prominente miembro laico de la congregación calvinista francesa en aquella ciudad, y quien tiempo después estuvo a cargo del fondo económico para la traducción de la Biblia, fue su padrino. Agustín Reina estudió en la Universidad de Wittenberg, junto con su hermano Marcus. Él siguió también alguna de las vocaciones de su padre. Fue traductor de libros de geografía. Además, Agustín trabajó como maestro de idiomas en la casa real de Suecia. Parece que heredó de su padre el gusto por el estudio y los libros.

En 1573, mientras Casiodoro y Ana estaban en Francfort, nació Margarita. Ella fue quien se hizo cargo del negocio de sedas de su padre cuando éste falleció. Dos hijos más, Servas y Juan, nacieron en Francfort en 1575 y 1577 respectivamente. Juan llegó a ser un maestro en figuras artísticas de plata.

El hogar de Casiodoro y Ana estuvo lleno de vida y piedad cristiana. Sus cinco hijos, y todas las actividades desempeñadas por ellos les proporcionaron felicidad. De hecho los padres tuvieron que trabajar bastante para sostener a la numerosa familia. Es casi seguro que no les sobró espacio en las casas donde residieron.

Sobre el aspecto físico de Casiodoro de Reina, solo se puede afirmar que el artista Pedro Fehr produjo un retrato. Los encargados del archivo municipal de Francfort en 1998 afirmaron que supuestamente el retrato se perdió. Otro artista, Juan Lehnemann, realizó una reproducción en grabado, la cual existe en la ciudad de Francfort. Debajo del grabado aparece un escrito que se asemeja a una poesía. El escrito destaca la persona de Casiodoro de Reina, y reza de esta manera:

> Español de nacimiento, buen protestante,
> Fiel predicador, hombre de grandes talentos,
> En Amberes y aquí en Francfort bien conocido
> Era este Reinius. ¿Qué más puedes desear?
> Entre los holandeses su nombre queda muy estimado,
> Porque ha merecido bien de su gloria.[58]

---

[58]Traducción de Federico Fliedner (1845-1901), misionero alemán en España.

Lugares de la Peregrinación
de Casiodoro de Reina

LA TRADICIÓN

10

PATRIARCA DEL PROTESTANTISMO HISPANO

En la balanza final, especialmente la balanza histórica e ideológica de la iglesia evangélica hispana, Casiodoro de Reina indudablemente tiene mucho peso. Es verdad que no dejó como legado la fundación de una organización eclesiástica, ni tampoco llevó el título de patriarca según la usanza en algunas iglesias cristianas. Con todo, Reina y su ministerio exhibieron otras cualidades de paternidad espiritual que son actualmente de interés para los evangélicos hispanos.

La iglesia evangélica hispana desafortunadamente no siempre le ha dado al reformador español el debido reconocimiento. Desde el siglo XVII hasta el presente ha existido una grave confusión sobre la identidad del primer traductor protestante de la Biblia al castellano. En parte, es verdad, la confusión se ha debido al mismo Reina. Él no se identificó plenamente en la primera edición de la Biblia castellana. El crédito a su persona fue colocar únicamente las letras "C.R". Esta leve referencia se hizo seguramente con el fin de no llamar la atención de los agentes inquisitoriales. Cipriano de Valera, quien fue colega de Reina en el Monasterio de San Isidoro en Sevilla, realizó una revisión de la traducción bíblica de Reina en 1602. Cuando se publicó aquella revisión apareció en la portada de la nueva Biblia la frase "por Cipriano de Valera", cosa que hizo pensar a muchos que Valera había sido el traductor. En la introducción, que por lo general no se lee, Valera explicó claramente que se trató solo de un trabajo de revisión a la previa traducción efectuada por Reina. La confusión se prolongó hasta las posteriores ediciones de dicha Biblia en el siglo XX. Afortunadamente en las más recientes ediciones se ha despejado la confusión. Un ejemplo es la edición de las Sociedades Bíblicas de 1995. En los ejemplares de esta edición se lee:

No se pueden descartar otras posibles razones que mediaron para privar a Casiodoro de Reina de un prominente lugar en la historia del movimiento reformador hispano. Se puede considerar, por ejemplo, la acusación de inmoralidad sexual que pesó sobre él en Londres. Sin embargo, tal cargo, como se ha visto, careció de pruebas contundentes, por lo cual la corte eclesiástica encabezada por el arzobispo de Cantórbery, Edmundo Grindal, le exoneró totalmente de tal delito. En aquél entonces existían, detrás de la acusación, detractores de Reina que eran capaces de todo. Tales opositores ocultaban sus verdaderos motivos. Sabían que solo bastaba la mera calumnia de tal delito para causarle un daño muy serio. El percance para la reputación de Reina fue enormemente nocivo, y uno que se prolongó por largos años.

Otra razón que contribuyó a que Reina no destacara pronto fue el hecho que en sus últimos años se unió a la iglesia luterana. Esto causó un colosal disgusto entre los calvinistas de su tiempo, y probablemente entre una que otra persona en los últimos años. La iglesia luterana, aunque conocida en América Latina, no se encuentra entre las denominaciones más numerosas de la iglesia evangélica hispana. Las agrupaciones Pentecostales, por ejemplo, cuentan con el mayor número de feligreses en los países hispanos. Más de un individuo puede atestiguar sobre la dañina tensión denominacional que aún persiste en los círculos misioneros y eclesiásticos de América Latina.

⌐⌐

¿En qué consiste la relevancia de Casiodoro de Reina? ¿Qué legado espiritual se puede afirmar que dejó para los hispanos? La vida y obra de Casiodoro de Reina apuntan directamente a la fe en el Cristo de los evangelios. En realidad su legado es el mismo de la Reforma evangélica del siglo XVI. Ante todo, Reina comprendió que el evangelio se enfoca en Jesucristo—el único que descendió del cielo, el *"Jesús solo"* del monte de la Transfiguración (Mateo 17:8), el único que murió por los pecados del mundo, el único que resucitó victorioso en su misión redentora. Vez tras vez Reina clarificó que el salvador es *"sólo Jesús, el Cristo"*. Jesús, el Cristo, dio cumplimiento a las promesas mesiánicas. Es verdadero Dios y verdadero hombre.

Reina comprendió que la salvación se manifiesta en la justificación o perdón de los pecados ante Dios por el sacrificio de su Hijo Jesucristo. Dicho perdón es conocido o experimentado por los hombres en la vida. El consuelo de su perdón es posible vivirlo. Se obtiene mediante el arrepentimiento, al que Reina llama "penitencia". Esta penitencia posee el sentido de un cambio de opinión frente al pecado, y perdón por medio de la fe o confianza en Jesús, el Cristo. La justificación no se encuentra en la iglesia ni en los santos, sino en "la entera justicia del Christo...por penitencia...y biva fe".[59]

La salvación de Jesucristo incluye la regeneración que el Espíritu Santo por medio del evangelio viene a implantar en el creyente. Dicha regeneración capacita al cristiano a llevar una nueva vida. La vida del creyente consiste en andar con el Espíritu de Dios, quien, por ejemplo, inspira a uno a la oración. El Espíritu Santo también infunde e inspira el amor y acercamiento a otros cristianos.

Se pueden notar estas enseñanzas sobre la justificación en forma precisa en la *Confessión de Fe christiana* escrita por Reina:

> Tenemos por abominabile y maldita y de verdadero Antichristo toda doctrina que contradiga en esta parte a la desta nuestra Confessión, o enseñe otras maneras qualesquiera de remedio contra el peccado, fuera de la que se halla en sólo Jesús el Christo crucificado por nuestros peccados, y resuscitado para nuestra justificatión, y se communica a los hombres por el medio de la verdadera penitencia, y biva fe, como está dicho. Ansimismo condemnamos la doctrina de los que enseñen que siempre el christiano ha de estar dubdoso de la remissión de sus peccados y de aver alcançado justificatión.[60]

Sobre la regeneración, la cual por cierto está relacionada íntimamente con la justificación, Reina señala que:

> Por el mérito y efficacia de la qual [la resurrección del Señor] nos es dado perdón y imputada su justicia y innocentia, y ansimismo nos es dada virtud y

---

[59]Reina, *Confession*, 21.
[60]*Ibid.*, 21-22.

fuerça de su Espíritu, para que, muriendo con él al peccado, resucitemos también con él a nueva vida de justicia.[61]

Además Reina tomó muy en cuenta el contexto religioso del pueblo español. Ya se ha considerado su insistencia en *"sólo Jesús el Cristo"* con la cual esperaba deliberadamente excluir otros intermediarios entre Dios y los hombres.

La Iglesia Católica Romana en España, especialmente en Sevilla, había puesto gran énfasis en las oraciones a la Virgen María y a los santos. Refiriéndose a esto, Reina emitió un respetuoso, pero en última instancia, rotundo rechazo. También a menudo usó la fórmula característica de la Reforma: "la sola fe". Con ella descartaba las obras que se consideraban meritorias para la justificación. Asimismo Reina, respecto a la fe no cesó de apropiarse la frase "viva fe", pues con esta frase distinguía entre una fe nominal y cultural — de la cual por cierto España no estuvo exenta — y una fe íntima y personal.

Acerca de las Sagradas Escrituras que revelan a Jesucristo, Reina las llamó "la única regla de la divina voluntad . . . la Divina Palabra".[62] Esto lo hizo también en vista de la confianza que tenía el pueblo en aquel entonces en los pronunciamientos de la iglesia tradicional. Esta es la razón por la cual saturaba sus escritos con citas directas e indirectas de la Biblia. Él además rechazaba la insistencia en el llamado magisterio eclesiástico como regla de fe.

Sobre el entendimiento del evangelio es evidente que Reina se colocaba firmemente dentro de la Reforma evangélica. Él fue un seguidor español de la Reforma del siglo XVI. Se unió decididamente al movimiento reformador iniciado por Martín Lutero. Siguió de cerca este movimiento y se mantuvo en constante comunicación con otros reformadores de tendencia conciliatoria como Martín Bucero, reformador de Estrasburgo. Reina, por cierto, sopesó por un tiempo editar los escritos de Bucero.

Aunque expresó ser un hombre amante de la paz, Reina tenía profundas emociones acerca de la fe. Ocasionalmente expresó dichas emociones. Pero las exhibió claramente al mantener durante toda su vida

---

[61]*Ibid.*, 21
[62]*Ibid.*, 29.

una inquebrantable fidelidad al Cristo de la Biblia, a pesar de sufrir inimaginables obstáculos.

La mayoría de los protestantes hispanos actualmente mantienen una comprensión conservadora del evangelio. Este es el caso en América Latina, por mencionar un ejemplo. Una comprensión similar se manifestó al inicio del movimiento de la Reforma en personas como Casiodoro de Reina. El evangelio, y su predicación, ha sido recibido en América Latina y otras latitudes del mundo hispano en buena medida gracias a las labores bíblicas que Reina realizó.

Hoy de nuevo se recomienda a los que han abrazado al evangelio: ¡retened dicha fe!

Casiodoro de Reina durante su ministerio retuvo una convicción en la iglesia local, y en la iglesia en sentido más amplio. Se puede ver esta convicción claramente desde su estadía en Londres. Inmediatamente se reunió con los evangélicos españoles para celebrar cultos de predicación, y poco después se dedicó a obtener el reconocimiento como una *iglesia de extranjeros*, en la cual él figuró como pastor. Esto es una evidencia de la prioridad de la iglesia para Reina. Por un tiempo fungió como pastor de dicha congregación londinense, y le hubiera gustado continuar sirviendo, pero debido a circunstancias fuera de su control, se vio en la necesidad de dejar aquel ministerio pastoral, el cual desafortunadamente dejó de existir después de que Reina salió de Londres. Tiempo después sirvió cinco años como ministro de una congregación de lengua francesa en Amberes. Esta congregación también ministraba abiertamente a los españoles residentes en aquella ciudad, después que dicha iglesia había obtenido el reconocimiento oficial por parte del consejo municipal. Finalmente durante aproximadamente otros cinco años, Reina estuvo al frente de la misma comunidad de fe en el exilio, aunque al principio en forma extraoficial, pero recibiendo tiempo después el nombramiento de pastor asistente de la misma cuando lo aprobó el consejo municipal de Francfort. Tuvo indudablemente una firme convicción en que Dios comunica su gracia a través de la predicación del evangelio y la administración de los medios de gracia en la congregación local. Ciertamente Reina se mantuvo activo en la congregación hasta su muerte.

El ministerio pastoral de Reina en aquellas congregaciones se desempeñó dentro de circunstancias harto difíciles. Requirió una gran dedicación y habilidad. ¿Se pueden imaginar el pastorear y servir a una congregación teniendo a la poderosísima *Inquisición*—auspiciada por el estado y la iglesia española—ansiosa de capturar por cualquier medio y en cualquier lugar al dirigente para ejecutarlo? Hubiera resultado comprensible que Reina se hubiese dado por vencido ante tan enorme peligro. ¡Pero él resistió valientemente la tentación! Indudablemente Dios le fortaleció. ¿Se pueden imaginar a una denominación evangélica abiertamente desacreditando a uno de sus pastores para orillarlo a desertar su oficio y llamado pastoral? Cuando Reina era un refugiado en la apacible Francfort, más de veinte años después del conflicto original con los calvinistas, no estuvo completamente exento del acoso de sus detractores. Él fue un candidato seguro para haber caído en el desánimo. ¡Pero se mantuvo firme por la gracia de Dios! ¿Se pueden imaginar a una persona que está segura de su vocación para pastorear una congregación local, pero vez tras vez por falta del debido reconocimiento eclesiástico, se vea obligado a buscar un trabajo secular? A Reina, sin duda, le hubiera sido fácil abandonar por completo el ministerio. ¡Pero no lo hizo! Su valor era tal que lo infundió en la gente a quien ministraba.

Además, dentro del ministerio en la comunidad de fe, Reina tuvo una gran convicción en el poder de la Palabra, pero también creía que la fe del creyente se manifiesta en las obras, las cuales son motivadas por Dios mismo para amarle a Él y al prójimo. Él predicaba con el ejemplo sobre la fe activa en el amor. Con regularidad llevaba a su rebaño a la Palabra de Dios. Al mismo tiempo pudo responder junto con sus feligreses a las necesidades apremiantes típicas de todos los refugiados.

Reina también se preocupaba abiertamente de lo que hoy se denomina "educación cristiana". Como pastor tomó las debidas medidas para que sus feligreses tuvieran un catecismo,[63] un manual de instrucción básica sobre la fe cristiana. Asimismo contribuyó a la liturgia de la iglesia evangélica de Amberes al editar un libro de liturgia u orden de culto. En su calidad de

---

[63]Kinder, 73.

pastor, Reina ante todo tuvo como prioridad la proclamación y enseñanza del evangelio. Él fue el autor de una confesión de fe en Londres.

Casiodoro de Reina igualmente redactó el comentario sobre el cuarto capítulo de Mateo teniendo en mente el beneficio que tal comentario aportaría a los pastores de otras congregaciones. En este comentario Reina recalca la gran importancia del ministerio pastoral en la iglesia de esta manera:

> Que la suerte de la iglesia en la tierra está condicionada de tal modo que tanto su incolumidad como su ruina dependen exclusivamente de sus pastores y obispos, no lo negará nadie que haya observado que en el decurso de la Iglesia en su conjunto desde la fundación del mundo la Iglesia se ha mantenido firme y ha florecido siempre que ellos han perserverado en su misión con fortaleza y fidelidad, y que por el contrario no ha podido irle peor cuando sus pastores y obispos se han dejado corromper por Satanás o han sido de cualquier modo expulsados de su posición. Así el diablo, para conseguir del modo más rápido su propósito, acecha incesantemente, en primer lugar, a los pastores piadosos y su ministerio, dirigiendo todas las fuerzas de su pésima naturaleza exclusivamente a la corrupción de los mismos, ya que su caída acarreará necesariamente el derrumbamiento de la Iglesia.[64]

Reina insistentemente dio muestras de su fe en toda la iglesia, y se empeñó también en servir a la misma.

Además Reina fue posiblemente el autor de un documento intitulado *Algunas artes de la Santa Inquisición Española*. Este es un escrito polémico contra la *Inquisición* española, y es una clara defensa del movimiento de la Reforma iniciado en territorio español. Al final de la *Amonestación* en la *Biblia del Oso*, el traductor español sugiere el establecimiento de "un público concilio, o a lo menos nacional"[65] con el fin de publicar la Biblia. En *La exposición de San Mateo*, se dirige a la totalidad de los pastores de "la Iglesia renovada en nuestro tiempo".[66] Con esta frase se refiere a la iglesia renovada por la Reforma. Sin duda, éste es otro legado de Casiodoro de Reina, pues proporciona ánimo a los pastores hispanos para que se sientan honrados en seguir sirviendo a las congregaciones locales, pues así también sirven a la iglesia universal. Esto debe infundir en todo pastor el ánimo para redoblar el paso y seguir adelante en el ministerio.

---

[64]Reina, *Exposición*, 19-20.
[65]Reina, *Amonestación*, 110.
[66]Reina, *Exposición*, 28.

Casiodoro de Reina terminó su carrera ministerial y vida cristiana dentro de la iglesia evangélica luterana. En dos distintos actos, uno en Amberes y el otro en Francfort, solemnemente concedió su aprobación a las declaraciones doctrinales contenidas en las confesiones luteranas. Prometió guiar a los feligreses de acuerdo con dichas doctrinas, y declaró su desacuerdo con otras posturas doctrinales sostenidas por otros movimientos reformadores, incluido el calvinista.

Con todo, desde que se inició en el Cristo de la Biblia, Reina también adoptó un sobresaliente espíritu de paz con todos los seguidores de la Reforma, empezando en Sevilla. Tiempo después cuando Reina llegó a Ginebra, la intolerancia de Juan Calvino hacia Miguel Servet que llevó a éste último a una horrenda muerte en la hoguera, le afectó en lo más profundo de su alma. Como resultado de aquella intolerancia hacia Servet, Reina públicamente expresó su desacuerdo. Su desavenencia con aquel acto, sin embargo, no significó que Reina respaldara la herejía anti-trinitaria que Servet mantenía. A partir de entonces, Reina insistió en expresar su fe trinitaria, a pesar de que sus detractores se esforzaron en perjudicarlo proyectando la falsa imagen de que Reina abrigaba en su alma la misma doctrina de Servet. Su desacuerdo con la postura rígida e intolerante mostrada en Ginebra, no obstante, se fundamentó en que también Servet, como Calvino y muchos otros, ardientemente anhelaba la reforma de la Iglesia. Tiempo después, en Londres, Reina redactó una confesión con la esperanza de que fuera aceptada tanto por calvinistas como por luteranos. Su tolerancia y pacifismo igualmente se manifestó cuando defendió el lugar que les correspondía a los anabaptistas dentro de la iglesia surgida del movimiento de Reforma.

Respecto a los católicorromanos españoles que habían dirigido la *Inquisición* contra muchos como él, Reina igualmente se expresó con moderación. Estaba convencido de que Roma había malinterpretado la doctrina de la salvación, y consideraba también que había cesado de ser una guía espiritual eficaz para la gente. Por tanto, Reina en su comentario sobre San Mateo abiertamente menciona como ejemplo a la Iglesia Católica Romana, y afirma que ella es semejante a un pastor que ha caído en la tentación. Como consecuencia de sus yerros, ella también se había descarriado por su excesiva ambición.

Con igual franqueza, Reina afirmó que la iglesia había errado al establecer el *Santo Oficio de la Inquisición*. A pesar de todas estas vigorosas afirmaciones, Reina no declaró anatema a la Iglesia Católica Romana. Igualmente, en su *Confessión de Fe christiana* no incluye anatemas ni para la Iglesia Católica Romana ni para otra iglesia. Esto representa un marcado contraste frente a otras confesiones protestantes de la época. Reina apreció algunos trabajos bíblicos—aún valiéndose de algunos—realizados por eruditos que permanecían en las filas de la iglesia papista.

Casiodoro de Reina, además de sostener algunas convicciones personales acerca de la fe cristiana, creía en la unidad de la iglesia de Cristo, y dedicó un gran y prolongado esfuerzo para alcanzarla. La nueva vida en Cristo como la había conocido, le movía a amar a los hermanos en la fe y a sentirse profundamente incómodo ante la desunión entre ellos. Reina exhibió claramente su espíritu pacificador cuando, como representante de la comunidad española de fe en Londres, extendió la mano de compañerismo a los calvinistas franceses en Londres al presentar su confesión:

> Oramos al Señor con todo affecto, nos dé un mismo sentir y querer en sí, para que, en su Iglesia no sea hallada división, donde en su nombre se professa summa concordia.[67]

En otra oportunidad, Reina expresó su consternación ante los ataques lanzados contra la unidad cristiana. Algo similar tuvo que soportar en su persona toda la vida:

> Lejos van de este pío y cristiano afecto los que exageran y suben de punto las faltas semejantes, llevándolas por sus luengos conductos hasta alguno de los primeros principios de la fe, y les dan los mismos títulos que con razón se darían a las negativas de aquel artículo; y nombran luego al errado con los nombres de los capitales herejes que primero establecieron el error. Este método parecer tiene de celo por el edificio de la Iglesia; mas a la verdad es un oculto artificio con que el Diablo la hinche de cismas, de disensiones, de revueltas, la mina, y al fin la arruina; unas veces acusando unos sin ninguna piedad; otras, defendiendo otros sin ninguna templanza, lo que, por ventura, o que se dijera o que se dejara, no iba tanto en ello que la cristiana concordia, tan encomendada del Señor en su Iglesia, no hubiera de ser de mayor estima. Y uno de los mayores males es (y

---

[67]Reina, *Confessión*, 6.

aun por hablar más propio, una especie de escarnio) que todos sabemos hacer
esta queja, mas nadie quiere ser el primero a ponerle el remedio cuando le viene
a la mano la ocasión.[68]

Tampoco causa sorpresa que Reina se opusiera tenazmente a enviar a la
hoguera a los herejes. En una edad cuando se carecía por lo general de
tolerancia y donde existían territorios con una sola religión, Reina se adelantó
a su tiempo al mostrar respeto hacia los disidentes, e incluso los defendió en
su derecho para creer como desearan. La dramática escena de Reina sintiendo
verdadero pesar en la Colina de Champel tiene un notable peso simbólico.

Con respecto a la hostilidad hacia Reina por parte de los calvinistas,
una vez que lo acusaron de rechazar la doctrina de la Trinidad ostensiblemente
lo criticaron también por su opinión sobre la Eucaristía. Los calvinistas
argumentaron que la postura de Reina era demasiado luterana. En esto es
posible que acertaran debido a que Reina abogó por una articulación doctrinal
que fuera aceptable para todos los evangélicos. Esto simplemente reflejó
un deseo que ha resultado inalcanzable hasta hoy.

Aquí cabe sugerir la existencia de otro factor detrás de la enemistad
de los calvinistas hacia Reina: la mayoría de los principales dirigentes
calvinistas eran franceses. Igualmente la congregación de refugiados en
Londres que se opuso tenazmente a Reina estaba principalmente formada
por franceses. Si se unen estas circunstancias con la tradicional hostilidad
entre Francia y España se descubrirá que la aversión mutua entre personas
de ambos países estaba presente también en aquella época. En 1557 las
tropas españolas habían obtenido una resonante victoria sobre Francia. La
derrota sufrida en San Quintín, al norte de París, por las fuerzas francesas
fue humillante. Sería comprensible entonces que, debido a la situación
histórica entre ambos países durante esa época, los protestantes franceses
vieran con recelo a sus correligionarios españoles, entre los cuales, desde
luego, se encontraba Reina. Situaciones similares ocurren en varias partes
del mundo actualmente, a pesar de que los cristianos de distintas
nacionalidades saben que se debiera realizar cierto trabajo eclesiástico en
conjunto. La situación de las relaciones internacionales en aquél tiempo,

---

[68]Reina, *Amonestación*, 108-109.

sin duda, podría arrojar cierta luz para explicar la desunión entre los calvinistas franceses y el español Reina.

La personalidad pacificadora de Casiodoro de Reina constituye una lección importante para los protestantes hispanos. Es de todos conocido que los dirigentes de la iglesia evangélica están rodeados hoy por una infinidad de divisiones eclesiásticas, las cuales en muchos lugares lamentablemente se incrementan al paso del tiempo. Ciertamente existe, por un lado, el deber de preseverar en "la sana doctrina" (1ª Tim. 1:10) como San Pablo exhorta vez tras vez (1ª Tim. 4:6; 2ª Tim. 4:3). Por otro lado, Jesucristo pide a su Padre que sus discípulos "sean uno, así como nosotros" (Juan 17:11). Hoy es necesario tomar en cuenta el cristiano espíritu pacificador de Casiodoro de Reina.

⊏⊐

La traducción de la Biblia—una de las primeras Biblias completamente traducida directamente del hebreo y griego a una lengua moderna—constituye el gran logro de Casiodoro de Reina. Suyos son los reconocimientos y los honores correspondientes.

Los eruditos del siglo XIII, en efecto, ya habían realizado una paráfrasis de la Biblia al castellano, auspiciada por el rey Alfonso X el Sabio. Pero aquel trabajo permaneció inédito hasta el siglo XX. Aquella paráfrasis, sin embargo, tenía una meta muy distinta a la que tuvo Reina. Se realizó con el fin de robustecer al idioma español, que para entonces emergía del latín. Para el Siglo XVI, dicha Biblia no estaba en circulación. Se habían publicado solamente traducciones de ciertos pasajes bíblicos, con frecuencia parafraseándolos, para ser incluidos en la literatura devocional de esa época. Por supuesto, la iglesia medieval había basado todas sus traducciones en la *Vulgata* latina, la Biblia oficial en aquel entonces. Además, la iglesia no cedía la Biblia completamente al pueblo. Ella deseaba continuar como moderadora de la fe y la moral.

Reina, por el contrario, como Martín Lutero, creía que la Biblia no sólo es el medio del Espíritu Santo para generar la fe sino también un medio eficaz de enseñanza. Con el fin de que la gente pudiera comprender la enseñanza de la salvación en Cristo, Reina pensaba que era necesario traducir la Biblia al español, el idioma del pueblo. Para que sus compatriotas pudieran recibir la enseñanza con exactitud y claridad, proponía que la traducción procediera de los textos originales. Reina tradujo la Biblia al español, no para fines culturales sino para fines didácticos. Reina lo expresó así: "el [Señor] sabe q lo q en ella [la traducción] prendemos y auemos pretendido hasta aora no es otra cosa q la propagación desu conocimiento y el consuelo desu Iglesia".[69]

En el tiempo de Reina, el naciente movimento protestante español había comenzado a producir traducciones al vernáculo de ciertas porciones bíblicas. La firme fe de Reina en las Escrituras se había manifestado muy pronto después de incorporarse al movimiento de la Reforma, pues anheló ponerla a la disposición del pueblo. Antes de la conversión de Reina, los simpatizantes de la Reforma habían publicado en español el Nuevo Testamento y unos cuantos libros del Antiguo Testamento. Eso simplemente indica que no existía la Biblia completa en español.

Los eruditos judíos del tiempo de Reina, por su parte, habían hecho contribuciones relevantes al estudio de la Biblia y a la traducción de la misma. Habían preservado, por ejemplo, el texto hebreo de la Biblia. Igualmente basándose en el texto hebreo, habían traducido el Antiguo Testamento al español. Este hecho, por supuesto, facilitó no solo las labores de Reina sino de otros traductores bíblicos.

Reina fue motivado por una fuerte orientación misionera para emprender la tediosa, pero importante labor de la traducción bíblica. Sin duda, se sintió responsable de difundir el mensaje bíblico entre su pueblo. Se enfrentó a las fuerzas diabólicas de su tiempo que trabajaban incansablemente para desbaratar el propósito salvífico de Dios. Estaba convencido que Satanás había causado la corrupción del mensaje del evangelio que enseñaba la iglesia tradicional entre el pueblo español. Tal como Dios había llegado a su persona con el evangelio, de igual manera, Reina se dedicó a la misión de Dios a favor de sus compatriotas.

Después de terminar la traducción, Reina se dedicó esmeradamente a introducir el mayor número posible de Biblias a España. Debido a las confiscaciones de libros prohibidos realizadas por la *Inquisición*, Reina trató de ingeniárselas para pasar de contrabando algunas Biblias. Aunque se

---

[69]Kinder, 122.

desconocen los pormenores, principalmente se sabe por documentos en los archivos de la *Inquisición* que Reina logró parcialmente su propósito. Pero en sus días Reina no supo de primera mano el copioso fruto de sus labores bíblicas. Años después de su muerte, fue su antiguo compañero, Cipriano de Valera, quien revisó la *Biblia del Oso* publicando su trabajo en 1602. De esta manera el trabajo de Reina fue rescatado para la perpetuidad. Valera reconoció que la labor de Reina tenía un valor duradero. Pero también juzgó conveniente introducir algunos cambios, principalmente en el orden de los libros del Antiguo Testamento y en las anotaciones marginales.

Las Sociedades Bíblicas, auspiciadas por las iglesias evangélicas, reconocieron el alcance de la traducción de Reina y comenzaron, a partir de 1806, a reproducirla en gran escala. Con el paso del tiempo vendrían otras revisiones, principalmente en 1862, 1909, 1960, y 1995. Estas labores bíblicas desde un principio tenían la mira más allá de la península ibérica. Todas las nuevas revisiones del trabajo realizado por Reina habrían de considerar a un pueblo hispano muy numeroso en América Latina y partes de África.

En los dos últimos siglos, las Sociedades Bíblicas han hecho exactamente lo que Reina anticipó hacer con las Sagradas Escrituras— usarlas no sólo como la norma de la fe cristiana, sino también valerse de ellas como medio de evangelización. Para alcanzar este fin, dichas sociedades enviaron al campo misionero al obrero llamado *colportor*. Los *colportores* operaron como distribuidores y evangelistas sembrando la semilla del evangelio a lo largo del continente latinoamericano. En muchos lugares, los *colpoltores* fueron los primeros misioneros evangélicos. También fueron los *colportores* quienes difundieron la Biblia en España, algo que Reina no logró hacer a pesar de tener todos los deseos. La copiosa cosecha está a la vista hoy, sobre todo en América Latina.

En la actualidad la traducción de Reina es todavía la Biblia más difundida y aceptada entre los evangélicos hispanos en España y sus antiguas colonias en América Latina y África, así como entre los protestantes hispanos de los Estados Unidos de América. Solamente las Sociedades Bíblicas distribuyen un millón de ejemplares bíblicos en español al año. La mayoría de éstos ejemplares usan el texto bíblico que Reina tradujo. El sabio del Antiguo Testamento escribió, "Echa tu pan sobre las aguas; después de muchos días lo hallarás" (Eclesiastés 11:1). Reina se esforzó y se atrevió a lanzar su Biblia en el nombre de Dios. ¡Se hubiera quedado inmensamente asombrado sobre lo que Dios al fin logró con su servicio!

La Biblia de Reina entre el pueblo de fe y el mundo hispano representa una traducción dinámica de valor incalculable. Los nuevos traductores de la Biblia valoran el ejemplo de Reina–el cual es digno de ser imitado–y la innegable fidelidad al mensaje bíblico, acompañada de una esmerada dedicación a la difusión bíblica.

El creyente en *"Jesús solo"* y misionero bíblico, Casiodoro de Reina, tiene un lugar prominente desde el inicio del movimiento de la Reforma entre los hispanos. Este movimiento en España comenzó en pequeños grupos evangélicos durante la primera mitad del siglo XVI. Uno de los grupos más numerosas e influyentes se encontró en Sevilla. Casiodoro de Reina fue uno de los principales dirigentes espirituales de aquel grupo sevillano, el cual se concentró principalmente en el Monasterio de San Isidoro, aunque se extendió por la ciudad y sus alrededores.

El movimiento a favor de la Reforma de la iglesia en un principio ciertamente no alcanzó en España a desarrollarse lo suficiente como para lograr organizarse a nivel regional o nacional. Pero también es verdad que fue un movimiento dinámico entre los creyentes y dirigentes. La fe de sus miembros quedó descrita en forma por demás destacada en la literatura del movimiento en favor de la Reforma en el idioma español.

Los simpatizantes españoles de la Reforma obtuvieron traducciones de escritos de los reformadores en Alemania y Suiza. Poco después, sus más destacados miembros comenzaron a producir su propia literatura y a formular sus confesiones de fe, las cuales tuvieron, desde luego, una orientación claramente evangélica. Es verdad que se percibe entre ellos algunos elementos del *erasmismo* e *iluminismo*, movimientos de renovación surgidos dentro de la iglesia, pero también, se encuentra la inconfundible enseñanza bíblica que guió a la Reforma.

Pasado cierto tiempo, el *Santo Oficio de la Inquisición* llegó a saber de la existencia de los grupos reformadores. Como resultado, tomó medidas firmes y violentas de tal manera que en los siguientes cincuenta años condujo una guerra frenética mediante la cual acabó desarraigando en todo el país al prometedor movimiento reformador.

Los refugiados protestantes se trasladaron a países vecinos, y pronto se organizaron dentro de congregaciones en el exilio. Motivados por su fe evangélica, también se dieron a traducir y producir literatura reformadora en español, haciendo todo lo posible por introducirla en su patria. Por su parte, Reina después de ser uno de los guías espirituales en Sevilla, continuó desempeñándose como pastor de una congregación de refugiados hispanos en Londres. Más tarde en Amberes también hubo españoles en las iglesias luteranas. Reina sirvió de pastor entre ellos. Nuestro reformador español produjo literatura cristiana para las iglesias, sobre todo teniendo en mente fines evangélicos. Tal labor se concentró especialmente en la traducción de la Biblia al español.

La misma *Inquisición* increíblemente dejó testimonio, no de buena gana ciertamente, de la destacada presencia de Reina durante la etapa inicial de la iglesia evangélica hispana. Era costumbre de la *Inquisición* quemar en efigie a los acusados de herejía cuando no lograban apresarlos (*in absentia*). Su intolerancia llegaba a tal extremo. En Sevilla el 26 de abril de 1562, la *Inquisición* juzgó, condenó y quemó en efigie a Reina. Durante el mismo acto fue identificado como "heresiarca",[70] es decir, autor de herejía. Dos años después, en 1564 el rey Felipe II, el principal patrón de la Inquisición, puso precio a la cabeza de Reina ofreciendo una importante suma de dinero para la persona que colaborara en su captura. El monarca no ofreció lo mismo con todos los evangélicos españoles fugados sino sólo con los dirigentes.

Actualmente los protestantes en España denominan a aquel movimiento religioso del siglo XVI como la *Primera Reforma*. Casiodoro de Reina, desempeñando un destacado papel en los inicios del protestantismo español, estuvo presente. Aquel inicio en realidad marcó el amanecer de *nuestro* protestantismo hispano.

Casiodoro de Reina cargaba su cruz con buena voluntad. Este hecho

---

[70]Gilly, "Historia de la Biblia": 1.

también constituye un ejemplo para todos los hispanos evangélicos. No daba marcha atrás a pesar del destierro y otras penalidades por las que pasó por creer y confiar en Jesucristo, según el Señor es presentado en la Biblia. El evangelio de Jesucristo se presenta en la Biblia en una forma muy diferente al catolicismo tradicional en el que el pueblo hispano se encontraba a principios del Siglo XVI. Tampoco Reina se amedrentaba ante las consecuencias de su vocación por compartir aquella fe bíblica para el beneficio del pueblo español. La fidelidad y valentía de Reina se ha sentido entre el pueblo hispano hasta hoy.

Reina y el resto de los monjes del Monasterio de San Isidoro del Campo, se dieron cuenta de las graves secuelas que se presentarían para cualquier persona que se desviase del camino tradicional de la iglesia. Sabían, por ejemplo, de la existencia de la *Inquisición,* establecida por el papado a partir del siglo XIII con el propósito de vigilar la pureza de doctrina y castigar cualquier desviación. Aquellos monjes, asimismo, estuvieron conscientes de que la *Inquisición* ya había entrado en acción contra los judíos, que supuestamente se habían convertido al catolicismo romano para después secretamente mantener sus creencias y prácticas religiosas. La pena de estos herejes, una vez descubiertos y capturados, variaba según la gravedad del caso. Pero se incluía la humillación, la confiscación de propiedades, el destierro y la muerte en la hoguera. A pesar de estos peligros, Reina y sus compañeros de hábito continuaron leyendo la proscrita literatura religiosa y celebrando estudios bíblicos dentro y fuera del monasterio. Se atrevieron valientemente a testificar y enseñar la fe según se entendía en el movimiento reformador, el cual por cierto había empezado a influir a todo el continente europeo a partir de 1517. La actividad desarrollada por aquel grupo de monjes lo hacía delinquir seriamente ante el *Santo Oficio de la Inquisición.*

La palabra griega para "testimoniar" es μαρτυρεω. Esta palabra también significa "sufrir el martirio". El vínculo existente entre testimonio y martirio va más allá de la experiencia de la mayoría de las personas en el llamado mundo occidental a principios del tercer milenio. Pero no fue así para Casiodoro de Reina y los monjes españoles que abrazaron el movimiento reformador.

Después que la *Inquisición* lo obligó a huir de España, Reina supo que otros seguidores de la Reforma que se quedaron o no alcanzaron a huir, fueron enviados a la hoguera, mientras que otros que huyeron fueron quemados en efigie. A pesar de ello, Reina no tuvo miedo en continuar cargando su cruz. Prefirió la vida de refugiado a permanecer en Sevilla y rechazar parcial o totalmente su fe evangélica. Nuestro traductor optó por vivir bajo otros riesgos, consciente del hecho de que aún estando fuera de España, la *Inquisición* mantenía sus agentes diseminados por todos los territorios de la corona española, y aún en otros lugares. También estaba al tanto de que las embajadas españolas cooperaban con la *Inquisición*. En su huida no pudo trasladarse en completa seguridad. Le fue necesario tomar precauciones extras. Tenía que cuidarse de trampas y celadas que permitieran a las embajadas y agentes inquisitoriales capturarle para después ser repatriado, enjuiciado y condenado a una muerte segura. En el exilio Reina vivió en constante alerta.

¿Por qué un hombre como Reina fue capaz de preferir ese tipo de vida? ¿Qué le motivó a sufrir tantas penurias? En lo más íntimo de su ser, Reina había sido llamado a la fe en el evangelio. Para él fue como descubrir en el campo un incalculable tesoro. Él así lo expresa decididamente en el *Apéndice* de su *Confessión*:

> Si el mundo aora resiste a esta doctrina, no es maravilla, porque no haze nada de nuevo o de estraño a su condición, como lo haría si la abraçasse sin contradición alguna. Mucho menos nos deve espantar su grande diligencia en perseguirla sus Inquisidores, sus familiares, sus cárceles más duras que la misma muerte, sus tormentos, sus sambenitos, fuegos y lo que (al juyzio de la carne) es más que todo: la vergüença de aver caído en sus manos a título de hereges. Porque todos estos son aspavientos y visages vanos, con que el diablo (por ellos y en ellos obra) pretende espantar los que tentaren a salirse de su miserabile captiverio a la libertad de hijos de Dios. Que si el Señor, después de avernos hecho partícipes de su luz, fuere servido de llegar nuestra Fe a tales pruevas, escogiéndonos por mártyres y testigos fieles de su verdad, beneficio singular suyo es, por el cual le devemos nuevo agradecimiento. Las mercedes y regalos especiales que nos communicará en medio de tales pruevas serían más que bastante recompensa de todo nuestro padecer, pues ¿quál premio será el de aver sido compañeros de su vergüença y cruz? Salgamos, salgamos con él fuera delos reales llevando alguna parte del opprobio que él llevó por nosotros, assegurados que si con él padeciéremos, con él también reynaremos. A él sea gloria, y alabança eterna, que con el Padre y Espíritu Sancto reyna en los cielos, donde nos espera Amén. Amén.[71]

---

[71]Reina, *Confessión*, 43.

Reina, por todo lo que se ha repasado, fue un fiel discípulo y siervo de Jesucristo. Él puede ser considerado un perdurable maestro de las generaciones hispanas. ¿Quién lo puede dudar?

Así fue cómo, en el mismo amanecer de la iglesia evangélica española–más aún de toda la iglesia evangélica hispana en el vasto mundo– el Señor de los fieles levantó a una valerosa persona. Este siervo del Señor tuvo alcances ministeriales, personales y confesionales que aún perduran. Ante todo, Dios le dio dones extraordinariamente grandes para sacar a la luz nuestra Biblia en español. La Biblia es la más segura y la más confiable norma de nuestra fe. Esta es una permanente y hermosa bendición para todo el ministerio y edificación de la iglesia evangélica hispana de todas las denominaciones en España, África, América Latina, Estados Unidos de América, y en todos los rincones del mundo en donde se entienda y hable el español. Considerando esta nobleza, ¿quién dudaría que Casiodoro de Reina sea considerado un verdadero patriarca de la iglesia evangélica hispana?

A manera de conclusión: existe el elogio profético de una original tradición evangélica hispana con citas tomadas de ambos testamentos de la *Biblia del Oso*:

> Oydme los que ſeguis juſticia, los q buſcays à Iehoua: mirad à la piedra de donde fueſtes cortados, y à la cauerna de la foſſa de dòde fueſtes arrancados.
> 2   Mirad à Abrahà vueſtro padre . . . : porque ſolo lo llamé, y bédixelo, y mutipliquelo.
> 3   Ciertamente conſolará Iehoua à Sión . . .
>   (ISAYAS LI: 1-3).

> 7   Acordahos de vueſtros Paſtores, que hos hablaron la palabra de Dios: la fe de los quales imitad conſiderádo qual aya ſido la ſalida de ſu conuerſacion.
> 8   Ieſus el Chriſto ayer, y oy: el miſmo tá bien es por ſiglos.
>   (HEBREOS XIII: 7-8).

APÉNDICE 1

CONFESSIÓN DE FE CHRISTIANA

CONFESSIO HISPANICA
(título de la versión latina)
Por Casiodoro de Reina, en A. Gordon Kinder, ed., *Confessión de Fe christiana: the Spanish Protestant Confession of Faith*
(London, 1560/61) (Exeter, Gran Bretaña, 1988), págs. 7-39.
Publicado con permiso.

EL PRIMERO CAPÍTULO
de la Confessión Española

De Dios

1. Primeramente creemos y confessamos aver un solo Dios, de naturaleza espiritual, eterno, infinito, de infinita potencia, sabiduría, y bondad, justo, aborrecedor y riguroso castigador del peccado, misericordioso y benigno más de lo que se puede declarar por palabra para todos los que lo aman y obedecen a sus mandamientos.

2. Creemos ansimismo que en esta divina y espritual naturaleza ay Padre, el qual es principio y fuente ansí de la divinidad como de todo lo que en el cielo, y en la tierra tiene ser: al qual llamamos por este nombre de Padre, especialmente por ser Padre de Jesús el Christo su Eterna Palabra, primogénito y único hijo suyo, y por causa de él ser Padre también de todos los fieles que con verdadera y biva fe le conocen y creen, y con pía y limpia vida le confiessan.

Ay Hijo, el qual (como está dicho) es Jesús el Christo, retrato natural y expressa imagen de la persona del Padre, primogénito ante toda criatura, y cabeça de toda la Iglesia.

Ay Espíritu Sancto, el qual es la fuerça y efficacia de la divinidad, que se muestra generalmente en todas las obras de Dios, y más claramente en el govierno de toda la Iglesia de Jesús el Christo; y especialmente se siente en los coraçones de los píos regenerados por él, y se declara y manifiesta por sus palabras y obras.

3. Creemos hallarse estas tres personas en la misma substancia, naturaleza y essencia de un Dios, de tal manera distinctas, que el Padre no sea el Hijo, ni el Espíritu Sancto; ni el Hijo sea el Padre, ni el Espíritu Sancto; ni el Espíritu Sancto sea el Padre, ni el Hijo. Esto sin derogar a la unidad y simplicidad de un solo Dios, por no aver en todas tres personas más de un ser divino y simplicíssimo, según que lo hallamos avérsenos declarado el mismo Dios en su Sancta Palabra, por la qual enseñados lo conocemos, adoramos y confessamos ansí.

4. Y aunque entendemos que todo hombre fiel se deve conformar con las maneras de hablar de que Dios en ella usa, mayormente en la manifestación de mysterios semejantes a éste, donde la razón humana ni alcança, ni puede: empero por conformarnos con toda la Iglesia de los píos, admittimos los nombres de Trinidad, y de Persona, de los quales los Padres de la Iglesia antigua usaron, usurpándolos (non sin gran necessidad) para declarar lo que sentían contra los errores y heregías de sus tiempos acerca de este artículo.

5. Por esta Confessión protestamos que somos miembros de la Iglesia cathólica, y que ningún commercio tenemos con ninguna secta o heregía antigua ni moderna que o niegue la distinctión de las personas en la unidad de la divina natura, o confunda las propiedades y officios de cada una de ellas, o quite a Jesús el Christo o al Espíritu Sancto el ser y dignidad de Dios, poniéndolos en el orden de las criaturas.

Cap. II
De la Creatión de las cosas; de la providencia de Dios en todo lo criado; y del fin principal que Dios en ella pretendió y pretende

1. Creemos ansimismo que, siendo Dios de su propria naturaleza invisible, incomprehensible y ineffable, a fin de communicarse y manifestar los thesoros de su potencia, bondad, y sabiduría y de su divino ser al hombre que después avía de criar, con la potencia de su Palabra, que es el Christo, crió de nada los cielos y la tierra, y todo lo que en ella ay, ansí visible como invisible; para que, poniendo el hombre los ojos en esta tan admirable obra de su Dios, viniesse en conocimiento de su Criador y de sus condiciones; y inclinado por este conocimiento a amarle, reverenciarle, temerle, adorarle y perpetuamente obedecerle de todo su coraçón, gozasse de una vida de entero y lleno contentamiento en la communicación familiar de su hazedor durante el tiempo que su providencia ordenasse que biviesse en este

baxo mundo.

    2. Item, creemos que con la misma virtud de su Palabra, con la qual al principio dio ser a las cosas, lo mantiene y sustenta todo en el ser que tiene, y con la providencia de su sabiduría lo govierna, rige y pone en admirable concierto, de tal manera que sin su voluntad ninguna cosa se haga ni pueda hazerse en el universo, haziendo con su infinito poder y sabiduría que todo sirva a su gloria, y a la utilidad de los suyos.

Cap. III
De la Creación del hombre, y de su perfección, dicha otramente Justicia Original

    1. Creemos ansimismo que, después de aver Dios criado el mundo y todo lo que en él ay, crió al hombre: immortal, justo, bueno, sabio, benigno, misericordioso, sancto, amador de verdad, y en fin tal, que con los dones de que le dotó pudiesse ser en el mundo una imagen y biva representación dél que lo crió; en la qual, como en principal obra de sus manos hecha para este solo fin de ser por ella conocido y glorificado, resplandeciesse su bondad, sanctidad, verdad, sabiduría, misericordia y limpieza; y como criatura tan excellente fuesse colocado en el más supreme grado de honra que todas las otras criaturas corporales, constituydo por la mano de su Criador por superior y Señor de todas; para que por todas partes quedasse obligado a la reverencia, obediencia, temor y amor de su Hazedor, y al perpetuo agradecimiento de tan grandes beneficios.

    2. Esta tan dichosa condición llamamos Justicia Original, porque de tal manera residió en el primer hombre, que de él se communicara a todos sus descendientes.

Cap. IIII
De la cayda del hombre; de la facultad del humano arbitrio antes y después del Peccado Original y de las penas dél; y de la causa del mal

    1. Confessamos que, aviendo el hombre recebido de la mano de Dios en su creación fuerças de sabiduría y entereza de voluntad con que poder conocer, amar y servir a su Criador, permaneciendo en su obediencia (que es lo que communemente se llama libre arbitrio), recibió ansimismo Ley, en la obediencia de la qual exercitasse estos admirabiles dones; la qual quebrantando de su libre voluntad, justamente fue despojado de la imagen de Dios, y de todos los bienes que le hazían a él semejante; y de sabio, bueno, justo, verdadero, misericordioso y

sancto, fue buelto ignorante, maligno, impío, mentiroso y cruel, vestido de la imagen y semejança del demonio, a quien se allegó apartándose de Dios, privado de aquella sancta libertad en que fue criado, hecho esclavo y siervo del peccado y del demonio.

2. Esta corrupción de la humana naturaleza (que por estar entonces depositada en el primer hombre, fue toda corrompida) llamamos Peccado Original, por ser falta que desde el primer hombre deciende, como de mano en mano, de padres a hijos, propagándose con la misma naturaleza en todos sin poder faltar.

3. Con la misma justicia confessamos aver incurrido en la pena de la muerte, que en la misma Ley le fue impuesta, si trespasasse, y en todas las demás calamidades que en el mundo se veen, las quales entendemos aver tenido su principio de allí, y aviendo sido dadas en castigo del peccado, quiere Dios que aún duren en testimonio de su yra contra él, y para un continuo exercicio de penitencia.

4. Este entendemos y confessamos aver sido el principio y la causa del mal en el mundo, y no tener otro ninguno; al qual todos los hombres quedamos subjectos, como ramas que nacimos de corrupta raíz, succediendo por herederos en los males de nuestros padres, en su corruptión y condemnatión, como lo fuéramos de sus bienes y de su integridad, si permanecieran en aquella justicia.

5. Por esta confessión renunciamos a toda doctrina de hombres que enseñen otros principios del mal que el que aquí avemos confessado, o que nieguen la corruptión de la humana naturaleza por la razón dicha, o que a lo menos enseñen no ser tanta que no le queden al hombre fuerças y facultad de libre arbitrio con que poder de sí mismo, o ser meyor, o disponerse para serlo delante de Dios; mayormente aviéndonos el Señor enseñado que es necessario nacer de nuevo.

Cap. V
De las promessas de Dios; y de la Fe con que los peccadores son justificados y se levantan a meyor esperanza

1. Esta tan miserabile y (por fuerças criadas) del todo irreparabile cayda de todo el linaje humano entendemos averla Dios tomado por occasión para mayor manifestación de los abysmos de su poder, saber y bondad, y especialmente de su misericordia y charidad para con los hombres, haziendo que, donde el peccado abundó, sobreabundasse su gracia y misericordia, a la qual sola tuviesse recurso el hombre caydo, que ya por su propia justicia era impossible salvarse.

2. Esta su misericordia primeramente se manifestó dando promessa de eterna salud y benedición en virtud de una bendita simiente, que en el mundo nacería de muger, ansí como de muger avía nacido la maldición; la qual simiente sería tan poderosa, que bastasse a deshazer todo el reyno del demonio; y de tanta

sanctidad, que en su nombre fuessen sanctificadas todas las gentes de la tierra.

3. La fe y esperança desta promessa confessamos aver venido como de mano en mano por todos los Padres del Viejo Testamento, por virtud de la qual sola recibieren salud y bendición, ni nunca uvo debaxo del cielo otro nombre ni otro camino por donde los hombres se salvassen.

Cap. VI
De la Ley, y de la doctrina de los Prophetas, o del Viejo Testamento

1. Confessamos ansimismo que, estando sepultada en el mundo la memoria de esta promesa, y ansimismo la noticia de la manera con que Dios justificava y acceptava por suyos los peccadores justificados, accordó de escoger de entre todas las naciones de la tierra un pueblo, para que en él naciesse el libertador de los hombres, y con él se diesse entero cumplimiento a todas sus promessas; con el qual pueblo hizo pacto o concierto, renovando en él su promessa y la justicia de Fe, y dándole su Ley en tablas de piedra, para que, despertados por ella los hombres al conocimiento de su corrupción, lo fuessen ansimismo al desseo del remedio, que consiste en el cumplimiento de aquella bienaventura de promessa.

2. Para este solo fin entendemos aver Dios ordenado que sonasse su palabra en este pueblo por la bocca de sus Prophetas, y que el pueblo fuesse exercitado en muchas y diversas maneras de mandamientos, de ceremonias, y de figuras; para que, siendo por la palabra de la Ley argüydo y convencido de su continuo peccado, y por la frequencia de los sacrificios amonestado de la poca virtud de los mismos sacrificios para quitarlo del todo, fuesse como forçado a entender, esperar y pedir con ardentíssimo desso la venida de aquel poderoso sacrificio, y de tanta virtud, que siendo una vez offrecido bastasse para dar perfecta y eterna sanctificatión y limpieza; a fin que desta manera, es a saber, con el exercicio de aquella forma de culto, y mucho más con el desseo del perfecto sacrificio, se preparasse a conocerlo y a recebirlo quando Dios lo embiasse.

Cap. VII
Del Christo, y del cumplimiento de las divinas promessas, o del Evangelio

1. Item, confessamos que, siendo cumplido el tiempo que Dios quiso que su pueblo fuesse occupado y exercitado en esta forma de culto, en cumplimiento de su promessa, y para abolición de todas las ceremonias y sacrificios legales, y mucho más para deshazemiento del peccado, y por consiguiente de la violencia de

la Ley, embió su unigénito Hijo, hecho de muger, conforme al tenor de la promessa al principio hecha; el qual muriendo en la carne muerte de cruz, y siendo sepultado, y resuscitando al tercero día entre los muertos por su propria virtud, y subiendo a los cielos en magestad de Dios, diesse cumplimiento a todas las promessas de su Eterno Padre, y en su nombre fuesse predicado a todo el mundo penitencia y remissión de peccados a todos los creyentes, a los quales fuesse dado Espíritu Sancto, y buena y sana voluntad para poder amar y obedecer de coraçón a Dios, teniendo esculpidas en sus coraçones las divinas Leyes, por obra y beneficio del mismo Espíritu.

2. Esto entendemos ser aquel Nuevo Testamento que Dios tenía prometido a su pueblo, ratificado y hecho firme para siempre con la muerte del Señor Jesús el Christo, y con la effusión de su sangre; que es lo que por otro nombre llamamos Evangelio, que quiere dezir, alegre nueva, y annunciatión de la paz y reconciliatión que por Jesús el Christo tenemos con Dios; al qual Evangelio y eterna aliança generalmente son llamados todos los hombres, y admittidos los que lo reciben con biva y efficaz Fe.

Cap. VIII
De la naturaleza y persona del Christo

1. Confessamos y creemos firmemente el author de nuestra salud, que es el Christo, en lo que a su naturaleza y persona tocca, ser verdaderamente hombre, concebido por especial y maravillosa obra del Espíritu Sancto, y nacido de María Virgen, de la simiente de David y de los Padres según la carne, conforme a las divinas promessas a ellos hechas, semejante en todo a nosotros, excepta nuestra corrupción y peccado.

2. Ansimismo creemos ser verdadero Dios, pues en su persona y subsistencia es la Palabra que era en el principio, y estava en Dios, y finalmente era Dios; y por la qual fueron hechas todas las cosas, y sin ella ninguna cosa fue, ni pudo ser; y por cuya potencia y virtud son aora y fueron siempre sustentadas en su ser, como arriba lo hemos confessado en el primero y segundo capítulo desta nuestra Confessión.

Cap. IX
Del officio y dignidad del Christo

1. En lo que a su dignidad y officio toca, entendemos ser en dos maneras: primeramente para con Dios su Eterno Padre; y segundamente para con nosotros. Su officio para con Dios entendemos aver sido buscar y procurar su gloria,

manifestando su nombre y su verdadera noticia en el mundo y haziéndolo illustre entre los hombres por la obra de nuestra redemción y por la manifestación de su Evangelio. Por esta parte es llamado algunas vezes en la divina Escriptura Ángel de Dios, que quiere dezir ministro de Dios, otras vezes claramente Siervo de Dios, Apóstol y Pontífice de nuestra Fe.

2. Por aver perfectamente obedecido al Padre en este caso hasta la muerte de cruz, creemos serle dado premio gloriosíssimo: lo primero, que sea author de eterna salud a todos los que en él creyeren y le invocaren; lo segundo, que tenga suppremo nombre sobre todo lo que se puede nombrar en los cielos y en la tierra, y que a él y a su nombre glorioso se arrodille toda rodilla en el cielo y en la tierra y en los infiernos, como a suppremo monarcha establecido por la mano de Dios, para serlo, no solamente de mar a mar y desde el gran río hasta los fines de la tierra, mas aun sobre todas las obras de las manos de Dios.

3. Su officio para con nosotros, aunque es en muchas maneras, según la diversidad de los bienes que por su medio son communicados a los suyos, empero enseñados por la Divina Palabra lo reduzimos a dos partes principales, que son de rey y sacerdote.

4. Por la parte que es nuestro Rey, confessamos avernos primeramente librado de la tyrannía del peccado, del demonio y de la muerte, de los quales triumphó en su muerte, rayendo la obligación de la Ley, por la qual éramos justamente condemnados a eterna maldición y muerte, y enclavándola consigo en la cruz, para que, libres ya de todo temor, no sirvamos al peccado ni al demonio, mas al que nos libró de su poder, en justicia y en sanctidad de vida todos los días que nos resten de bivir.

5. Con el mismo poder creemos que, estando a la diestra de la potencia de Dios, nos assiste, ampara y defiende; y nos da secretas fuerças de su Epíritu contra todas las tentaciones, ansí interiores como exteriores, que nos vienen por parte de los mismos enemigos; con los quales ordenó la divina providencia que nos quedasse continua pelea, aun después de libertados de ellos, para humiliación nuestra, y para exercicio de los dones que nos son dados; y ansimismo para que en nuestra flaqueza se manifieste la virtud de Jesús el Christo, que en nosotros pelea contra tan poderosos enemigos y los vence.

6. Item, ansí como él fue el que en todos los siglos defendió su Iglesia contra la violencia del mundo, ansí también entendemos que aora él mismo es el que la defiende y defenderá siempre dél; y en cuya potencia confortados vencemos el mundo, y esperamos alcançar siempre victoria dél; hasta que finalmente triumphemos del todo con el mismo Christo rey nuestro, quando serán subjectadas debaxo de sus pies todas las potestades que en este siglo rebelde le contradixeron, para que su reyno glorioso commençado de aquí sea perpetuo, y nunca tenga ni

pueda tener fin, conforme a las promessas que Dios tiene hechas dél.

7. Por la parte que es nuestro sacerdote, creemos: lo primero, aver sido siempre y ser el Intercessor entre Dios y los hombres, el qual, por su oración y por el sacrificio de su muerte y cruz, applacó la yra de Dios, y nos alcançó, no solamente perdón entero y cumplido de todos nuestros peccados, mas también mérito y dignidad para poder parecer delante dél confidamente. Ansimismo nos dio no sólo nombre de hijos de Dios, mas también que realmente lo seamos, communicándosenos por la virtud de su Espíritu naturaleza divina, en la qual regenerados lo seamos. Por la misma razón, nos adquirió acción y derecho a la herencia de la gloria de Dios, y de todos sus bienes juntamente consigo, de que él (como primogénito y cabeça nuestra) goza por sí, y por todos sus hermanos, sentado a la diestra de la Magestad en las alturas, tanto superior a los ángeles quanto le es dado más claro nombre sobre todos ellos, hasta tanto que (acabada nuestra peregrinación) nos llame y junte a sí, para gozar desta gloriosa herencia juntamente consigo.

8. Ansimismo confessamos que, por ser su sacerdocio eterno, y no aver espirado con su muerte (pues él tanpoco aun con ella no espiró, en quanto era Dios, ni fue possible ser detenido en las prisiones de la muerte, antes resuscitado al tercero día aeternamente bive), el valor y efficacia de su sacrificio una vez tan solamente offrecido, también bive, y durará eternamente para hazer en su Iglesia los effectos ya dichos; y sentado a la diestra del Padre es aún nuestro intercessor sufficientíssimo, que perpetuamente ruega y impetra por nosotros.

9. Item, creemos que, ansí como la virtud y dignidad de su reyno no para solamente en su persona particular, antes llega a hazernos a nosotros también reyes consigo, de la misma manera la virtud y dignidad de su sacerdocio se estiende hasta nosotros, haziéndonos también sacerdotes, ungidos y consagrados consigo y por sí con el mismo olio y benedición del Espíritu con que él lo es; para que nosotros, por causa suya y en su nombre, offrezcamos al Padre sacrificio: primeramente de nosotros mismos, y de nuestros cuerpos, y de toda nuestra vida, consagrándola a la gloria de su nombre, como él consagró la suya a la gloria de su Eterno Padre, para que nosotros biviéssemos; lo segundo, sacrificio de alabança, fruto de labios que confiessen su nombre; lo tercero, oración, por la qual pidamos en su nombre, no sólo para nosotros mismos, mas aun los unos por los otros, aviéndonos hecho dignos y idóneos su dignidad incomparabile para poderlo hazer ansí.

10. Entendiendo pues ser éste el sacerdocio del Nuevo Testamento, y el legítimo de los christianos, ansí quanto es de la parte del Señor como de los que pertenecen a su pueblo, por esta nuestra confessión renunciamos primeramente a toda invocatión de muertos, aunque sanctíssimos, para ser invocados de nosotros.

Renunciamos ansimismo a todo sacrificio, sacerdocio, pontificado, y qualquiera otra manera de applacar o de honrrar a Dios fuera désta, la qual sola entendemos ser la legítima y approvada delante de Dios, y qualquiera otra abominabile y maldita; y malditos ansimismo y anathemas los que la enseñaren, por ser otro evangelio del que enseñó en el mundo, y del que sus apóstoles predicaron por él.

11. Por la misma parte que es nuestro sacerdote, entendemos convenirle lo segundo: ser también nuestro propheta, es a saber nuestro maestro, y enseñador de justicia: no como Moysén, que cubierto el rostro con un velo enseñó al pueblo, antes por ser el resplandor de la gloria del Padre y la natural imagen de su substancia, en su rostro contemplamos cara a cara la magestad de nuestro Dios; no por contemplación ociosa y de ningún fruto, mas tan efficaz, que por ella seamos también transformados en imagen de Dios, creciendo de claridad en claridad, por la fuerça de su Espíritu.

12. El enseñamiento que dél tenemos, tampoco entendemos ser como el que por medio de la Ley se administrava en el Viejo Testamento, la qual siendo escripta en tablas de piedra, y quedándose siempre fuera del hombre, solamente servía de mostrarle la verdadera justicia, de la qual estava desnudo, y el peccado, que en él reynava, y por consiguiente la maldición y muerte a que estava subjeto, augmentándole antes el peccado desta manera y la enfermedad que poniéndole medicina. Confessamos pues ser enseñamiento de toda verdad perteneciente a nuestra salud y al conocimiento de la voluntad de Dios, esculpido en los coraçones de los fieles por la efficacia de su Espíritu; tan cierto, que de su parte ninguna necessidad tenga para su confirmación de algún exterior testimonio, de nuevos milagros, o de alguna humana o angélica authoridad, ni de otra qualquiera ayuda; tan entero y cumplido, que aquel a quien Dios lo diere no esté necessitado de algún otro humano magisterio, enseñamiento ni doctrina para conocer a Dios y la manera de que quiere ser servido.

13. Desta manera affirmamos derivarse en nosotros su Prophecía, como avemos dicho de su reyno y de las otras partes de su sacerdocio, dándose por virtud de su magisterio, que de verdad perteneciere al pueblo christiano, que sea enseñado de Dios, y que prophetize, que tenemos dezir sepa declarar la divina voluntad en el mundo; el qual género de doctrina y forma de enseñamiento entendemos ser proprio del Nuevo Testamento, o por mejor dezir, ser la práctica misma dél.

14. Por esta Confessión renunciamos a todo humano magisterio y a toda humana doctrina, para en el caso del divino culto y de lo que concierne a nuestra salud, recibiendo a solo Jesús el Christo y a su palabra y Espíritu por nuestro legítimo, verdadero y único maestro, conforme a su mandamiento; en la qual no entendemos derogar ninguna cosa a la authoridad del externo ministerio del

Evangelio, ni de los demás exteriores medios que en la Iglesia del Señor se usan por institutión y ordenación del mismo Señor, en cuyo magisterio se incluye también esto, como abaxo trataremos en su lugar.

Cap. X
De la Justificación por la Fe

1. Creemos que, como después de la general corruptión de toda la humana naturaleza por el peccado de nuestros primeros padres, y antes de la exhibitión de la promessa y del Nuevo Testamento, ningún medio uvo por el qual los hombres fuessen justificados y reduzidos al camino de salud, sino de su parte por verdadera penitencia y fe en la promessa de la bienaventurada simiente, y de la parte de Dios por su sola misericordia y bondad, con que acceptava esta sola fe por entera justicia, en virtud de la entera justicia del Christo, a quien siempre estriba esta fe; de la misma manera, dado ya el cumplimiento de la promessa en el Christo, no queda ni ay otra vía para ser los hombres justificados, salvos y admittidos a la aliança del Nuevo Testamento, y a la participatión de sus bienes, que por penitencia (la qual es verdadero conocimiento, arrepentimiento, dolor y detestación del peccado, con verdadera abrenunciatión dél y de la corrompida raíz de donde el hombre nace) y biva fe en la muerte y resurrectión del Señor, por el mérito y efficacia de la qual nos es dado perdón y imputada su justicia y innocentia, y ansimismo nos es dada virtud y fuerça de su Espíritu, para que, muriendo con él al peccado, resuscitemos también con él a nueva vida de justicia.

2. Por esta confessión renunciamos a todo humano mérito o satisfatión que a la divina justicia se enseñe poderse hazer para alcançar perdón del peccado fuera del mérito y satisfactión que el Señor tiene hecha por todos los que en él creyeren; el qual solo entendemos ser nuestro verdadero purgatorio, y plenaria indulgencia de los peccados de los suyos a culpa y a pena. Y tenemos por abominabile y maldita y de verdadero Antichristo toda doctrina que contradiga en esta parte a la desta nuestra Confessión, o enseñe otras maneras qualesquiera de remedio contra el peccado fuera de la que se halla en sólo Jesús el Christo crucificado por nuestros peccados y resuscitado para nuestra justificatión, y se communica a los hombres por el medio de la verdadera penitencia, y biva fe, como está dicho. Ansimismo condemnamos la doctrina de los que enseñen que siempre el christiano ha de estar dubdoso de la remissión de sus peccados y de aver alcançado justificatión, por ser doctrina derechamente contra la doctrina del verdadero Evangelio, el qual nos pide fe verdadera y firme, y contra el artículo del Symbolo Apostólico "Creo la remissión de los peccados", como diremos abaxo, cap. 20.

Cap. XI
De los sacramentos de la Iglesia Christiana

1. Entre los medios o instrumentos de nuestra justificatión contamos (con el Señor y con sus Apóstoles): los sacramentos de la Iglesia Christiana, por los quales el Señor de su parte nos applica en particular, sella y confirma el beneficio de nuestra salud y cumplimiento de sus promessas, y nosotros de la nuestra lo recibimos por la fe; y testificamos lo segundo, que somos de su pueblo; ansimismo professamos lo que avemos de hazer para seguirle de verdad.

2. Acerca desto creemos primeramente que, ansí como a solo Jesús el Christo pertenece justificarnos y darnos la fe para él y el testimonio interior de nuestra justificatión por su Espíritu, ansí también a él solo pertenece instituir los medios o instrumentos externos por los quales se nos applique este beneficio, como son los sacramentos y el ministerio de la palabra.

3. Déstos no hallamos en la divina historia, quanto a los verdaderos Sacramentos toca que él avía instituydo, más de dos, que propiamente se puedan llamar Sacramentos, instituydos y ordenados para el fin ya dicho, los quales son el Baptismo y la Sancta Cena. Los demás que en este número han sido puestos, o lo fueren aquí delante, tenemos por adulterinos, si son invenciones de hombres, que con blasphemo attrevimiento los inventaron (como se puede dezir de la Confirmación con el apparato con que oy se exercita en la Iglesia Romana), o, si son ritos y costumbres que tengan fundamento en la Divina Palabra, necessarios por ventura otro tiempo, empero que aora serían superfluos (como se puede dezir de la Unción de los Enfermos, aora llamada Extrema Unción), o necessarios siempre y en todo tiempo en la Iglesia, empero que no son más que ritos, aunque sacros (como se puede entender de la Penitencia, del Orden del Ministerio y del Matrimonio); aunque los tenemos por ritos sacros y necessarios, instituydos de Dios, no los llamamos ni tenemos por sacramentos en la significatión arriba dicha.

Cap. XII
Del Baptismo

1. En el Baptismo legítimamente administrado, en simple y commún agua, en virtud de la muerte y resurrección del Señor, y en el nombre del Padre y del Hijo y del Espíritu Sancto, conforme a la institución y el mandamiento del mismo Señor, confessamos effectuarse el beneficio, y darse juntamente firme testimonio, de entero perdón de peccado, de entera justicia y salud perdurable, de regeneración por Espíritu Sancto, y de entrada en el reyno de los cielos a todos los creyentes, conforme a la promessa del mismo Señor y a las declaraciones del mismo Baptismo

que el Espíritu Sancto tiene dadas por los Apóstoles en la Divina Escriptura.

2. En la misma acción protestamos nosotros de nuestra parte perfecta abrenunciación del demonio, del peccado y del mundo y de nosotros mismos, y finalmente desnudez, muerte, y sepultura de nuestro viejo hombre, con todas sus obras y concupiscencias, y vestidura del nuevo, que es criado a imagen de Dios, en justicia y en sanctidad, y finalmente resurrección con Christo a nueva y celestial vida.

3. Y aunque no aya expressa mención en la Divina Escriptura que el Baptismo se dé a los niños antes que tengan uso de razón, conformámosnos empero con la Iglesia del Señor, que tiene por más conforme a la misma Escriptura dárselo que dexar de dárselo, pues que por beneficio del Señor, y por su promessa, no menos pertenecen a su aliança que los Padres.

Cap. XIII
De la Sancta Cena

1. En la Sancta Cena del Señor administrada legítimamente con verdadera fe, en pan cummún y en vino commún, en memoria de la muerte del Señor, y en la forma que por la sancta historia consta averla él instituydo y administrado y usádola sus Apóstoles, confessamos darse a todos los creyentes en el pan el mismo y verdadero cuerpo del Señor, que fue entregado a la muerte por nosotros, y en el vino su propria sangre, que fue derramada por el perdón de nuestros peccados, conforme a las palabras del mismo Señor, "Tomad, éste es mi cuerpo; ésta es mi sangre, &c."

2. En el mismo sacramento confessamos darse a los mismos creyentes cierto y firme testimonio de Dios de que son admittidos a su nuevo concierto y aliança, ratificada eternalmente a su pueblo en la mano del único mediador Jesús el Christo, y firmada con su muerte y sangre; por virtud de la qual aliança son espritualmente sustentados y mantenidos en la Sancta Cena, con el mantenimiento de su cuerpo y sangre, para que ansimismo participen de su divina y eternal vida, siendo encorporados en él, y hechos carne de su carne, y huessos de sus huessos.

3. En la misma acción protestamos de nuestra parte que somos del número de los que pertenecen a este nuevo y sacro concierto de Dios, con su pueblo en cuyos coraçones Dios ha escripto su Ley, y que nos tenemos por miembros bivos deste sacrosancto cuerpo. Ansimismo promettemos solemnemente de muestrarlo, ansí con la limpieza, piedad y sanctidad de toda nuestra vida, y especialmente con la singular charidad, amor y unión que entre nosotros se hallará.

Cap. XIIII
Del externo ministerio de la palabra, y de la authoridad de los ministros

1. En el mismo orden de los exteriores medios de nuestra justificatión contamos también el externo ministerio de la palabra; el qual confessamos ser instituydo del Señor a fin que sus escogidos, esparzidos por todo el mundo, sean llamados a su aprisco con la boz de su Evangelio y, llamados, sean por ella justificados, y ansí se cumpla en ellos, quanto a esta parte, el propósito y intento de Dios, que los escogió.

2. Creemos ser proprio officio del mismo Señor, como Señor de la miesse, llamar, authorizar y hazer idóneos con sus dones y Espíritu a tales ministros del Nuevo Testamento, y embiarlos a que llamen su Iglesia; y llamada, la congreguen en unidad de fe y de charidad, la apacienten con el pasto de su palabra, y la mantengan con la misma en christiano concierto y disciplina.

3. Residiendo la authoridad del apostolado o ministerio de la palabra del Evangelio *in solidum* en el único apóstol, ministro y maestro de nuestra fe, el Christo, y siendo ellos embiados en su nombre, como está dicho, confessamos deverse tanto respecto y obediencia a la palabra que administran, que quien a ellos obedeciere o menospreciare sea visto obedecer o menospreciar al mismo Señor, cuyos legados son. Esto entendemos siendo legítima su vocación al ministerio, y no enseñando otro Evangelio que el que el Señor enseñó y mandó que se predicasse entre todas las gentes, ni enseñoreándose con tyrannía sobre las conscientias de aquéllos a quien antes deven servir, por ser proprio reyno y heredad del Señor.

Cap. XV
De la disciplina ecclesiástica

1. Aunque por el exercicio de la ecclesiástica disciplina no seamos justificados, parece que con razón la devemos poner entre los medios externos de nuestra justificatión, en quanto por ella primeramente se procura retener a los fieles, que son congregados en algún cierto lugar, en la justicia y limpieza de vida, y ansimismo en la unidad de fe y consentimiento de doctrina, que professa la Iglesia cathólica.

2. A esta doctrina governada por el Espíritu de Dios y por la regla de la Divina Palabra, confessamos deverse subjectar todo fiel en quanto la christiana libertad lo permittiere y la charidad de los hermanos lo demandare.

3. Y ansí nosotros nos subjectamos a ella de buena voluntad, desseando y pidiendo ser enseñados con charidad de los que meyor sintieren, y corregidos con

la misma en las faltas que en nosotros, como en hombres, se hallaren.

Cap. XVI
Del magistado político

1. En este mismo orden de la ecclesiástica disciplina ponemos el político magistrado en la Iglesia christiana, el qual entendemos ser ordenación de Dios, y serle dado de su mano el cuchillo para mantener en paz y en reposo la república, defendiéndola de los enemigos, castigando los malhechores, y honrrando y premiando los virtuosos, todo para adelantamiento del reyno del Christo, y de su gloria.

2. Por este officio entendemos que toda persona, de qualquier estado o condición que sea, le deve respecto, tributo y subjección, entretanto que no mandare cosa contra la voluntad de Dios y su palabra; la qual deuda entendemos devérsele aunque infiel.

3. Ansimismo entendemos que, aunque en la Iglesia christiana sean differentes los officios del magistrado y del ministerio de la palabra, como también son cosas differentes el govierno de la policía y el ecclesiástico orden, empero por quanto la Iglesia de los fieles congregados en algún lugar no es otra cosa que una christiana república, o policía, entendemos que, siendo fiel el político magistrado, es cabeça de la ecclesiástica disciplina, y que tiene la supprema authoridad para hazer poner en essecutión todo lo que al Reyno del Señor y al adelantamiento de su gloria se hallare pertenecer, no sólo en lo que toca a la humana policía, mas también y principalmene en lo que tocare al divino culto. Ni entendemos aver en la Iglesia de los fieles más de una sola jurisdición, cuyas leyes son la Divina Palabra y las que con ella se conformaren, y el suppremo juez en la tierra el christiano magistrado.

Cap. XVII
Del Espíritu Sancto, y de la vida de los christianos

1. Dios tiene declarado en su Sancta Palabra que el fin por el qual él libra al hombre del peccado, de la muerte y del demonio es para que le sirva en justicia y en sanctidad de vida todos los días que biviere. El fin por que lo regenera y lo haze nueva criatura por su Espíritu es para que, dexada la imagen del viejo y terreno Adam, vista la del nuevo y celestial, que es Christo. El fin por que lo mata por el rigor de la Ley y lo sepulta con Christo es para que, por fuerça de la fe en él, resuscite y suba a los cielos con él, y dexando ya de procurar las cosas del siglo, muerto a él procure las del cielo, y biva vida celestial, con la qual Dios sea conocido

y glorificado entre los hombres como author de tan maravillosa obra, y el mundo sea convencido de su corrupción y peccado, y como forçado a conocer, por la celestial vida de los fieles, la virtud de Jesús el Christo, y la efficacia de su muerte y resurrección, y ansimismo la preferencia que la religión christiana tiene contra todas las falsas sectas y supersticiones del mundo.

2. Por tanto creemos y confessamos ser condición necessaria de todos los que de verdad son justificados por verdadera penitencia y fe, recebir el Espíritu Sancto, por cuya virtud son sanctificados y guiados por su instincto en el conocimiento de toda verdad, y governados en todas sus empresas y obras, esforzados y consolados en todas sus afliciones. Él mismo los levanta en esperanza cierta de la celestial patria; enciende en sus coraçones ardientes desseos de la propagación del reyno y gloria de Dios; los exhorta a continua oración; los enseña, dicta, prescrive y ordena sus peticiones; y los da osadía para presentarse delante de Dios a muestrarle sus necessidades, como a verdadero Padre, y esperar dél el cumplimiento de sus peticiones.

3. Por la fuerça del mismo Espíritu abniegan y renuncian de todo coraçón a si mismos, es a saber, a los desseos, sabiduría, consejo y determinaciones o intentos de su carne, en cuya mortificatión trabajan sin cessar con toda diligencia y estudio, desseando, esperando, y pidiendo con bivos gemidos la venida de aquel glorioso día en que será dada cumplida y perfecta redemción, entera y llena sanctidad y limpieza, siguiendo entretanto por única regla de la divina voluntad (para conocer ansí lo que han de mortificar en sí como lo que han de retener y abivar) la Divina Palabra y la luz del divino Espíritu, que la escrive en sus coraçones para que puedan perseverar con gozo celestial en esta sancta obediencia no como siervos temorosos, mas como hijos sanctamente confiados en el eterno y firme amor de su celestial Padre.

4. Para este mismo propósito los sirve el exemplo bivo del Christo, al qual toman por único, natural y legítimo patrón de la divina imagen, a cuya semejança han de ser reformados; en el qual teniendo perpetuamente puestos los ojos, para aprender dél verdadera mansuedumbre, humildad, paciencia, obediencia y subjección, a la voluntad del Padre celestial, zelo verdadero y perpetuo de su gloria, verdadera charidad y amor sin doblez ni ficción entre sí, abnegación y verdadero menosprecio de este siglo y de todo lo que en él se vee, solicitud pía y lealtad en la vocatión en que Dios quiere servir de ellos, con todas las demás virtudes que pertenecen a la espiritual y celestial vida, se van transformando en él de claridad en mayor claridad, sacando dél todas estas virtudes, no como de otro qualquiera exemplo o patrón exterior, mas como de fuente y cabeça a ellos muy conjunta y unida por la virtud de la fe y amor que los juntó con él indissolublemente, en quien todas están depositadas, para derivarse de allí en todos sus miembros.

5. Por estos effectos es conocido el Espíritu Sancto en el govierno de la Iglesia del Señor; y el pueblo christiano ansimismo es conocido entre todas las gentes del mundo por pueblo a quien Dios biendixo, y por plantas de su gloria, conforme a lo que de él estava prometido por los Prophetas. Esta manera de vida es llamada en la Escriptura Sancta vida sancta, vida según el Espíritu, vida espiritual, vida de fe, andar conforme al Espíritu, non conforme a la carne, conversación en los cielos, o vida celestial, por ser propria de solos aquéllos que de verdad recibieron verdadero Evangelio, y tienen fe viva y efficaz, y que recibieron el Espíritu Sancto, el qual en ellos es efficaz produzidor de tales effectos.

Cap. XVIII
De la sancta Iglesia universal, y de la sancta communión de los sanctos

1. Confessamos y creemos esta sancta compañía ser sola Iglesia del Señor Jesús el Christo, en la qual, aunque exteriormente sean contados muchos hipócritas y miembros de Antichristo (permittiéndolo ansí el Señor para exercicio de los suyos, hasta la consummación del siglo) ninguna cosa deroga esto a su sanctidad, pues que con los tales ningún commercio tiene en lo que toca a la biva fe y al Espíritu, con que solos los verdaderos hijos de Dios son regenerados.

2. Item, confessamos este sancto y bienaventurado pueblo no tener en el mundo cierto lugar señalado, antes ser en él peregrino y estar esparzido por todo él; lo qual tampoco deroga a su unidad y unión, por tener todos los que a él legítimamente pertenecen un mismo Padre en los cielos, ser animados y vivificados con un mismo Espíritu del Christo, tener una misma fe en él; las quales condiciones entendemos ser de tanta efficacia para la unidad de la verdadera Iglesia del Señor, que no sólo no la divida la diversidad y distancia de los lugares, mas ni aun la de las edades o siglos; ni esto solamente en el tiempo del Nuevo Testamento, mas aun en el Viejo, y antes dél, comprehendiendo este sancto pueblo todos los justos que han sido, son y serán en el mundo desde Adam hasta el postrer hombre.

3. Por virtud desta unión, y del terreno y indissolube vínculo de caridad, con que todos los miembros deste sagrado cuerpo están ligados en Christo, confessamos aver entre ellos una secreta communicación, no sólo de los espirituales y corporales bienes que cada miembro en particular recibe, mas aun de los males y afflicciones que padecen en el mundo; por la qual communicación enferman con él que enferma, lloran con él que llora, y se alegran con él que se alegra; siendo entre ellos communes ansí los males como los bienes, porque el fuerte y indissoluble vínculo de amor con que en el Christo están unidos no suffre otra cosa, ni la diversidad de las nationes puede impedir a lo menos el sentimiento, ni el socorro

de la oración con que oran los unos por los otros, aunque impida el corporal socorro.

Cap. XIX
De algunas señales por las quales la externa Iglesia puede ser conocida en el mundo; y de otras que señalan los que infalliblemente pertenecen a la espiritual y invisible, aora esté en la externa congregación de los fieles, aora no

1. Esta sancta compañía, aunque (por ser reyno espiritual y compañía no según la carne) sea invisible a los corporales ojos y al juyzio de la humana razón, confessamos tener algunas señales y notas tomadas de la Divina Palabra, por las quales puede ser conocida en el mundo, quando corporalmente se juntan en algún cierto lugar.

2. La primera es la pura predicación del Evangelio, sin mezcla de humanas doctrinas o constituciones, para en el caso de la salud de los hombres y del divino culto.

3. La segunda es la administración y uso legítimo de los sacramentos, con aquella sinceridad y limpieza de humanas addiciones que por la Divina Palabra parecen aver sido instituydos del Señor y usados de sus Apóstoles.

4. La tercera es la ecclesiástica y christiana disciplina exercitada por el orden, y por los fines que arriba cap. 15 y 17 hemos dicho y declarado.

5. Mas porque puede ser que, aun aviendo estas mismas señales, no todos los que en ellas convinieren exteriormente pertenezcan a la verdadera y espiritual Iglesia del Señor (ansí como también por el contrario, aun aviendo en ellas algunas faltas tolerables por la humana flaqueza, no por esso luego serán exclusos de la verdadera Iglesia los que en ella communicaren, permaneciendo en el fundamento, que es el Christo), entendemos aver otras, por las quales los verdaderos miembros del Señor Jesús el Christo, no sólo ellos se podrán certificar en sus consciencias de que lo son, mas aun podrán conocerse los unos a los otros quando se toparen en la tierra de su peregrinación, y podrán hazer differencia entre los hijos del siglo, o del Antichristo, por muy cubiertos que estén con títulos y apparencia de religión.

6. La primera es el testimonio del Espíritu Sancto, habitante en los coraçones de todos los fieles, sin poder faltar (como arriba diximos en el cap. 17), el qual Espíritu Sancto es impossible que donde estuviere, dexe de manifestarse por de fuera, por limpieza y sanctidad de vida. Esta señal nos es dada por el Espíritu Sancto en Iesaías cap. 59, donde dize ansí: "Esta será mi aliança con ellos (a saber con los píos de su pueblo): mi Espíritu que está en ti (habla con el Messías)". Y en el cap. 61 dize: "Y saberse ha en las gentes su simiente, y su

nación en medio de los pueblos; todos los que los vieren, los conocerán ser pueblo a quien Dios bendixo". Más clara aún nos la pone el Señor, quando dize: "Por los frutos los conoceréys; no puede el mal árbol dar buen fruto, ni el buen mal fruto, &c."

7. Aunque esta señal ya dicha tenga lugar generalmente en todas las partes de la vida del hombre christiano, por ser árbol que plantado a las corrientes de las aguas de la Divina Palabra y del Espíritu de Dios da sus frutos en abundancia y en toda sazón, ay empero algunos destos frutos los quales antes de todos los otros se señalan y se muestran a los ojos de los que miren en ellos.

Déstos el primero es la palabra, la qual, ansí como en el hombre impío o mundano es, o blasphema contra la divina magestad, o mentirosa, o injuriosa contra los hombres, o por lo menos vana: en el hombre pío y de verdad regenerado communmente es palabra de verdad, honrradora de la divina magestad, llena de enseñamiento pío y provecho espiritual para los que la oyen y leen. Será pues ésta la segunda señal del hombre pío y de verdad perteneciente al pueblo de Dios; la qual nos es puesta en el mismo lugar de Iesaías arriba citado, a saber, cap. 59, donde del Espíritu de Dios y del Christo, como de raíz, luego viene a las palabras, como a primer fruto, diziendo: "Y mis palabras que yo he puesto en tu bocca, nunca faltarán de tu bocca, ni de la bocca de tu simiente, ni de la bocca de la simiente de tu simiente, dize el Señor, desde aora para siempre". Por el contrario, el impío o mundano "de la mala abundancia de su coraçón habla", como el Señor dize. De aquí son las continuas amonestaciones del Apóstol a los fieles; "Si alguno hablare, hable palabra de Dios. Ninguna palabra mala salga de vuestra bocca, &c".

8. La tercera señal es una ardiente affición y cobdicia insaciable a la Divina Palabra, y un estudio continuo de oyrla, entenderla y tractarla; como, por el contrario, el fastidio y aborrecimiento de ella declara el ánimo del hombre impío y mundano, que ni la busca, ni la ama, ni offrecida por occasión que Dios le presente, la puede suffrir. El Señor nos pone esta señal diziendo: "Él que es de Dios oye la Palabra de Dios, &c."; David, Psal. 1: "En la Ley de Dios medita de día y de noche"; Psal. 110: "Quan dulces son tus palabras a mi garganta, como miel a mi bocca, &c".

9. La quarta señal es misericordia, con la qual singularmente los hijos de Dios representan el ingenio del Padre celestial, y le parecen, "el qual haze (como dize el Señor) salir su sol sobre buenos y malos, y llueve sobre justos y injustos". Por la contraria, que es crueldad, amor de sangre, &c., reconoce el Señor y da a los suyos (los Phariseos) por hijos de Satanás: "Él (dize) homicida era desde el principio, &c." Conciértase con esta señal la semejança de la oveja con que la naturaleza y ingenio de los hijos de Dios es perpetuamente notada en la divina

Escriptura, y la del lobo, dragón, león y de otras semejantes crueles bestias con
que es notada la del demonio y de todos sus hijos. "Él metió la muerte en el
mundo (dize el Ecclesiástico), y a él imitan todos los que son de su vando".

10. La quinta señal es amor, y toda manera de beneficencia para con los
enemigos. Ésta también nos pone el Señor por singular marca de los hijos de
Dios, en el lugar alegado en la señal precedente: "Amad (dize) a vuestros enemigos;
hazed bien a los que os aborrecen; ruegad por los que os calumnian y persiguen,
por que seáys hijos de vuestro Padre celestial". No ay argumento que más convença
a los hijos del siglo a entender que ay en los píos otra naturaleza más que humana
que, donde ellos esperavan enemistad contra enemistad, injuria contra injuria, fuerça
contra fuerça, &c. (como tienen en su derecho: "Es lícito apartar la fuerça con
fuerça"), hallen misericordia, amor y beneficio, como el Apóstol testifica, diziendo:
"Haziendo esto, amontonarás carbones de fuego sobre su cabeça".

11. La sexta señal es verdadero amor, y charidad indissoluble de los unos
para con los otros, tal que se manifieste por de fuera con testimonios no fingidos,
ni se rompa con livianas occasiones; finalmente entendemos de la charidad de que
habla el Apóstol, 1 Cor. 13, que "suffre, espera y supporta todas las cosas, que es
paciente, benigna, no ambiciosa, ni busca sus particulares provechos, &c.", y que
se deve anteponer a todas las otras virtudes, aunque sea a la misma fe, por ser
(como el mismo Apóstol dize) "el remate de la christiana perfección".

Esta señal nos pone el Señor por infallible y perpetua marca de los suyos,
en S. Juan, cap. 13: "En esto (dize) conocerán los hombres que soys mis discípulos:
si tuvieres amor los unos con los otros". Por la falta désta arguye el Apóstol a los
Corinthios que no son más que hombres: "Entretanto (dize) que ay entre vosotros
contiendas y renzillas, ¿por ventura no soys hombres?". Y de aquí toma la occasión
para exhortarlos tan copiosamente a la charidad.

12. La séptima señal es cruz y afflicción en el mundo, aviendo incurrido
en enemistad irreconciliable y odio perpetuo con él, por la professión de la verdadera
piedad, y por la confessión del nombre del Señor; a la qual cruz Dios tiene ordenado
que su Iglesia sea perpetuamente sujeta en este mundo, por las razones que el
Espíritu Sancto revela en su palabra. El Señor en muchos lugares señala esta
marca a los suyos: "En verdad, en verdad os digo que lloraréys y lamentaréys
vosotros, y el mundo reyrá. En el mundo tendréys angustia. Si a mi me
persiguieron, a vosotros también perseguirán. No ay discípulo mayor que el
maestro. Si fuéssedes del mundo, el mundo amaría lo que es suyo" (Mat. 10 y 11
cap.). El Apóstol en muchos lugares: él mismo a los Gálatas por última prueva de
su Apostolado alega esta señal dél, diziendo: "De aquí delante nadie me sea molesto,
porque yo las marcas del Señor Jesús traygo impressas en mi cuerpo".

13. Éstas (y si ay otras algunas que con ellas lo puedan ser) entendemos

ser las señales perpetuas y legítimas con que Dios marcó su Iglesia en todos tiempos; las quales, aunque por el presente estado (que tiene mezcla de corrupción, y no ha llegado, ni llega, a la summa perfección, antes se bive aún en esperança de ella, cuyo cumplimiento será, como el Apóstol enseña en muchos lugares, en la resurrección de los muertos, y no antes) no se hallen tan cumplidas como aquí las avemos pintado, y es de dessear, hanse empero de hallar todas necessariamente y en la conversación del christiano, aunque sea con sus imperfecciones y faltas, las quales faltas suplirá en él el ardiente desseo y continuo estudio de tenerlas en su perfección. Y pues las havemos puesto por tan legítimas y necessarias señales de los hijos de Dios y de su verdadero pueblo, no refusamos de ser exsaminados por ellas para ser reconocidos de la Iglesia del Señor por legítimos miembros de ella.

Cap. XX
De la remissión de los peccados; de la potestad de las claves, y de su legítimo uso

1. Confessamos aver en esta sancta compañía potestad para ligar y soltar los peccados, la qual authoridad el Señor llama llaves del reyno de los cielos. Ésta entendemos no ser otra cosa que la pura annunciatión del Evangelio, por la qual se da remissión de todos los peccados y imputación de entera y verdadera justicia a todos los creyentes, en virtud de la muerte y resurrección del Señor, y se denuncia eterna maldición y ira de Dios sobre todos los impenitentes rebeldes y incrédulos a esta gloriosa nueva.

2. Esta authoridad entendemos residir primera y immediatamente en Christo, único pontífice, sacerdote y pacificador nuestro, y por su commissión en todos los legítimos ministros de su Evangelio, a la palabra del qual está ligada la dicha potestad; en el uso de la qual ninguna reservación ay de casos de los unos ministros para los otros, ni la puede aver, por tenerla todos en igual grado: o para dar por absueltos delante del divino juyzio enteramente a todos los que por verdadera penitencia y fe juzgaren ser capaces del perdón, o para dar por condenados en el mismo juyzio a todos los impenitentes y incrédulos.

3. Ansimismo confessamos servir este remedio en la Iglesia del Señor, no sólo para la absolución de los peccados passados a los que de nuevo son admittidos a ella, mas aun ser en ella perpetuo, para todas las vezes que después de ser hechos una vez miembros de Jesús el Christo les aconteciere caer, de qualquier suerte de peccado que sea, por ser perpetua nuestra corrupción, y el peligro de caer todo el tiempo que en esta vida bivimos; ansimismo eterna la divina misericordia para recibirnos a perdón, y el Sacerdocio del Señor Jesús y el valor de su sacrificio también eterno para interceder por nosotros delante del celestial Padre.

Cap. XXI
De la resurrección de los muertos; del Juyzio Final; de la eterna vida de los píos; y de la eterna muerte de los impíos

1. Confessamos que bivimos en esperança de una gloriosa resurrección de todas las cosas, por la qual gemimos, con todas las criaturas que sujetadas a vanidad y corrupción por el peccado del hombre esperan también su restauración en la entera redemción de los hijos de Dios; en la qual esperamos alcançar entera perfección de justicia y de sanctidad, assolado del todo el reyno del peccado y de la muerte en el mundo, y puesto fin a toda nuestra corrupción, ansí corporal como espiritual, y a todas las afflicciones que los hijos de Dios padecen, subjetadas las cosas al Christo, el qual entregará el reyno al Padre, y Dios será todas las cosas en todos nosotros. Éste es el reyno de Dios, por el qual sospiramos y pedimos con ardiente oración cada día al Padre celestial que venga.

2. Esta entera redemción creemos que se nos dará en la resurrección final, donde creemos que resuscitará toda carne, ansí de malos como de buenos, aunque ansí como para diversos fines, ansí también por differentes principios. Los píos, por estar pendiente su resurrección de Jesús el Christo, como de primera causa, creemos que resuscitarán en su misma carne a vida eterna, por virtud de la simiente de divinidad que en ellos se sembró por la Divina Palabra y por la fe, a causa de la qual simiente es impossible que perpetuamente sean detenidos en las prisiones de la muerte, por la misma razón que tampoco el Señor Jesús lo pudo ser, en cuya resurrección tienen prenda certíssima de la suya y experiencia infallible de lo que para en este caso podrá la naturaleza divina, de que por su Espíritu son ya participantes. Los impíos ansimismo creemos que resuscitarán en su misma carne; mas no por virtud de Espíritu del Christo, ni de simiente de divinidad que en sí tengan (pues nunca la recibieron), mas por la potencia de Dios, que como los crió de nada, los levantará de la muerte, para que en cuerpo y en alma sostengan eternalmente el castigo de su yra.

3. Confessamos que, después desta universal resurrección de buenos y malos, Jesuchristo, a quien el Padre tiene dada la administración del Reyno, y por consiguiente el Juyzio, que se muestrará visible en potencia y magestad de Dios; delante del qual será presentada toda carne para recibir sentencia final de su eterno estado según sus obras, donde los buenos unidos con Dios recibirán premio de eterna vida, y serán admittidos a la participatión de su gloria con Christo, como lo fueron acá por su mérito a la participatión de su naturaleza y Justicia, y ansimismo de su cruz, para que desta manera tenga su entero cumplimiento el divino consejo que en Christo los predestinó desde antes del siglo, los llamó y justificó a su tiempo en él mismo, para en fin glorificarlos. Los malos comprehendidos de la eterna

maldición serán diputados a eterna privación de la vista de Dios, la qual les será eterno dolor y tormiento, en compañía de Satanás, cuya naturaleza participaron y cuyas obras hizieron; con el qual serán sepultados en el infierno, en compañía de la muerte, que con ellos será encerrada, para que perpetuamente mueran, donde su cuerpo quemará y no morirá, ni su tormento tendrá fin.

APÉNDICE 2

BIBLIA DEL OSO

AMONESTACIÓN DEL INTÉRPRETE DE LOS SACROS LIBROS

al Lector y a toda la Iglesia del Señor, en que da razón de su traducción así en general, como de algunas cosas especiales.

Por Casiodoro de Reina, en B. Foster Stockwell, ed., *Prefacios a las Biblias castellanas del siglo XVI*
(Buenos Aires, Editorial "La Aurora", 1951), págs. 79-111.
Reproducido con permiso.

    Intolerable cosa es a Satanás, padre de mentira y autor de tinieblas (cristiano lector), que la verdad de Dios y su luz se manifieste en el mundo; porque por este solo camino es deshecho su engaño, se desvanecen sus tinieblas, y se descubre toda la vanidad sobre que su reino está fundado, de donde luego está cierta su ruina; y los míseros hombres que tiene ligados en muerte con prisiones de ignorancia, enseñados con la divina luz se le salen de su prisión a vida eterna, y a libertad de hijos de Dios. De aquí viene que, aunque por la condición de su maldito ingenio aborrezca y persiga todo medio encaminado a la salud de los hombres, con singulares diligencias y fuerza ha siempre resistido, y no cesa ni cesará de resistir (hasta que Dios lo enfrene del todo) a los libros de la Santa Escritura: porque sabe muy bien por la luenga experiencia de sus pérdidas, cuán poderoso instrumento es éste para deshacer sus tinieblas en el mundo, y echarlo de su vieja posesión. Largo discurso sería menester hacer para recitar ahora las persecuciones que le ha levantado en otros tiempos, y los cargos infames que le ha hecho, por los cuales no pocas veces ha alcanzado a casi desarraigarlos del mundo: y hubiéralo alcanzado sin duda, si la luz que en ellos está encerrada, no tuviese su origen y fuente más alta que este Sol, y que no consistiese en solos los libros, como todas las humanas disciplinas; de donde viene que, pereciendo los libros en que están guardados, o por la condición de los tiempos o por otros mundanos casos, ellas 0 el vulgo no las entendiese, sino sólo aquellos a quienes eran provechosas para sustentar sus vientres y gloria. Los misterios de la verdadera religión son al contrario: quieren ser vistos y entendidos de todos, porque son luz y verdad; y porque siendo ordenados para la salud de todos, el primer grado para alcanzarla necesariamente es conocerlos.

Consideren lo tercero, que no le hacen menor afrenta en decir que sean ocasión de errores, porque la Luz y la Verdad (si confiesan que la palabra de Dios lo es) a nadie puede engañar ni entenebrecer. Y si algunas veces lo hace (como no negamos que no lo haga, y muchas) de alguna otra parte debe de venir el mal; no de su ingenio y naturaleza, que es quitar la tiniebla, descubrir el error, y deshacer el engaño. El profeta Isaías claramente dice, que su profecía no es para dar luz a todos, sino para *cegar los ojos del pueblo, agravar sus oídos y embotar su corazón, para que no vean ni oigan* la palabra de Dios, y *se conviertan y reciban sanidad:* quien por evitar estos males mandara entonces al profeta que callase, y le cerrara la boca, veáse si hiciera cosa conforme a la voluntad de Dios y al bien de su Iglesia; mayormente diciendo el mismo otras muchas veces, que su profecía es *luz para los ciegos, consuelo para los afligidos, esfuerzo para los cansados,* etc. Y ¿qué hablamos de Isaías? El mismo Señor nos dice, que él *vino al mundo para juicio, para que los que no ven vean, y los que ven sean ciegos*: mandáronle luego los padres de la fe de entonces que callase, por evitar el daño de los que de su predicación habían de salir más ciegos. De él dice Simeón, que viene *para levantamiento* y también para ruina *de muchos.* Lo mismo había dicho de él el profeta Isaías. *Por lazo* (dice) y por ruina a las dos casas de Israel, *y de ellos tropezarán muchos*, etc. Lo mismo dice el Apóstol de la predicación del Evangelio, que a unos es olor vital, a otros olor mortal. ¿Sería luego buena prudencia quitarlo del mundo, quitando a los buenos el único medio por donde se han de salvar, por quitar la ocasión de hacerse peores a los que se pierden, y de suyo están ya señalados para perdición?

Miren lo cuarto, que el estudio de la divina Palabra es cosa mandada de Dios a todos por tantos y tan claros testimonios del Viejo y Nuevo Testamento, que sin muy largo discurso no se podrían aquí recitar; de donde queda claro, que no puede ser sin impiedad inexcusable que el mandamiento de Dios, tantas veces repetido y tan necesario a los hombres, sea dejado y anulado por una tan flaca razón; y que al fin ningún pretexto, por santo que parezca, puede excusar que si Dios la dió para todos, no sea una tiranía execrable que a los más la quiten; y a falta de juicio es (si pretenden buena intención) que la habilidad para poder gozar de ella, sea saber latín solamente, como si sólo los que lo saben, por el mismo caso sean ya los más prudentes y píos; y los que no lo saben, los más puestos a los peligros, que dicen, que temen. Si es la verdadera sabiduría, ¿quién la ha más

menester que los más ignorantes? Si es palabra de Dios, insigne injuria se hace a
Dios, a ella y a los buenos, que por el abuso de los malos se le quite su libertad de
correr por las manos de los que podrían usar bien de ella, y sacar los frutos para los
cuales Dios la dió. Perverso juicio es que por evitar el inconveniente de los errores,
que dicen, en algunos, priven a todos del medio con que podrían salir de la
ignorancia, errores, herejías, idolatría, pecado y toda corrupción e iniquidad en
que nacimos y fuimos criados, y de que nuestra corruptura naturaleza se abreva
(como dice Job) como los peces del agua. Si es Luz, a la luz resiste todo hombre
que le impide de salir en público para lumbre y alegría de todos; y tinieblas se
debe llamar y mentira, porque a la luz y a la verdad no resiste ni pone impedimento
sino la tiniebla y mentira. Si es *candela*, a cuya lumbre el hombre ciego y habitante
en esta caverna tenebrosa encamine seguramente sus pasos, visto es pretender de
tener los hombres en su ceguera, el que no quiere que les sea comunicada con
aquella abundancia con que ella se da. Si es *escudo a todos los que en ella ponen
su esperanza, y cuchillo* con que el Apóstol arma al cristiano para defenderse y
ofender a sus enemigos en toda suerte de tentación, desarmado y por consiguiente
vencido y muerto de mano del diablo lo quiere, quien se *la quita* que no la tenga
copiosa y tan a la mano, cuanto son muchas y continuas sus tentaciones. Si es *útil
para enseñar* en la ignorancia, *para redargüir* en el error, *para reprender* en el
pecado, *para enseñar a la justicia*, para perfeccionar al cristiano y hacerlo hábil y
pronto a *toda buena obra*, fuera de todo buen enseñamiento y de toda buena y
cristiana disciplina lo quiere, el error, el pecado, la confusión en lo sacro y en lo
profano ama y desea, el que en todo o en parte sepulta las divinas Escrituras; y
sepultándolas en parte, da a entender bien claro lo que haría del todo, si pudiese o
esperase salir con ello. Estas razones son claras, y que se dejan entender de todos,
no obstante todos los hermosos pretextos que se podrán traer en contrario, que no
son muchos; y el más dorado es el que hemos dicho, y tan frío, que ni aun con
humana razón es digno de que se contienda mucho contra él; porque está claro,
que ningún hombre de sano juicio habrá que de veras diga que un gran bien, y
mayormente tan necesario a todos, dado de Dios para común uso de todos, se debe
prohibir en todo ni en parte por el abuso que los malos ingenios pueden tener de él.
Por monstruo de desvarío, enemigo del linaje humano, sería tenido justamente el
rey o príncipe que porque hay muchos que usan mal del pan, del agua, del vino,
del fuego, de la luz y de las cosas necesarias a la vida humana, o las prohibiese del
todo o hiciese tal estanco de ellas que no se diesen sino muy caras y con grande
escasez. La palabra de Dios tiene todos estos títulos, porque también tiene los
mismos efectos para el ánima. Miren, pues, los príncipes del mundo en qué opinión
quieren ser tenidos haciéndola pasar por tan inicua condición. Finalmente, como
quiera que sea, es menester que se resuelvan, que ni las disputas importunas ni las

defensas violentas, ni los pretextos cautelosos, ni el fuego, ni las armas, ni toda la potencia del mundo junto podrán ya impedir que la Palabra de Dios corra por todo tan libremente como el sol por el cielo, como ya lo vamos todos probando por experiencia; y sería prudencia no poca aprender de lo experimentado para lo porvenir, y tomar otros consejos. Ni nos dejemos engañar más con los pretextos dichos, porque no se encubre mucho lo que el diablo pretende con ellos, aunque los que los han puesto tengan cuanta buena intención quisieren, por lo menos esto es menester que esté fuera de disputa, que habiendo dado Dios su palabra a los hombres, y queriendo que sea entendido y puesta en efecto de todos, ningún buen fin puede pretender el que la prohibiese en cualquier lengua que sea.

El decreto del Concilio tridentino

Tenemos ya bien materia de que hacer gracias a Dios en esta parte que ha dado luz a los padres del concilio tridentino, para que advirtiendo mejor a esta causa, hayan puesto algún remedio en esto con su Decreto, el cual pusimos luego en el principio de este libro a la vuelta de la primera hoja, para que aquellos a cuyas manos viniere, quiten del todo el escrúpulo de leerlo, que a la verdad, con el indulto y aun mandamiento que tienen de Dios a ser estudiosos de su palabra, podrían haber quitado. Por no haberse exceptuado en el dicho Decreto ninguna nación, entendemos que la española estará también comprendida, porque no es de creer que la querrá hacer más apocada y vil que las otras todas a quien se concede un tan gran bien: y así recibirá en servicio este nuestro trabajo de darle a tiempo la divina Escritura en su lengua vulgar, para que desde luego pueda gozar de la facultad que por el Decreto dicho le es concedida. Cuanto a lo que toca al autor de la traducción, si católico es el que fiel y sencillamente cree y profesa lo que la Santa Madre Iglesia Cristiana Católica cree, tiene y mantiene, determinado por Espíritu Santo, por los Cánones de la Divina Escritura, en los Santos Concilios y en los Símbolos y sumas comunes de la Fe, que llaman comúnmente el de los Apóstoles, el del Concilio Niceno y el de Atanasio, católico es, e injuria manifiesta le hará quien no lo tuviere por tal; y como tal ningún bueno, pío, santo y sano juicio recusa, no sólo de la Iglesia Cristiana, a la cual reconoce todo respeto de verdadero y vivo miembro, mas aún de cualquier particular que con caridad lo corrigiere, si en una obra tan larga y tan trabajosa se hallare haber errado como hombre.

La versión común latina

Resta que en lo que a la versión toca demos razón de algunas cosas, así para que a la Iglesia del Señor conste de nuestra razón en todo lo que conviene, como para que el pío lector, entendido nuestro intento, se pueda mejor aprovechar de nuestras diligencias. Primeramente, declaramos no haber seguido en esta traducción en todo y por todo la vieja traducción latina, que está en el común uso: porque aunque su autoridad por la antigüedad sea grande, ni lo uno ni lo otro le excusan los muchos errores que tiene, apartándose del todo innumerables veces de la verdad del texto hebraico: otras, añadiendo; otras, trasponiendo de unos lugares en otros, todo lo cual, aunque se puede bien porfiar, no se puede negar. Así que, pretendiendo dar la pura palabra de Dios en cuanto se puede hacer, menester fué que ésta no fuese nuestra común regla (aunque la consultamos como a cualquiera de los otros ejemplares que tuvimos); antes, que conforme al prescripto de los antiguos concilios y doctores santos de la Iglesia, nos acercásemos a la fuente del texto hebreo cuanto nos fuese posible (pues que sin controversia ninguna de él es la primera autoridad), lo cual hicimos siguiendo comúnmente la traducción de Santes Pagnino, que al voto de todos los doctos en la lengua hebraica es tenida por la más pura que hasta ahora hay. En los lugares que tienen alguna dificultad, por pequeña que sea, ni a esta ni a otra ninguna hemos dado tanta autoridad, que por su solo afirmar la siguiésemos, antes hemos tenido recurso al mismo texto hebraico, y conferidos entre sí los diversos pareceres, hemos usado de nuestra libertad de escoger lo que nos ha parecido lo más conveniente, sin obligarnos en esto a una versión más que a otra, pues que siendo los pareceres diferentes, de necesidad habíamos de seguir uno solo. Y para satisfacer en este caso a todos los gustos, en los lugares de más importancia añadimos en el margen las interpretaciones diversas que no pudimos poner en el texto, para que el lector tome las que mejor le pareciere, si la que nosotros hubiéramos seguido, no le contentare.

La versión española de Ferrara

De la vieja traducción española del Viejo Testamento, impresa en Ferrara, nos hemos ayudado en semejantes necesidades más que de ninguna otra que hasta ahora hayamos visto, no tanto por haber ella siempre acertado más que las otras en casos semejantes, cuanto por darnos la natural y primera significación de los vocablos hebreos, y las diferencias de los tiempos de los verbos, como están en el mismo texto, en lo cual es obra digna de mayor estima (a juicio de todos los que la entienden) que cuantas hasta ahora hay; y por esta tan singular ayuda, de la cual las otras traducciones no han gozado, esperamos que la nuestra por lo menos no será inferior a ninguna de ellas. Fuera de esto, tiene también grandes errores: algunos afectados en odio de Cristo: como en el cap. 9 de Isaías, ver. 4, donde trasladó así: *Y llamó su nombre el Maravilloso, el Consejero, el Dios Barragán, el Padre eterno, Sar-Salom*, añadiendo de suyo con malicia rabínica este artículo *el* en todos estos nombres, y no en el postrero *Sar-Salom*: siendo otramente asaz diligentes los autores de ella en no dejar los tales artículos cuando el texto los pone, y en no poner lo que no hallan en él. Mas en este lugar este sacrilegio al parecer tan pequeño no le es de poca importancia para defenderse en su pertinacia; porque se ve claro, que todos aquellos nombres son títulos clarísimos del Mesías, algunos de los cuales ratifican abiertamente su naturaleza divina, y poniendo el artícluo *el* en cada uno de los precedentes y callándolo en el postrero, da a entender que los procedentes todos son nombres de Dios, y el último sólo del Mesías, como si dijese, *El Maravilloso, el Consejero, el Dios Barragán, el Padre eterno llamó su nombre* (s. del Mesías) *Sar-Salom*. Esta maldita malicia no ha lugar, si se traslada fielmente como está en el texto sin poner el artículo *el* sobre ningún nombre, como nosotros hemos traducido: porque entonces aunque pese a quien le puede pesar de la gloria del Mesías, el nombre *Sar-Salom* va con todos los precendentes, de esta manera: *Y llamó* (S. Dios, o *será llamado*, activa por pasiva como es frecuentísimo uso de la Escritura) *su nombre* (S. del Mesías) *Maravilloso, Consejero, Dios Fuerte (o Valiente, o Valeroso), Padre eterno, Príncipe de paz.* Otros errores tiene que no pudieron evitar, parte por su principal intento, que parece haber sido guardar y retener en todo la propiedad de las palabras hebraicas (sin admitir ninguna metáfora o traslación de infinitas palabras de una significación, no solamente a otra, mas aun a otras muchas de que se ayuda la lengua hebraica a causa de la falta de propias palabras que tiene), tomando solamente la natural, y muchas veces con manifiesta violencia del sentido; parte también porque cuando cayeron o en algunas palabras ambigua de suyo (como hay muchas por razón de diversos orígenes que pueden tener) o en algún lugar difícil, y se quisieron libertar algo de aquella su superstición dicha, se asieron de sus Parafrastes (a quien ellos dan tanto crédito como al mismo texto de la Escritura, o a lo menos los tienen en el primer grado después de ella) con los cuales no pudieron dejar de errar las más de las veces. Por ambas estas causas (allende de los errores dichos) no pudieron asimismo hacer menos que dejar muchas cosas ininteligibles, otras donde ni aun ellos mismos se entendieron a sí, como parece en sus frecuentes asteriscos de que usan para dar a entender que no entendieron los lugares donde ninguna dificultad hay, si el hebraísmo es entendido; por donde se ve claro, que la lengua hebrea, en que la Santa Escritura está escrita, no es ni ha sido mucho tiempo ha menos peregrina a los mismos hebreos que a los extraños. Esto nos pareció decir de la traslación de

Ferrara en este lugar, no privándola de la alabanza que justamente merece, ni encubriendo con envidia la ayuda que en la nuestra hemos tenido de ella; mas avisando también de las faltas en que con nuestra cortedad de fuerzas la hemos tomado, para que los más doctos le miren mejor a las manos, y todos los fieles sepan el grado en que la han de tener, y cuánto crédito le han de dar, si se quisieren aprovechar de ella. Resta que pasemos adelante a nuestro intento.

De las adiciones en el texto

Con toda la diligencia que nos ha sido posible, hemos procurado atarnos al texto sin quitarle ni añadirle. Quitarle, nunca ha sido menester; y así creemos que en nuestra versión no falta nada de lo que en el texto está, si no fuere por ventura alguna vez algún artículo, o alguna repetición de verbo, que sin menoscabo de la entereza del sentido se podría dejar, y que de ponerse haría notable absurdidad en la lengua española, pero esto será tan raro, que no se me ocurre ejemplo. Añadir ha sido menester muchas veces; unas, por dar alguna más claridad a la sentencia que de otra manera quedaría o dura o del todo ininteligible: lo cual con todo eso pretendemos haber hecho con tanta templanza, que en ninguna de las versiones que hemos visto (sacada sola la española de Ferrara) haya menos añadiduras de éstas, ni más cortas las que hay que en la nuestra, ni más diligencia en haberlas enseñado todas de otra letra que la del texto común, para que el lector las conozca todas, y tenga libertad para aprovecharse de ellas, si le parecieren ser al propósito o dejarlas del todo (como a diligencia humana que puede errar o acertar), y seguir el hilo de su texto, si no le cuadraren, porque en ellas a ningún juicio queremos ni debemos perjudicar. Otra suerte de adiciones se hallarán, mayormente en Job, en algunos Salmos, en los libros de Salomón y comúnmente en todos los libros de los cuales no hay texto hebreo, y asimismo en el Nuevo Testamento, que son no de una palabra sola, más de muchas, y hartas veces de sentencias enteras. De éstas será otro juicio que de las precedentes, porque son texto, y las pusimos a causa de la diversidad de los textos, y de otras versiones, por no defraudar de ellas a nadie; mas entre tales vírgulas [ ] para que se conozcan: aunque en el libro de Job (si algunas hay) y en los Salmos, y libros de Salomón, las pusimos de otra letra que de la común. En el Eclesiástico y Sabiduría, y en las historias de Tobías y Judith, procuramos retener lo que la vieja traducción latina pone de más en muchas partes, y hacer contexto de ello con lo que estaba en las versiones griegas; en lo cual no pusimos poco trabajo y diligencia. Porque aunque hallamos que esto mismo habían intentado otros antes de nos, no los hallamos tan diligentes que nos excusasen todo el trabajo que esta diligencia requería. En el Nuevo Testamento nos pareció ser esta diligencia más necesaria, por cuanto en los mismos textos griegos hay también esta diferencia en algunas partes, y todo parece que son de igual autoridad. Algunas veces hallamos que la vieja versión latina añade sin ninguna autoridad de texto griego, y ni aun esto quisimos dejar, por parecernos que no es fuera del propósito, y que fué posible haber tenido también texto griego de no menos autoridad que los que ahora se hallan. No nos hubiera ayudado poco en lo que toca al Nuevo Testamento, si hubiera salido antes la versión siríaca del que, con grande bien y riqueza de la República Cristiana, ha salido a luz este mismo año, mas ha sido a tiempo ya que la nuestra estaba impresa, y así no nos hemos podido ayudar de ella, que no hay que dudar sino que (no obstante que no sea suya la suprema autoridad sobre las ediciones griegas) todavía daría grande luz en muchos lugares difíciles, como hemos visto que lo hace en los que la hemos consultado. Esto cuanto a la versión en general . . .

Esto es lo más importante de lo que al presente nos pareció que debíamos dar razón de nuestra versión a la Iglesia del Señor, por el bien y consuelo de la cual hemos trabajado. En lo que a nos toca, aunque el haber tomado una empresa tan grande con fuerzas tan pequeñas en parte nos sea contado a temeridad, mayormente por los que no lo consideran, o por los que nada o poco saben agradecer, aun de aquello de que se sirven, o por los que por ser ya más doctos ningún provecho ni contentamiento esperan para sí de nuestros trabajos, con todo eso tiene remedio lo que por parte de esta nuestra temeridad se podrá haber errado. Primeramente en que habiendo hecho con toda fidelidad todo lo que hemos podido, ningún sano juicio nos reñirá por lo que nuestras fuerzas no alcanzaron. Quien lo pudiere y quisiere hacer mejor, nuestro presente trabajo no le estorbará, antes le ayudará aún con las mismas faltas y errores que tuviere. Seguramente, en que tampoco pretendemos poner regla a la Iglesia, la cual de necesidad haya de graduar y canonizar por infalible (digo cuanto es de nuestra versión), solamente pretendemos ayudar con lo que podemos, corto o largo, hasta que Dios dé más abundante provisión en su Iglesia. Terceramente, en que (para quien nos quisiere corregir con caridad) por la gracia de Dios, no somos del número de los que o con razón o sin ella presumen tanto de sí, que tengan por tan acabado lo que una vez sale de sus manos, que nada se le pueda añadir ni quitar. Confesamos que pudiera haber otros muchos en la nación adornados de mayores dones de Dios para esta empresa: mas Dios no les ha dado el querer, ni el atrevimiento, ocupados por ventura en otras cosas, a su parecer, más importantes; y poco tenemos acá por qué entremeternos en este juicio; porque ellos verán qué cuenta darán en el juicio de Dios del buen o mal empleo de sus dones. Cuanto a nos, es cierto, y de ello nos dará el Señor fiel testimonio algún día, que visto que ninguno de los doctísimos que lo pudieron mejor hacer osaba encargarse de obra tan necesaria al adelantamiento del Reino y la gloria del Señor, el dolor de la falta que la Iglesia padecía en esta parte, nos puso el ánimo que nunca nos pusiera la sola consideración de nuestras fuerzas, así para comenzarla como para llegarla a este punto; y ninguna duda tenemos de que nuestro trabajo no haya sido agradable a Dios, por la continua asistencia de su favor con que hemos podido llevar una carga tan pesada, tan estorbada por Satanás, tan poco ayudada de hermanos, y por tantos días. La obra nos ha durado entre las manos doce años enteros. Sacado el tiempo que nos han llevado o enfermedades, o viajes, u otras ocupaciones necesarias en nuestro destierro y pobreza, podemos afirmar que han sido bien los nueve que no hemos soltado la pluma de la mano, ni aflojado el estudio en cuanto las fuerzas así del cuerpo como del ánimo nos han alcanzado. Parte de tan luenga tardanza ha sido la falta de nuestra erudición para tan grande obra, lo cual ha sido menester recompensar con casi doblado trabajo; parte también ha sido la estima que Dios nos ha dado de la misma obra, y el celo de tratarla con toda limpieza, con la cual obligación con ninguna erudita ni luenga diligencia se puede asaz satisfacer. La erudición y noticia de las lenguas, aunque no ha sido ni es la que quisiéramos, ha sido la que basta para (como ya arriba hemos tocado) entender los pareceres de los que más entienden, y conferirlos entre sí, para poder escoger lo más conveniente conforme al sentido y noticia que Dios nos ha dado de su palabra. Hémonos ayudado del juicio y doctrina así de los vivos como de los muertos que en la obra nos han podido dar alguna ayuda, y muchas veces los comentarios. Tampoco nos han faltado las experiencias y ejercicio de muchas de las cosas de que trata y hace principal estado la divina Escritura que de hecho es la mayor y más sustancial ayuda (no faltando las otras) para su verdadera inteligencia. Con todo eso no entendemos que lo hemos alcanzado todo; porque si aun con nuestra cortedad de visión hemos visto y hallado faltas, y algunas no livianas, en los que nos hacen ventaja sin comparación así en erudición como en espíritu, no hay por qué no creamos que en nuestra obra aun se hallarán muchas; aunque estamos ciertos que ninguna será tal que por ella merezcamos en juicio sano título de corrompedores de la Escritura; el cual no es justo que se dé sino al que queriendo y sabiéndolo, corrompe o altera algún lugar, o para confirmación de algún error de importancia o para desacimentar algún principio bien fundado de la fe universal de la Iglesia. Los demás errores que, siendo por una ignorancia o inadvertencia, que por la flaqueza de la naturaleza puede caer aún en los más diligentes y circunspectos, y junto con esto no son perjudiciales a la común fe, la cristiana caridad los sabe excusar y sufrir, y cuando la oportunidad se ofrece, enmendarlos con toda suavidad. Lejos van de este pío y cristiano afecto los que exageran y suben de punto las faltas semejantes, llevándolas por sus luengos conductos hasta alguno de los primeros principios de la fe, y les dan los mismos títulos que con razón se darían a las negativas de aquel artículo; y nombran luego al errado con los nombres de los capitales herejes que primero establecieron el error. Este método parecer tiene de celo por el edificio de la Iglesia; mas a la verdad es un oculto artificio con que el Diablo la hinche de cismas, de disensiones, de revueltas, la mina, y al fin la arruina; unas veces acusando unos sin ninguna piedad; otras, defendiendo otros sin ninguna templanza, lo que, por ventura, o que se dijera o que se dejara, no iba tanto en ello que la cristiana concordia, tan encomendada del Señor en su Iglesia, no hubiera de ser de mayor estima. Y uno de los mayores males es (y aun por hablar más propio, una especie de escarnio) que todos sabemos hacer esta queja, mas nadie quiere ser el primero a ponerle el remedio cuando le viene a la mano la ocasión.

Así que por poner ya fin a esta nuestra amonestación, la obra que al presente damos, por ser la palabra de Dios y su Ley buena en sí, y útil y aun necesaria a la Iglesia Cristiana, sin ninguna contradicción y harto deseada de los píos, por las faltas que en ella hubiere de nuestra parte (las cuales no negamos, aunque no las sabemos) nadie la debe menospreciar, mucho menos calumniar (excepto Satanás, cuyo oficio es o abiertamente o con santos pretextos calumniar lo bueno, y estorbar todo lo que en el mundo puede adelantar la gloria de Dios, y la salud de los hombres), mayormente pues que no hasta ahora hay quien en español haya dado cosa mejor, ni pudimos más, ni estorbamos a quien más pudiere, ni queremos poner versión de suma autoridad a la Iglesia, ni en las faltas que hubiéremos hecho queremos ser pertinaces defensores de ellas, antes protestamos delante del Señor y de todos sus Ángeles, que nada pretendemos en ella que no sea a su gloria y a la edificación de su Iglesia; y lo que a estos dos fines no hiciere, desde ahora lo damos por no dicho ni hecho, de lo cual la misma Iglesia, por la regla de la misma palabra de Dios que tiene y sigue, sea el juez.

Por conclusión final de este propósito diré lo que me parece acerca de este negocio, tendrán el valor que la Iglesia del Señor le querrá dar. Y es que pues que ya se entiende que el uso de la divina Escritura en lengua vulgar es bien que se conceda (como el Decreto del concilio tridentino ha determinado), prudencia digna de Reyes y Pastores Cristianos sería poner orden con tiempo en mandar hacer una versión no a uno ni a pocos, sino a diez o doce hombres escogidos por los más doctos y píos de todas las Universidades e Iglesias del Reino, los cuales con diligencia tal consultasen el texto hebreo en el Viejo Testamento y el griego en el Nuevo, y todas las versiones que se pudiesen haber, y de todas sacasen una versión latina que sirviese para las escuelas, y otra vulgar que sirviese para el vulgo, a las cuales por un público concilio, o a lo menos nacional, y con el favor del público supremo Magistrado se les diese suma autoridad para que éstas solas tuviesen fuerza de Escritura canónica, por la cual se decidiese definitivamente, como por legítimas leyes, todo negocio o disputa eclesiástica, y para ser alegada por tal así en sermones como en lecciones o disputas, a la cual, so gravísima pena, nadie pudiese quitar, mudar ni añadir. Mas por cuanto aun los dichos autores de las versiones dichas podrían también haber faltado en algo, que algún otro particular en algún tiempo podría alcanzar a ver, como acontece, y asimismo por evitar toda especie de tiranía, sería de parecer que quedase libertad a cualquiera que hallase alguna falta en las versiones así autorizadas, no para enmendarla él de su autoridad, sino para proponerla en el Concilio o Sínodo, cuando se tuviese, para que, siendo examinada en él, con autoridad del mismo Sínodo se enmendase, lo cual se podría hacer con nueva impresión, y poniendo mandamiento que conforme a ella se enmendasen todos los ejemplares viejos. En la impresión de estas tales versiones también me parece que debiera de haber especial recato. Que para evitar la corrupción por culpa de los muchos impresores, se señalase uno, el que se estimase ser el más diligente y fiel en su oficio, el cual solo fuese calificado para pública autoridad del Sínodo o Concilio nacional para imprimir la Biblia dicha, el cual fuese obligado hacer tantas impresiones de ella al año, o en cierto tiempo, cuantas al Concilio pareciese que bastarían, para que el no haber más de un impresor de ella, no fuese causa a él de avaricia, y a la Iglesia de falta. Dé el Señor espíritu en los ánimos de los Reyes y Pastores Cristianos para que, celando, como deben, la gloria de Dios y el bien de su pueblo, conciban algún día tales pensamientos. Amén.

APÉNDICE 3

EXPOSICIÓN DE LA PRIMERA PARTE DEL CAPÍTULO CUATRO DE SAN MATEO

Casiodoro de Reina, *Exposición de la primera parte del capítulo cuarto de San Mateo* sobre las tentaciones de Cristo (Madrid, Iglesia Española Reformada Episcopal, 1988), págs. 15-32. Texto traducido por María Araujo Fernández.[72] Reproducido con permiso.

ANOTACIONES A LA PRIMERA PARTE DEL CAPÍTULO 4 DE MATEO

Entonces fue llevado Jesús por el Espíritu Santo (6) Después de haber mostrado nuestro Evangelista, en los tres capítulos precedentes, que Jesús es el verdadero Mesías, y esto con testimonios dignísimos de toda confianza, y una vez puesto este muy necesario fundamento, acomete, a partir de este capítulo 4, el relato de los hechos de Jesús, su enseñanza, su muerte, y su admirable resurrección, y finalmente la razón y la economía de la salvación de la humanidad por él ganada.

En primer lugar refiere cómo, inmediatamente después de aceptar del Padre y del Espíritu Santo, con el testimonio que dieron desde el cielo, la solemne inauguración de su ministerio, se retiró a lugares apartados del desierto, donde, después de ayunar cuarenta días y cuarenta noches, entregado constantemente a la oración, provoca a un cuerpo a cuerpo al enemigo del género humano a quien había venido a combatir; tiene con él frecuentes encuentros y es por él tentado de múltiples modos, alcanzando siempre la victoria sobre él, victoria por la que adquiere para sí gloria eterna y digna del verdadero Mesías, para nosotros la salvación, y para el enemigo eterna deshonra e ignominia. Tal es, en general, el

---

[72]Esta obra apareció con una introducción y notas del Rev. Carlos López Lozano, documento que se agrega al final de este comentario de Reina.

tema de la primera parte de este capítulo.

Pero hemos de advertir aquí seriamente al lector cristiano, y más aún a la misma Iglesia de Cristo, que no pase a la ligera por esta brevísima historia de las tentaciones de Cristo; antes al contrario, que no sólo la lea con la máxima atención, sino que la tenga siempre ante los ojos, ya que en ella no sólo se trata de encarecernos los combates y la victoria de Cristo, sino principalmente de que contemplemos, como en una pintura profética, con qué arietes ha de golpearla y atacarla el diablo mientras viva en la tierra, y por qué medio–aun cuando Satán muchas veces no la ataque en vano– obtendrá ella finalmente la victoria venciéndole y derrotándole.

Narraremos, pues, en primer lugar, la historia misma de las tentaciones de Cristo, y después, de acuerdo con la norma que nos hemos propuesto, su aplicación práctica. Quiera el Señor concedernos que amonestaciones de tanta importancia fructifiquen y no sean en vano.

v. 3. *Si eres Hijo de Dios*, etc. Desvergonzadamente Satán dirige el primer golpe de su ariete contra el testimonio público e irrefragable del Padre celestial en favor de Cristo que vimos al final del capítulo precedente. La ocasión se la suministra el hambre de Cristo, y le pide, burlándose de su fe, que, puesto que está viendo cómo Dios le deja morir de hambre, deje ya de creer que le es tan amado y, desesperando con razón de la Providencia y del cuidado de Dios, desista de su misión y se ocupe razonablemente, como los demás hombres, de su propia subsistencia. Cristo le responde con la palabra expresa de Dios que la Providencia de Dios no está en absoluto tan ligada a los medios naturales ordinarios, creados por él, que no pueda, sin servirse para nada del pan, alimentar abundantemente a los suyos de cualquier otro modo que le plazca. Lo atestigua aquel maná enviado del cielo con el que Dios alimentó a su pueblo hasta la saciedad en el mismo desierto durante cuarenta años enteros. Y así, a mi entender, el argumento de Cristo no se apoya tanto en el testimonio que cita del Deuteronomio, como en el caso histórico que sirve de contexto a dicho testimonio.

v. 6. *Échate abajo*, etc. Al atacar de nuevo el mismo fundamento de la fe de Cristo ("Si eres Hijo de Dios", dice), resulta claro por la respuesta del Señor qué es lo que el diablo pretende. "No tentarás–responde Jesús- al Señor tu Dios". Luego, cualquiera que sea el sentido aparente de las palabras de Satanás, lo que éste pedía en realidad es que Cristo tentara a Dios. Ahora bien, tentar a Dios (como se deduce de la misma historia de Moisés en la que se nos refiere cuántas veces tentó a Dios el pueblo de Israel y como se da a entender también en el pasaje del Deuteronomio aquí citado por Cristo) es no dar fe alguna a la nuda palabra de Dios y querer comprobar, sometiendo por así decirlo al mismo Dios a razones originadas en nuestro propio cerebro, si algo se realizará como él mismo lo promete. Ciertamente fue de este modo como le tentaron los que dijeron: "¿Podrá acaso darnos pan o ponernos la mesa en el desierto? Y el ejemplo presente nos indicará lo mismo. Cristo tenía el testimonio seguro de Dios Padre de que él era su Hijo muy amado. Podría comprobarlo cuantas veces lo requiriese la necesidad de su misión, y así se lo prometía igualmente el testimonio del salmo aducido por Satanás. Pero querer poner a prueba el favor divino con peligrosa precipitación y fuera del contexto de su deber y de la necesidad de su misión, era tentar a Dios.

Además, esta segunda tentación de Satanás parece responder a la precedente en sentido contrario. Intenta Satanás, del modo que sea, derribar a Cristo de su posición haciéndole abandonar su verdadera confianza en Dios para apartarle así de su misión de redimir a la humanidad. Su plan en este segundo encuentro parece haber sido el siguiente: "No he podido infundirle miedo ni desánimo por la dificultad de su misión; luego es posible que pueda infundirle un exceso de confianza que le haga osar más de lo debido. No pude conseguir que su ánimo generoso desistiera de su propósito por miedo al hambre; luego será más fácil empujarle a alguna temeridad. De un modo u otro, por miedo o por temeridad, renunciará a su misión. Adelante, pues, firmísimo varón, puesto que es tan firme tu confianza en Dios Padre, atrévete a grandes cosas, a cualquier cosa que se te ocurra. Nada encontrarás difícil para una fe tan poderosa. Tienes además la palabra de Dios que te promete ponerlo todo, sin excepción, a tu alcance. Comprueba de una vez tu poder. Échate abajo desde aquí; porque escrito está: "A sus ángeles mandará cerca de tí que te guarden en todos tus caminos" (7). En este riesgo quedará patente no sólo el amor de Dios hacia tí, sino tu firmísima fe en él".

Es evidente, por tanto, que esta tentación es doble y que está urdida con singular habilidad, de suerte que, cualquiera que sea la disposición de ánimo de aquel a quien ataca, sea vacilante o sea firme, podrá igualmente conjeturarse y esperarse que habrá de tentar a Dios. Pues si duda del amor de Dios hacia él y quiere comprobarlo arrojándose al precipicio tentará a Dios, y a la vez pagará inmediatamente su estupidez con el ridículo; y si se mantiene constante en su firmeza podrá ocurrir que, por lo mismo que está ciertísimamente persuadido del amor de Dios, se le ocurra querer poner a prueba el poder de una fe tan grande intentando traspasar los montes o traspasar los límites de su vocación, con lo que no tentará a Dios menos que con la duda, y traicionará aún más su vocación. Pero felizmente este doble lazo se encuentra con una espada de filo igualmente doble, porque Cristo, que conoce bien las barreras de su misión y de su vocación, se niega a abandonar la primera por debilidad y a traspasar los límites de la segunda con osadía alguna temeraria; más aún, sale al paso de esta doble maquinación y la saca a plena luz con el doble filo de su espada al responder: "Escrito está 'No tentarás al Señor tu Dios'".

v. 9. *Todo esto te daré*, etc. Promete Satanás a Cristo que le dará en recompensa la gloria y las riquezas de todo el mundo si le adora. Le instiga así ahora a una idolatría manifiesta, y a la idolatría más impura de todas. Quien hubiera sucumbido a la primera tentación habría podido disculparse en cualquier caso con el hambre misma, pues la necesidad es un arma dura. Quien, vencido en la segunda, hubiera acometido empresas difíciles y llenas de peligro inmediato ajenas a su vocación podría aducir que se había dejado engañar por una vana y precipitada opinión del favor divino para con él interpretando falsamente aquella promesa de que Dios "mandaría a sus ángeles", etc., que está destinada exclusivamente a quienes se ven sometidos a peligros dentro del ámbito de su vocación. ¿Qué alegará quien sucumba a los deseos de la bestia más impura cuando ésta, abierta y desvergonzadamente, reclama para sí honores divinos? Está claro que no podrá alegar sino la magnitud del premio que se le ofrece, el único premio capaz de satisfacer la avaricia y la ambición de quien codicia las riquezas y el poder del mundo entero. Estas enfermedades, las peores de todas, no existían en Cristo y, por lo tanto, le fue fácil alejar de sí al tentador con su premio, por grande que éste fuese, abatiéndole con su acostumbrada espada de la palabra de Dios que prescribe lo que debe hacerse en tales casos.

No carece tampoco de habilidad el orden seguido en estas tentaciones, pues, como resultará evidente al que en ello se fije, las dos últimas responden a la primera de tal suerte que está igualmente claro a cuál de las dos le corresponde el segundo, o el tercero y último lugar. Hemos mostrado que la segunda tentación se dirigió, en sentido inverso, contra la fe puesta a prueba y hallada inconmovible en la primera, de modo que al miedo y al desánimo que el adversario no pudo infundir a Cristo ante la dificultad de su misión, sucediera la temeridad y una excesiva y vana confianza. En la tercera, Satanás contrapone al hambre y al desprecio las riquezas y la gloria de todo el mundo, y su idea parece haber sido la siguiente: "Con el hambre no he conseguido nada de él. Habrá que volverle a tentar en el sentido opuesto. Acumularé contra él todas las riquezas y la gloria del mundo; atacaremos el hambre con inmensas riquezas, y el desprecio con la gloria más alta, ya que el hambre y desprecio son los males que al presente más le acosan. Así lograremos dominar a fuerza de riquezas y de gloria a quien no pudimos reducir con el hambre ni con el desprecio. Además, para que merezca tan gran recompensa, no me contentaré ya con pedirle que rechace su fe, que abandone su misión; le pediré abiertamente que se entregue todo a mí, que me tenga por Dios, y que lo ratifique postrándose ante mí dando así egregio testimonio de su adoración. Ea, pues, veo que eres un hombre que, del modo más indigno, está sufriendo hambre y desprecio extremos. ¿No será mejor disfrutar conmigo de todas las riquezas y la gloria del mundo que vivir sepultado eternamente en tal basura y desprecio? 'Todo esto te daré', etc." Así Satán, confiando en la magnitud del premio que promete, obra abiertamente y sin disfraz alguno. Y por eso le parecen aquí superfluas aquellas palabras que le sirvieron de introducción en las otras tentaciones: "Si eres Hijo de Dios", etcétera. Abiertamente promete, abiertamente pide. Sólo un requisito le falta para la victoria, a saber, que da con un espíritu totalmente libre de avaricia y de ambición; porque si hubiera dado con un espíritu que adoleciera, por poco que fuese, de estas enfermedades ni él habría sufrido con tanta vergüenza el rechazo de su adoración ni la Iglesia de Cristo habría tenido que luchar tanto tiempo con el hambre y con el desprecio, como ocurrió pocos siglos después.

Pero vengamos al meollo de la cuestión. En mi sentir, en efecto, no se trata tanto en este pasaje de pasar revista para nosotros a las tentaciones de Cristo como asumiendo él en sí mismo y venciendo las principales tentaciones de todo su pueblo (cosa que por otra parte sinceramente reconozco y totalmente acepto), cuanto de pintarnos en estos encuentros de Cristo con Satanás, como dije al principio, las luchas futuras y más peligrosas de la Iglesia misma. Esta es la razón de que hayamos empezado por describir aquellos encuentros con la mayor exactitud que nos ha sido posible a fin de poder percibir después más fácilmente lo que Cristo quiso darnos a entender con ellos.

Que la suerte de la Iglesia en la tierra está condicionada de tal modo que tanto su incolumidad como su ruina dependen exclusivamente de sus pastores y obispos, no lo negará nadie que haya observado que en el decurso de la Iglesia en su conjunto desde la fundación del mundo la Iglesia se ha mantenido firme y ha florecido siempre que ellos han perseverado en su misión con fortaleza y fidelidad, y que por el contrario no ha podido irle peor cuando sus pastores y obispos se han dejado corromper por Satanás o han sido de cualquier modo expulsados de su posición. Así el diablo, para conseguir del modo más rápido su propósito, acecha incesantemente, en primer lugar, a los pastores piadosos y su ministerio, dirigiendo todas las fuerzas de su pésima naturaleza exclusivamente a la corrupción de los mismos, ya que su caída acarreará necesariamente el derrumbamiento de la Iglesia.

En mi sentir, pues, se nos enseña aquí que la fe de los pastores se pone a prueba de tres modos principales. En primer lugar, por el hambre, ya que, debido a la avaricia de los hombres, ocurre con frecuencia que llegan a carecer del necesario sustento, y siendo así que ellos administran riquezas espirituales y celestiales de un precio inestimable, se les niega con la mayor injusticia un exiguo salario suficiente para aliviar las necesidades de la vida presente. Se los tienta, digo, a abandonar una misión que, además de no reportarles utilidad alguna y de serles trabajosa, les acarrea una molesta pobreza–a menos que prefieran verse abrumados con los suyos por la hostilidad de todo el mundo y consumirse entretanto de hambre, hambre que, debido a la dura ingratitud humana, no podrán alejar de sí más fácilmente que si tuvieran que hacerlo convirtiendo duras piedras en pan. En este conflicto peligra en el pastor la certeza de su vocación divina, pues hasta ese fundamento llega el ataque -"Si eres Hijo de Dios".

Cuando esa certeza falla-ya sea porque el tentado jamás la tuvo (tal suele ser el caso de los que corren sin haber sido nunca enviados por Dios, como lo encontramos en el Profeta: "Ellos corrían, y yo no los había enviado", (8), ya porque al ser una certeza muy débil y no cultivada suficientemente con la oración asidua y la meditación frecuente de la palabra de Dios que le ha enviado, cede ante los fortísimos golpes del adversario– se verá al ministro abandonar del todo la confianza en Dios, decir adiós a su ministerio, y entregarse por entero a procurar su propio interés, esto es, el de su vientre. Si se trata de un mercenario, es decir, de alguien que servía sólo por la paga aun cuando por lo demás pareciera un hombre frugal, perdido él no será tan grande la pérdida de la Iglesia. Pero si era un verdadero ministro, piadoso, fiel y morigerado, no podrá perderse sin gran daño para la Iglesia.

Si, por otra parte, el pastor piadoso, como ciertamente debe hacerlo, permanece firme siguiendo el ejemplo de Cristo, y oponiendo a aquel durísimo golpe el escudo de la fe y de la palabra de Dios que le promete auxilio inmediato, se le prepara un segundo golpe: de esa misma fe con la que ha vencido al enemigo se sirve éste para dirigir ahora su ariete al lado contrario, atacando sin embargo la misma fe. Trata de persuadirle para que, puesto que no duda del amor de Dios hacia él, confíe en su providencia y, apoyado en su palabra, se atreva a emprenderlo todo, incluso a precipitarse desde lo alto del templo; así experimentará de un modo más manifiesto en empresas grandes, arduas y peligrosas el indefectible y especial favor de Dios para con él.

Finalmente, el tentador golpea sobre todo con este ariete a aquellos a quienes ve ya colocados en algún grado de estimación por su buena y feliz actuación en la Iglesia con el fin de que, abusando de esa misma confianza que tienen en su vocación, o so pretexto de celo por la gloria de Dios, se aventuren en cosas que están fuera de los límites de su vocación como para poner a prueba la autoridad que han adquirido. Y el ámbito de esta tentación no se reduce en modo alguno a una única situación cualquiera, como la primera a la falta de sustento; antes al contrario, como son múltiples los casos y los asuntos, por no decir prácticamente infinitos, en los que uno puede errar traspasando las metas de su vocación, el campo de esta tentación es también amplísimo y prácticamente infinito. Téngase, pues, aquí por regla indefectible la siguiente: siempre que un pastor cristiano emprende una acción de alguna importancia fuera del terreno acotado de su vocación, por mucho que alegue como pretexto celo, fidelidad a su vocación, y hasta la misma palabra de Dios, corre el peligro de caer en esta tentación, se precipita desde lo alto del templo, tienta a Dios, se rebela contra Dios, y le hace ocultamente la guerra, pues todo esto se dice de los que tientan a Dios.

Queda otro género de tentación, hasta tal punto la más peligrosa y fuerte de todas que Satán no considera necesario emplear en ella ningún artificio especialmente secreto, sino que confiando sólo en la potencia y fuerza de la misma, puede atacar abiertamente seguro de que acabará consiguiendo lo que pretende. Y así, a aquel piadoso pastor que, como él lo ha comprobado, ni retrocede ante la dificultad de su misión ni se ensoberbece temerariamente con el éxito de su ministerio, le tentará ofreciéndole por último el poder real tras someter a su obediencia a los pueblos, con lo que podrá granjearse riquezas y gloria dignas de un rey. Dirás tú: ¿cómo puede Satán lograr tal cosa? Ciertamente que puede, por sí mismo, por el pastor mismo, por los hombres en general, y también-lo que quizá parecerá más extraño–por el mismo Evangelio. Tiene en el pastor-a menos que éste haya renunciado perfectamente a sí mismo y al mundo entero y cuide con la máxima vigilancia de sí mismo-un alma que, por su amor propio, padece la ocultísima peste de la ambición, consecuencia del vicio común de la naturaleza humana. En el común de los hombres, y debido a la misma fuente de corrupción, cuenta con la ignorancia del bien y del mal, la ceguedad de mente, y la lamentable corrupción de todos los afectos; de suerte que, si la bondad de Dios no reprimiera su furor, podría empujar a los hombres, como a bestias, cuando quisiera y a donde quisiera. Tiene además, él mismo de por sí, pero por justísima ordenación de Dios por causa de los pecados de los hombres, imperio y potestad, que ejerce, como dice el Apóstol, sobre los hijos de incredulidad (9), y no sólo sobre ellos, sino también sobre los mismos creyentes, en la medida en que aún son carnales y no han alcanzado la regeneración perfecta y completa, a menos que éstos, como dijimos del pastor, se mantengan en guardia con la máxima vigilancia. El mismo Evangelio, por otra parte, exige del pueblo una obediencia religiosa a sus pastores. Y así, cuando concurren todas estas circunstancias, no es difícil para el diablo, tratándose de un pueblo ciego y en la peor disposición, convertir la religión en superstición, o, mejor dicho, inyectar en las almas de los hombres superstición en el lugar de la verdadera religión y conseguir así que el pueblo, a porfía y espontáneamente, tribute so pretexto de piedad a un pastor ambicioso una obediencia que bajo el verdadero Evangelio nunca habrían tributado a un pastor piadoso y fiel. Y una vez que la ambición se hecho con el timón, un dominio mundano viene a ocupar el lugar de la Iglesia antes pobre y despreciada, y con tanta mayor opulencia y esplendor cuanto más ampliamente ha podido extender sus fronteras. Es posible que al principio el dominio no buscara las riquezas, pero así como a la ambición sigue necesariamente la codicia, es igualmente forzoso que venga con ésta la pasión de acumularlas. Sin embargo, para edificar esta mole babilónica no basta el trabajo de un solo hombre, ni el espacio de un solo siglo; uno transmite a su sucesor el edificio comenzado con buenos auspicios, y éste lo entrega sucesivamente a la posteridad para su duración y consumación a lo largo de muchos siglos . . .

AMONESTACIÓN SUPLICANTE A LA IGLESIA RENOVADA EN NUESTRO TIEMPO
para que, teniendo siempre presente ante los ojos el ejemplo de Cristo,
se guarde en adelante de estos peligros.

Para terminar esta reflexión siempre de la máxima importancia, no me resta sino dirigirme a tí, dondequiera que te ocultes, oh renacida Esposa de Cristo que, como escapada de las cenizas y las ruinas de Sodoma y Gomorra y como si el pastor extrajera de las fauces del león dos patas y la punta de una oreja de su ovejita, estás siendo ahora renovada y reunida por la poderosísima y benignísma mano de Dios. Tienes ante tus ojos en esta historia, como en una pintura preciosísima y viva, los principales peligros con los que Satán trama tu ruina. Cristo, tu Esposo, quiso transferirlos a él mismo para tu bien, para avisarte así de los que a ti te esperan y de los que debes temer en gran manera tu ruina y precaverla. Él se enfrentó con ellos primero para vencerlos, para enseñarte a la vez que tú habías de pasar por ellos, y que a ti te resultarían más débiles en virtud de su victoria, y si sigues su modo de luchar con los mismos monstruos tengas en tu mano victoria. A esta pintura premonitoria viene a añadirse para tu mejor instrucción todo el decurso de la Iglesia que te precedió a lo largo de más de mil quinientos años, y de cuyas ruinas tú estás siendo ahora reagrupada. Es por cierto una ingente adición a aquella pintura y, por así decirlo, un comentario práctico de la misma. Encontrarás en él los mismos ataques de Satanás contra los pastores de la Iglesia, ejemplos preclaros de los que perseveraron valientemente en sus puestos, y, por el contrario, funestos de otros que se arrojaron al precipicio, y execrables de los que, por la gloria del mundo y sus riquezas, adoraron a Satanás corrompiendo el culto divino. Si contemplando todo esto con atención no te hacen más sabia y más cauta los males pretéritos, serás más que digna de recibir un castigo siete veces mayor. Advertida ahora de los peligros que te amenazan y hecha más cauta por los ejemplos del pasado, pon remedio a tiempo para que las generaciones venideras no se vean forzadas a llorar en tí (¡no lo permita Dios!) los mismos males o quizás mayores que los que ahora tenemos que lamentar en esas repelentes monstruosidades nacidas del cadáver de la Iglesia cuyos ejemplos tienes ante los ojos . . .

El diablo entonces le dejó, etc. Pero aunque le sea dado a Satanás prosperar muchas veces contra la Iglesia de Cristo derribando a unos de sus puestos, llevando a otros a una ignominiosa idolatría con el ofrecimiento de gloria y riquezas, tengan buen ánimo los que buscan incesantemente la gloria, pues el fin de todo será que, acabada, como dice Lucas, es decir, vencida y superada toda tentación, el diablo avergonzado se retirará para siempre y llegará la eterna tranquilidad de la Iglesia para ni verse interrumpida por perturbación alguna en todos los siglos sucesivos. Amén.

Introducción[73]

Por el Rev. Carlos López Lozano

Durante la primavera de 1986 descubrimos con sorpresa que Casiodoro de Reina, el famoso traductor de la Biblia Española, era además autor de otras dos obras de teología; aun cuando todavía no las conocíamos nos pareció que serían de la altura del traductor de la primera Biblia moderna en lengua castellana. Desde el primer momento que tuvimos el texto en las manos pensamos que debería ser traducido al español y publicado lo más rápidamente posible, para ser así incluido en la lista de los "Reformistas Antiguos Españoles" que son la base de lo que algún día será el *"Corpus Refomatorum Hispanorum"*.[74]

Finalmente, sólo podremos presentar la más breve de las dos obras de Casiodoro, sus comentarios al principio del capítulo cuarto del Evangelio de S. Mateo, que damos a la luz con la esperanza de ver prontamente traducida la otra obra más larga.

Este opúsculo que ahora presentamos en castellano fue publicado por primera vez en latín en Francfort en la imprenta de Nicolás Baseus en 1573, formando un sólo volumen con otra obra latina aproximadamente diez veces más extensa, formada por comentarios al Evangelio de S. Juan con el mismo pie de imprenta y cuyo título en español dice así: *El Evangelio de Juan; esto es, justa y antigua apología en la eterna divinidad de Cristo, y por ende, en tanto que es uno con el Padre, de su igualdad con Él, contra la impiedad de los judíos, de Cerinto, de los ebionitas, de Arrio, y finalmente de Mahoma y de los de su escuela, tanto antigua como moderna.*

Por el contenido de los prólogos sabemos que Casiodoro de Reina

---

[73]Dedicada a Gordon A. Kinder

[74]En casi todos los países de Europa existe un "Corpus Reformatorum" que es la reunión de todos los escritos reformados en una sola edición especial para uso de los estudiosos. Aunque en España la Reforma fue brutalmente aplastada, no se puede negar que existió, y que sus frutos literarios se encuentran por aquí y por allá en raras ediciones. El primero que quiso reunir todos estos escritos fue don Luis Usoz y Río (1805-1865) que editó 24 volúmenes entre 1847 y 1885 conocidos como la colección de *"Reformistas Antiguos Españoles"*, recientemente reeditados en Barcelona (1983) por don Diego Gómez Flores.

acariciaba el proyecto de editar con algunas notas suyas, la traducción de la versión siriaca del Nuevo Testamento que había hecho del latín Juan Emanuel Tremellius (1510-1580), publicada juntamente con el texto siriaco en 1569. Sin embargo, no pudo ser, pues el primer ensayo le salió mucho más extenso de lo que pensaba.

Este opúsculo consta de dos partes: primeramente una epístola dedicatoria dirigida a Simón Sultzer y Ulrico Coctius, pastores de Basilea y profesores de teología en aquella ciudad que debieron prestar a Casiodoro una valiosísima ayuda para la publicación de su Biblia. En el prólogo se menciona también a un amigo: "Pérez", que prestó su colaboración en la edición de la Biblia, y que auxilió a Casiodoro en sus fatigas y enfermedades. Este no es el famoso Juan Pérez de Pineda,[75] también protestante español, exiliado en Ginebra, y que editó un Nuevo Testamento castellano en 1556. El "Pérez" que aparece aquí es "Marcos Pérez", comerciante español convertido a la fe reformada que viajó por el centro de Europa y que se encontraba en Basilea en 1569 cuando se publicó la "Biblia del Oso".[76]

La segunda parte de esta obrita, es propiamente la exposición de las tentaciones de Cristo según el pasaje de San Mateo. El texto del Nuevo Testamento que Reina utiliza para apoyar su comentario, es el ya mencionado de la traducción latina que Tremellius hizo de la versión siriaca. Lógicamente no habría tenido sentido traducir el pasaje de San Mateo del latín de Tremellius al español, máxime dada su prácticamente total identidad con el de nuestra actual versión Reina-Valera, ver. 1960. La única variante digna de mención queda registrada en nota (la edición de "Santo" en el versículo uno en la versión siriaca, y por tanto en Tremellius).

Casiodoro de Reina hace una magnífica exégesis sobre el texto de las tentaciones de Jesús. Esto le lleva a comparar las tentaciones de Jesús con las tentaciones de la Iglesia, por lo que el texto cobra una gran actualidad, pues éstas son iguales hoy que hace cuatro siglos, aunque se llamasen de otra manera. Durante el comentario cita frecuentemente el famoso documento espúreo conocido como "La Donación de Constantino"

---

[75]Gordon A. Kinder, *Juan Pérez de Pineda (Pierius): Un ministro calvinista español del evangelio en el siglo XVI en Ginebra* (Salamanca, Diálogo Ecuménico, tomo XXI, núm. 69, 1986), 31-64.

[76]Pablo Bessón, *Marcos Pérez*, (Buenos Aires: Imprenta Evangélica, 1895), 24-25.

mencionando las discusiones que en su época había sobre la autenticidad del texto. Hoy en día nadie duda de que este documento es totalmente falso.

La traducción de esta obrita ha sido realizada por doña María Araujo que es, sin duda, una de nuestras mejores latinistas que ha sabido transmitir al texto una brillantez y belleza admirables, conservando al mismo tiempo gran fidelidad al estilo latino del autor . . .

No queremos finalizar esta introducción sin incluir en ella una nota biográfica sobre Casiodoro de Reina que esperamos sirva para entender mejor el texto, pues en definitiva una obra es el fruto de un autor y unas circunstancias.

NOTA BIOGRÁFICA (DE CASIODORO DE REINA)

Sería muy difícil resumir en pocos párrafos una vida tan agitada como la de Casiodoro, de la cual, hasta este siglo sabíamos bien pocas cosas. Ha sido el erudito hispanista inglés Dr. Gordon Kinder quien en un magnífico trabajo[77] nos ha facilitado un buen número de datos sobre Reina. En esta nota forzosamente breve, intentaremos resumir todo lo que en la actualidad se sabe del primer traductor de la Biblia al castellano.

Casiodoro de Reina debió nacer hacia 1520. Por un autógrafo de un ejemplar de su Biblia que regaló al municipio de Francfort sabemos que era sevillano, pues se denomina a sí mismo: "Cassiodorus Reinius Hispanus Hispalensis". Desde su juventud se dedicó al estudio de la Sagrada Escritura, profesando como monje jerónimo en el monasterio de S. Isidoro del Campo, en las cercanías de Sevilla. Allí recibió la influencia de Constantino Ponce de la Fuente y Juan Gil, ambos predicadores de Carlos V que habían tenido su primer contacto con el protestantismo a través de los viajes que hicieron a Alemania en compañía del Emperador. Más tarde, por medio de los libros que imprimía en Ginebra Juan Pérez de Pineda, llegarían a anexionarse plenamente a la fe reformada.

Efectivamente, hacia 1555 el claustro del monasterio de S. Isidoro

---

[77]Gordon A. Kinder, *Casiodoro de Reina, Spanish Reformer of the Sixteenth Century*, (Londres: Tamesis Books Limited, 1975).

del Campo, y la ciudad de Sevilla, se habían convertido en el principal foco del protestantismo español. Todo esto provocó la alerta de la Inquisición y la rápida huida de muchos monjes de Sevilla, entre ellos Casiodoro de Reina, que marchó a Ginebra donde debía encontrarse hacia 1557. En esta ciudad se integró en la Iglesia de habla italiana, compuesta por refugiados de esa nacionalidad. La severa austeridad ginebrina no debió satisfacer a nuestro autor que en 1558 marchó a Francfort, donde se incorporó a la Iglesia francesa. Con la subida al trono de Isabel I de Inglaterra muchos españoles refugiados fueron a Londres buscando la ansiada libertad, entre ellos Casiodoro. En 1559 se organizaron en una congregación española bajo los auspicios y protección del obispo de Londres y la Reina de Inglaterra, quien facilitó a Casiodoro y a su grey el templo de Santa María de Hargs para poder celebrar sus cultos.

En esta época ya había comenzado Casiodoro a traducir la Biblia al castellano, pero las intrigas de los agentes de Felipe II le hicieron perder el favor de Isabel I, y después de pasar algunas calamidades, tuvo que marcharse de Inglaterra. Después de una breve estancia en Amberes fue al castillo de Montargis, propiedad de Renata de Francia, Duquesa de Ferrara. De allí marchó, en 1565, para tomar posesión del pastorado de la congregación francesa de Estrasburgo. Pero las numerosas sospechas e intrigas que contra él había, le obligan a regresar nuevamente a Francfort; donde después de pasar muchas necesidades estableció un negocio de tejidos para poder dar de comer a su mujer e hijos. Así pudo continuar la traducción de su Biblia.

En 1567 tenía terminado todo el Antiguo Testamento y se trasladó con su familia a Basilea para gestionar la publicación. Conoció a Simón Sultzer y Ulrico Coctius, pastores y profesores de teología que fueron los censores de su traducción, y a los que dedica la obrita que aquí presentamos. La publicación de su Biblia no estuvo exenta de problemas (muerte del impresor, falta de dinero para concluir la impresión, enfermedad de Casiodoro, etc.), pero por fin, en 1569, salió de las planchas de Apiarius.

En 1570, después de las innumerables dificultades y cuando ya tenía impresa su Biblia, regresó a Estrasburgo donde tenía la intención de publicar las obras completas de Martín Bucero; no pudo hacerlo y en el verano de ese mismo año regresó a Francfort para establecer nuevamente su negocio de tejidos. En 1573 [1571] le concedieron la ciudadanía de esa ciudad.

En 1578 es invitado a Amberes como pastor de la Iglesia de habla francesa, pero antes de hacerse cargo del pastorado viajó a Londres para hacer frente a las acusaciones que tiempo atrás le habían obligado a huir de Inglaterra. Después de varias semanas de juicio, el tribunal real presidido por Eduardo Grindal, antiguo obispo de Londres y ahora arzobispo de Canterbury, le declaró inocente y pudo regresar a Amberes. En 1580 publicó un catecismo en latín, francés y holandés que sirvió para que sus enemigos le volvieran a acusar de hereje.

Siguió como pastor de la Iglesia francesa hasta 1585 en que las tropas de Felipe II, bajo el mando de Alejandro Farnesio (1545-1592) Duque de Parma, tomaron la ciudad. Reina se vio obligado a huir de nuevo a Francfort donde fue instalado como pastor de la Iglesia francesa en 1593. Ocho meses después, el 15 de marzo de 1594, después de muchas fatigas y privaciones fallecía un hombre que nunca había dejado de ser fiel a Dios y a su conciencia.

BIBLIOGRAFÍA

Esta bibliografía no representa la totalidad de las fuentes consultadas pero sí da una idea del alcance de las obras sobre Casiodoro de Reina usadas para la preparación de este libro. Además espero que la lista sirva de guía para los que deseen continuar la investigación.

1. Obras de Casiodoro de Reina

Biblias:

La Biblia, que es los sacros libros del viejo y nuevo testamento [La Biblia del Oso]. Tr. Casiodoro de Reina. Con *"Praeſatio"* y "Amonestación". Basilea, Suiza: Guarín/Bienen, 1569. Ed. Facsímil quinto centenario, Madrid: Sociedad Bíblica, 1990.

_____. *Santa Biblia*. Tr. Casiodoro de Reina y rev. Cipriano de Valera. Bogotá, Colombia: Sociedades Unidas, 1995.

Obras:

González Montes, Reginaldo [Casiodoro de Reina y Antonio del Corro], *Algunas artes de la Santa Inquisición española*, 1567. Tr. del lat. Nicolás Castrillo Benito. Madrid: Consejo Superior de Investigaciones Científicas /Centro de Estudios Inquisitoriales, 1991.

Reina, Casiodoro de. *Confessión de Fe christiana*, 1560-61. Ed. A. Gordon Kinder. Exeter, Gran Bretaña: Exeter University Press, 1988.

_____. *Evangelium Ioannis*. Frankfurts Nicolás Bassé, 1573.

_____. *Exposición de la primera parte del capítulo cuarto de San Mateo sobre las tentaciones de Cristo*. Tr. del lat. María Araujo Fernández. Madrid: Iglesia Española Reformada Episcopal, 1988.

2. Estudios sobre Casiodoro de Reina

Boehmer, Eduard. *Spanish Reformers of Two Centuries from 1520.* 2 vol. Estrasburgo: 1883. Red. Nueva York: Burt Franklin, 1969.

González, Jorge A. *Casiodoro de Reina: traductor de la Biblia en español.* Ciudad de México: Sociedades Bíblicas Unidas, 1969.

Hauben Paul J. *Three Spanish Heretics and the Reformation: Antonio del Corro, Casiodoro de Reina, Cipriano de Valera.* Ginebra: Librairie Droz, 1967.

Kinder, A. Gordon. *Casiodoro de Reina: Spanish Reformer of the Sixteenth Century.* Londres: Tamesis Books Limited, 1975.

Menéndez Pelayo, Marcelino. *Historia de los heterodoxos españoles.* 4 libro. Madrid: 1880-81. Red. Madrid: Biblioteca de Autores Cristianos, 1965.

3. Contexto de Casiodoro de Reina

Baer, Yitzhak. *History of the Jews in Christian Spain.* 2 vol. Filadelfia: The Jewish Publication Society, 1992.

Fuentes, Carlos. *The Buried Mirror: Reflections on Spain and the New World.* Boston: Houghton Mifflin Company, 1992.

Gilly, Carlos. "Historia de la Biblia de Casiodoro de Reina". Información cibernética disponible el 15 de Octubre de 1999 en <http://www.amen.net/lb/artículos/defensareina.htm>

González, Justo L. *La era de los Reformadores.* 6 vol. *Y hasta lo último de la tierra.* Miami: Editorial Caribe, 1980.

Gutiérrez Marín, Manuel. *Historia de la Reforma en España.* Barcelona: Producciones Editoriales del Nordeste, 1973.

Kerrigan, Michael. *The Instruments of Torture.* Nueva York: The Lyons Press, 2001.

McCrie, Tomás. *La Reforma en España en el siglo XVI.* Tr. del inglés
Adam F. Sosa, 2 ed. Buenos Aires: Editorial "La Aurora", 1950.

Schaff, Phillip. *The Swiss Reformation*, 7 vol. de *History of the Christian
Church*. Grand Rapids, Michigan: Eerdmanns Publishing Company,
1950.

_____. *The Swiss Reformation*, 8 vol. de *History of the Christian Church* .
Grand Rapids, Michigan: Eerdmanns Publishing Company, 1950.

Ugarte, Francisco. *España y su civilización*, 2 ed. Nueva York: The
Odessy Press, 1965.

ÍNDICE

Este índice anota solamente los nombres, términos y temas principales encontrados en el texto, los pasajes citados, y las notas al pie de las páginas. Los nombres o términos hallados en el Prefacio, Prólogo, o Apéndices, no aparecen en este Índice. La letra *n* significa las *notas* al pie de las páginas. Las páginas entre paréntesis se refíeren al tema o persona mencionada.

Vivar, don Rodrigo Díaz del (El Cid) o
(El Campeador), 36
Vibero, Da. Leonor de, 73
Voes, Heinrich, 140-141
Vulgata: <u>Ver</u> Traducciones bíblicas
contribuyentes a la *Biblia del
Oso*

W
Wittenberg, Universidad de, 70, 162
Wyclif, Juan, 99

Y
Yuste, monasterio de, 42

Z
Zapata, Francisco de, 120-121
Zapata, Gaspar, 108, 111-112
Zuinglio, Ulrico, 92

Breve Semblanza del Autor

El Dr. Raymond S. Rosales nació en la ciudad de Minneapolis, Minnesota, en los Estados Unidos, el día 10 de octubre de 1924. Tuvo una carrera de más de cincuenta años como misionero, profesor de teología, director asociado de misiones y otros puestos que ocupó en cuatro países latinoamericanos, Bolivia, Ecuador, Perú, y México, y en los Estados Unidos.

Obtuvo maestrías en teología y misiología, y un doctorado en ministerio. En su libro "It's About Mission!", cuenta de sus experiencias, comparte puntos de vista doctrinales e informa sobre las misiones entre los hispanos. Escribió además una buena cantidad de artículos sobre las promoción de misiones, la preparación de laicos y la evangelización. Sus labores docentes junto con su ministerio misionero y pastoral han beneficiado a varias generaciones dentro del ministerio hispano, especialmente entre las iglesias luteranas de varios países. El 21 de junio de 2000, respondió al llamado de su Señor para entrar en las mansiones celestiales.

El autor examina la copia original de la
Biblia del Oso
donada por Casiodoro de Reina a la Biblioteca de la
Universidad de Basilea, Suiza